かなり詳しく
TOEFL iBT® テスト
入門編

アゴス・ジャパン
土橋健一郎・加藤正人 =共著

はじめに

　本書は主に，TOEFL iBT® の学習に初めて取り組む方や，すでに受験したことはあるけれど攻略法がよくわからないという方を対象にした入門書です。TOEFL iBT® 指導のプロである我々講師が，実際に教室で初級者の生徒さんたちを相手に授業を行っている，という想定で執筆しました。よって，文章は語り口調ですので読みやすく，内容は詳しく丁寧な解説でわかりやすいものになっていると自負しています。

　そもそも TOEFL iBT® は，海外（特に英語圏）の短大・大学・大学院での正規留学を志す人たちが，留学に必要な英語力があることを証明するための試験です。しかし，「読む・聞く・話す・書く」という英語の4技能をまんべんなく均一に測ることができ，かつ，この試験の完成度が高いことから，留学を目的としなくとも，「真に使える英語力を測ることができる試験」として近年ますます注目を浴びています。国内の多くの教育機関（高校・大学など）で入試優遇や単位認定に利用されたり，国家公務員試験に活用することが決定されたりしているのは，まさにこうした特性の表れです。

　しかし，TOEFL iBT® は決してやさしい試験ではありません。皆さんが市販の TOEFL iBT® の参考書や問題集で学習したり，本試験を一度でも受けたりしたことがあれば，その難しさを身に染みて実感していることでしょう。TOEFL iBT® は英語圏のアカデミックな環境で実際に使用する高度な英語力を測る試験ですので，多くの方が「難しい」「どうやって対策を講じればよいのかわからない」と感じるはずです。そこで本書では，我々講師が，演習問題とその解説と攻略法を，初級者向けにとにかく詳しくわかりやすく説明することに徹しました。どんな学習であっても，内容が難し過ぎて理解しづらいとおのずから興味は失せてしまうものです。本書には TOEFL iBT® のための攻略法が詳しくわかりやすく書かれていますので，読者の皆さんは独学でも興味とモチベーションを維持しながら学習が続けられるようになっています。

　本書で一通り学習を終えると，難関の TOEFL iBT® も「対策の仕方がわかった」「どうにかなりそうだ」という心境になっていることでしょう。そんな自分の姿をイメージしながら，一緒に頑張っていきましょう！　ではさっそく，授業を始めます！

アゴス・ジャパン
土橋健一郎
加藤正人

本書の使い方

●本冊●

　TOEFL iBT 本試験を受験したことがなく，どんな試験なのかを把握したい人は，まず「TOEFL の全体像」から読んでください。既に本試験を受けたことがある人は，この章を飛ばしてもかまいません。

　本書の残りの部分は，TOEFL iBT 本試験と同じ構成で，「リーディング→リスニング→スピーキング→ライティング」の順序で構成されていますが，どのセクションからどの順序で学習してもかまいません。苦手なセクションから手をつけるという人もいれば，得意なセクションでスコアアップを図ってまずは自信をつけたいという人もいます。どのセクションから学習し始めても，最終的に全セクションをマスターすればよいのです。

　本書のそれぞれのセクションでは，まず，そのセクションの全体像を把握し，演習問題に取り組み，その攻略法習得と問題解説を行います。英文があるところには，可能な限り全訳を付けてあります。

　それぞれの講師が実際に授業を行っているように解説していきますから，皆さんもそのつもりで本書を読み，CD の音声を流し，問題を解き，別冊を参照するなどしてください。スピーキングとライティング・セクションでは，実際に英語を話したり書いたりしてもらいます。また，実習として，スピーキングやライティングの原稿を手順を踏みながら作成してもらいます。入力できるコンピューターもしくは紙と筆記用具，CD と CD プレーヤーなど，準備するものは都度指示しますので，一緒に実習形式で学んでいきましょう！

●別冊●

　別冊には，本冊と併用しながら学習してほしい内容を網羅してあります。主に全訳と語注が載っていますが，これらは，各セクションに出てくるリーディングとリスニングのパッセージ，ライティングのエッセイ，スピーキングのモデル解答などの全文訳と重要語句の意味です。本冊の該当ページと見比べて学習してください。なお，リーディング・セクションについては，全訳と語注に加えて，演習問題用のパッセージも別冊に収録されています。

　また，巻末には参考資料として，特にリーディングやリスニングに役立つ「論理マーカー」と「サインワード」がまとめてあります。

●CD●

　本書にはCDが1枚付いています。このCDに収録されているのは，リスニングとライティング・セクションで使用する問題や設問文，スピーキング・セクションの問題とモデル解答などを，ネイティブ・スピーカーが吹き込んだものです。また，演習問題の解説時に使用する音声も収録されています。本文中でCDのトラック番号は，

　　　　で示しています。本文の指示に従って，該当するトラックの音声を都度流しながら学習してください。

セクションと内容	トラック
Listening：問題・設問	1～4
Speaking：問題・モデル解答	5～10
Writing：問題	11
Listening：解説用音声	12～22
Speaking：解説用音声	23～24
Writing：解説用音声	25～29

Contents

はじめに 3
本書の使い方 4

TOEFL の全体像
1. TOEFL ってなんだろう？ 8
2. TOEFL iBT の全体像 11
3. TOEFL iBT の受験を申し込むには？ 14

リーディング・セクション
Lesson 1　リーディング・セクションの全体像 18
Lesson 2　演習問題 1 22
Lesson 3　リーディング・セクション攻略法 28
Lesson 4　演習問題 2 44
Lesson 5　演習問題解説 50

リスニング・セクション
Lesson 1　リスニング・セクションの全体像 84
Lesson 2　演習問題 1（会話問題） 88
Lesson 3　会話問題攻略法 92
Lesson 4　会話問題解説 100
Lesson 5　演習問題 2（会話問題） 108
Lesson 6　演習問題 3（講義問題） 115
Lesson 7　講義問題攻略法 118
Lesson 8　講義問題解説 126
Lesson 9　演習問題 4（講義問題） 138

S スピーキング・セクション

Lesson 1	スピーキング・セクションの全体像	……146
Lesson 2	独立型タスク	……152
Lesson 3	複合型タスク・タイプ1	……164
Lesson 4	複合型タスク・タイプ2	……186

W ライティング・セクション

Lesson 1	ライティング・セクションの全体像	……206
Lesson 2	独立型タスクの概要	……208
Lesson 3	演習問題1（独立型タスク）	……214
Lesson 4	ステップバイステップ・独立型タスクエッセイ作成法	……219
Lesson 5	自分で独立型タスクエッセイを書いてみよう！	……235
Lesson 6	複合型タスクの概要	……246
Lesson 7	演習問題3（複合型タスク）	……250
Lesson 8	ステップバイステップ・複合型タスクエッセイ作成法	……256

●英文作成協力●　Lance Morreau（アゴス・ジャパン）
●本文写真●　　　株式会社ユニフォトプレスインターナショナル / アゴス・ジャパン
●録音●　　　　　株式会社ブレーンズ ギア
●装丁デザイン●　阿部太一［GOKIGEN］

TOEFLの全体像

1 TOEFLってなんだろう？

　ここでは，本書が扱う TOEFL を紹介します。「TOEFL には関心があるけれど，どんな試験か全く知らない！」という方は，ぜひここから読み進めてください。

(1) TOEFL とは？

　TOEFL（トーフル）は Test of English as a Foreign Language の略称です。つまり「外国語としての英語の試験」ということですね。英語を母語としない人たちの英語コミュニケーション能力を測るための試験だと考えてください。

　TOEFL は米国ニュージャージー州プリンストンに拠点を置く ETS（Educational Testing Service）という非営利団体が，1964年に開発しました。2014年に50周年を迎えた歴史ある試験で，世界中でこれまでに約2,700万人以上が受験しました。現在ではアメリカ，イギリス，オーストラリア，ニュージーランド，カナダの大学をはじめとする150か国9,000以上の機関が，英語能力の証明や入学審査などために，TOEFL を使用しています。英語運用能力を判定する試験は数多くありますが，TOEFL はその代表的な存在として，世界中で認知されていると言ってよいでしょう。

(2) 誰が何のために受けるの？

　これまで日本では，TOEFL は「海外留学を目指す人たちが，海外大学に出願する際に受験する試験」だと認識されてきました。事実，アメリカ，イギリス，オーストラリア，ニュージーランド，カナダなどの大学はもちろん，アジアで英語を公用語とするシンガポールや香港の大学なども，英語を母語としない学生の入学審査のために，TOEFL スコアの提出を求めています。「留学」と一口に言っても，学部留学，大学院留学，交換留学，長期留学，短期留学など，その形態は様々ですが，一般的に TOEFL が「海外留学」のために受ける試験であることは，間違いありません。

しかし，最近では日本国内の大学へ進学するためにTOEFLを受験する動きが広がりつつあります。一般入試でTOEFLスコアを要求する大学は少ないものの，一般推薦入試やAO入試，編入学試験，自己推薦入試や指定校推薦入試でTOEFLスコアを必須，または任意で提出させる大学は確実に存在し，今後は増える可能性があります。また，海外で高校までの教育を受けた日本人が日本の大学を受験する，いわゆる「帰国生入試」の審査でTOEFLスコアを要求する大学は多くあります。大学院入試でTOEFLを必須とする大学も増えており，「日本国内受験のためのTOEFL」も決して見逃せません。

加えて，2015年度から国家公務員採用総合職試験へのTOEFL(iBT)導入が決定されました。この流れを受けて，海外留学目的ではないTOEFL受験が，日本で今後は増えることが予想されます。たとえ「今すぐ」に受験の必要はなくても，将来的にTOEFLスコアが必要になりそうな方は，大学受験や公務員試験などを見据えた早めの対策が肝要です。

(3) 完成度の高い試験

このようにTOEFL活用の動きが広まっている背景には，TOEFLが「本物の英語力」が備わっていないと高得点を得られない，とても「完成度の高い」試験だという事実があります。この後の各セクションで実際の問題を体感すれば，読者のみなさんもお気づきになると思いますが，TOEFLは決して簡単な試験ではありません。英語圏の大学で実際に使われるアカデミックな英語と，真っ向勝負で向き合うことが求められる試験なのです。これは，英語を母語としない人にとって，生易しいことではありません。

でも，だからこそ，TOEFLに一生懸命取り組むことで，英語圏の大学でも通用する高いレベルの英語力が身につきます。TOEFLを制覇できる英語力があれば，海外留学はもちろんのこと，それ以外の社会の様々な場面にも，英語で対応できるでしょう。TOEFL対策をするということは，いわゆる「試験対策」という狭い範疇を超えて，「本物の英語力」を身につけることに通じるのだと考えてください。だからこそ，海外留学以外の目的にもTOEFLが導入されつつあるのです。

(4) TOEFLの種類

実は，TOEFLには複数の種類があります。現在日本で主に実施されているのは，TOEFL iBTとTOEFL ITPの2種類。このうち本書で扱うのは，**TOEFL iBT**です。

iBTはInternet-based Testを意味します。インターネット版TOEFLということですね。日本では2006年7月から実施されてきました。試験の内容についてはこの後に詳しくお話ししますが，その名前からも察しがつくように，**コンピューターを使って行う試験**です。受験者一人ひとりにコンピューターが1台ずつ与えられ，

試験が行われます。**試験室に案内された人から順に試験を始めます。**高校などの筆記試験のように，「皆が同時にスタート」する試験ではないことを，ぜひ覚えておいてください。当然，試験が終了するタイミングも，受験者によって異なります。

　ちなみに，もう一方の ITP は Institutional Test Program の略称です。団体向けテストプログラムという意味で，大学などで団体受験する際に使用されます。こちらはコンピューターではなくマークシート方式で，皆が同時にスタートし，同時に終了します。こちらは，主に学内のクラス分けテストや，交換留学の選考などに利用されています。

2　TOEFL iBT の全体像

　ここからは，TOEFL iBT の概要についてお話しします。受験経験がない人は，ここで説明する基本情報を頭に入れて，試験の全体像をしっかりイメージしましょう。

(1)　試験内容

　TOEFL iBT は，**英語で「読む」，「聞く」，「話す」，「書く」の4技能を総合的に評価する試験**です。試験そのものもリーディング，リスニング，スピーキング，ライティングの4つのセクションに分かれています。

　試験全体に共通している特徴は，「**アカデミックな英語**」が出題されるということです。言い換えれば，「学問や専門的な研究で使われる英語」ですね。さらに具体的に言えば，英語圏の大学で1年生や2年生が受ける，一般教養科目の授業で使われるレベルの英語を読み，聞き，話し，そして書く能力を，TOEFL iBT はテストします。例えばリーディング・セクションでは，大学の授業で実際に使われる教科書や論文と同等レベルの文章が登場します。リスニング・セクションでは，大学キャンパスで実際に行われそうな会話や講義が短く切り取られ，出題されます。

　TOEFL iBT でもう1つ特徴的なのが Integrated Task の存在です。日本語では「**複合型タスク**」ですね。これは複数の技能を組み合わせたタスクを意味し，スピーキングとライティングの2つのセクションで登場します。例えばスピーキング・セクションでは，英語で読み，聞いて理解した内容をまとめて話す問題などが登場します。ライティング・セクションでも同様です。このように，「読んで，聞いて，話す」や「読んで，聞いて，書く」など，複数の異なる技能を1つの問題で活用しなければならない複合型タスクは，難易度がとても高くなります。

　ちなみに，スピーキングとライティングではもう1つ，Independent Task と呼ばれるタスクもあります。こちらは「**独立型タスク**」ですね。短い設問文を読んで，それについて話して（書いて）答えるシンプルな形式です。

　さきほども述べた通り，TOEFL iBT が簡単な試験でないことは，ここまでのお話で一目瞭然ですね。ただし，この試験で必要な「アカデミックな英語を理解する能力」や「いくつかの技能を複合する能力」は，海外留学すると日常的に必要になります。考えてみれば，私たちも日本の高校や大学で勉強する際には，母語である日本語で同じ能力を日々，発揮しているわけですね。これを英語でできるようになれば，それは「本物の英語力」が備わったと言ってよいでしょう。TOEFL が「本物の英語力」を測る「完成度の高い試験」だということを，ここでも再認識してほしいと思います。

(2) 試験時間，問題数

それでは，各セクションの概要をここで表にまとめてみましょう。

セクション	配点	時間	問題数・設問数	備考
リーディング	30点満点	60 or 80分	3 or 4題 36-56問（1題につき12-14問出題）	3題を60分，または4題を80分で解答する。
リスニング	30点満点	約60 or 90分	6 or 9題 34 or 51問（会話問題：1題につき5問；講義問題：1題につき6問）	「会話問題1題，講義問題2題」を1セットとし，これが2 or 3セット出題される。1セットの設問数は17問。これを10分間で解答する。
休憩：10分間				
スピーキング	30点満点	約20分	Independent Task：2題	設問文を読んで話す，シンプルな形式。
			Integrated Task：4題	「読んで，聞いて，話す」形式と，「聞いて，話す」形式がそれぞれ2題ずつ出題される。
ライティング	30点満点	約50分	Integrated Task：1題	「読んで，聞いて，書く」形式。書く時間は20分。
			Independent Task：1題	設問文を読んでエッセイを書く，シンプルな形式。書く時間は30分。

合計4セクション，120点満点，約4時間
全セクションを通じてメモ取り可

　各セクションの詳細情報はこれより先，実際のセクションでの解説に譲ります。ここで確認してほしいのは，TOEFL iBT は「**リーディング→リスニング→休憩→スピーキング→ライティング**」の順番で進む試験であるということ。そして，**計120点満点**で，試験時間は**約4時間**であるということです。4時間もの間，アカデミックな英語と格闘し続けるのは大変ですね！　高い英語力だけでなく，高い集中力と体力も要求される試験だということを，ぜひ覚えておいてください。
　なお，休憩時間中のみ飲食可です。飲み物や食べ物を試験前に用意しておき，休憩中に栄養補給をしてからスピーキングとライティングに臨むことをお勧めします。

(3) 目標スコアについて

　次に，スコアについてお話ししましょう。TOEFL iBT を受験したことがない方は，「一体私は何点必要なの…？」と疑問に思っているかもしれませんね。目標スコアは，当然のことながら，受験の目的によって異なります。例えば海外留学の場合，必要なスコアの目安は以下のようになります。

- アメリカのコミュニティカレッジ：46〜61点
- 学部留学：61〜80点
- 大学院留学：80〜100点

　なお，これらは**あくまで目安**の数字です。例えば「大学院」と一口に言っても，超有名校になると105点や107点といったハイスコアが合格のために必要な場合もあります。学校によって要求されるスコアは様々ですから，志望校が求めるスコアを必ず確認しましょう。日本国内で進学する際も同様です。

　ご自身の目標スコアを明確にした後は，次にそれをどのようなスケジュールで達成するかも考えましょう。将来的に TOEFL iBT を受験することが決まったら，以下の２つは絶対に「**なるべく早く**」行ってください。

① 志望校の出願期限を確認する
② TOEFL iBT 本試験の初受験を済ませる

　①は，目標スコア達成までに自分にどれだけの時間が残されているのか，把握するために必須の情報です。海外留学か日本国内での進学かによって，出願のタイミングが大きく異なるのはもちろんですが，出願先の大学や学部によってもスコア提出の期限は様々ですから，なるべく早めに情報を仕入れておきましょう。

　そして，声を大にしてお願いしたいのが，②です。近い将来 TOEFL iBT が必要になるとわかったら，ぜひ早目に，本試験初受験を済ませてください。「対策をまだ何もしていないのに，受験したって無駄なのでは？」と思う方が多いのですが，決してそんなことはありません！　なぜなら，**本試験を受験することで，自分が今何点の実力なのか，把握できる**からです。現在の点数がわかれば，目標スコアまでどれくらい点数の開きがあるのかもわかりますし，出願までの時間でどのような対策をすればよいのかも見えてきます。効率的かつ無理のない対策スケジュールを組むためにも，まずは一度，早目に本試験を受験しましょう。

3　TOEFL iBT の受験を申し込むには？

　それでは最後に，TOEFL iBT 本試験申し込みの際に知っておくべきポイントをお話しします。申し込み方法は以下のウェブサイトに詳しく掲載されていますから，あわせて確認しましょう（うち，下の 2 つは日本語による説明です）。

- Educational Testing Service
  http://www.ets.org/toefl
- 国際教育交換協議会（CIEE）TOEFL テスト日本事務局
  http://www.cieej.or.jp/toefl/
- プロメトリック
  http://ac.prometric-jp.com/toefl/jp/online.html

(1) 実施日・会場

　TOEFL iBT は，毎日実施されているわけではありません。あらかじめ決められた実施日にのみ，受験できます。通常，実施日は土曜日か日曜日です。しかし，毎週土日に実施されているわけではありませんので，上記ウェブサイトで最新情報を必ず確認してから，受験スケジュールを決めましょう。

　試験は，指定された会場でのみ受験が可能です。上記ウェブサイトで会場のリストを見ることができます。なお，全ての会場で全ての日程のテストが実施されるとは限りません。また，各会場とも座席数に限りがあるため，空席のない会場は予約できません。早目に予約するよう心がけてください。

(2) 受験回数

　TOEFL iBT は受験回数に制限はありません。何度でも受験できます。ただし，一度受験すると，次回の受験までに「12日間（受験日を含まない）」の間隔を空けなければなりません。ご注意ください。また，この再受験ルールは変更になる可能性がありますので，必ず上記ウェブサイトで最新情報を確認しましょう。

(3) 受験料

　受験料は，申し込み締切日によって異なります。こちらも変更になる可能性がありますので，最新情報の確認をお願いします。

- 受験日の7日前までの申し込み：230米ドル
- 受験日の3日前までの申し込み（インターネット予約），もしくは受験日の前営業日17時までの申し込み（電話予約）：265米ドル
- 申し込み済みの受験日や受験会場の変更手数料：60米ドル

(4) 申し込み方法

　受験申し込みは，電話や郵送も可能ですが，現在ではインターネット予約が一般的です。ここでは，インターネット予約について，簡潔にお話しします。

　初めて受験する際は，まずETSウェブサイト(http://www.ets.org/toefl)にて個人ページ(My Home Page)を作成します。そして個人ページから"Register for a test（試験に登録する）"をクリックし，インターネット予約を開始します。支払い用のクレジットカードと身分証明書（通常はパスポート）が必要になりますので，あらかじめ用意しておきましょう。また，個人ページへログインする際のユーザー名とパスワードは，次回以降の受験申し込みにも使いますから，忘れないようにしましょう。

　予約を進めていくと，受験を希望する地域（「関東」など）で，希望する実施日に空席がある会場のリストが表示されます。このリストに名前がない会場は，「その実施日に試験が行われない」か，あるいは「試験は行われるがすでに満席である」かのどちらかです。

　予約が完了すると，Registration Number（登録番号）を含む予約内容が表示されます。これを印刷しておきましょう。試験当日に必要になります。

　なお，個人ページ作成方法や，その後の受験申し込み方法も，既述のウェブサイトに詳しく説明されています。必ず目を通してから，申し込みを行ってくださいね。

(5) 試験当日

　試験当日は，Registration Numberと予約内容が印刷されたものに加え，予約の際に使った身分証明書（通常はパスポート）を必ず持参しましょう。

　通常，試験開始は午前10時ですが，その30分前には会場に必ず到着しましょう。受付にて同意書に記入し，身分証明書の確認を受ける必要があります。その後は，係員の指示に従い，指定の場所で待機します。

　自分の順番が来たら，試験室に入室します。その際，身分証明書の再提示や受験者情報の確認を求められます。所持品のチェックも同時に行われます。試験室への持ちこみが禁止されているものもありますので，会場での指示に必ず従いましょう。写真撮影をし，鉛筆・メモ用紙を受け取ったら，いよいよ試験室へ入室。試験が始まります！

(6) スコアの確認

スコアは通常，試験日から10日程度で，個人ページから確認できます。スコアの有効期限は，試験日から2年間とされています。

ここまで，TOEFLの基本情報について紹介してきました。受験経験がない人も，試験の概要がイメージできましたか？

次からはいよいよセクションごとに問題に解答し，解説していきます。TOEFL iBTは難しい試験ですが，**正しい攻略法をしっかり学べば，いつかきっと目標スコアを達成できます**。試験対策を通じて「本物の英語力」をつかみ取りましょう。

がんばってください！

Reading Section
リーディング・セクション

Lesson 1	リーディング・セクションの全体像	18
Lesson 2	演習問題 1	22
Lesson 3	リーディング・セクション攻略法	28
Lesson 4	演習問題 2	44
Lesson 5	演習問題解説	50

Lesson 1 リーディング・セクションの全体像

　このLessonでは，TOEFL iBTの最初のセクションであるリーディングについて，概要を説明します。どのような問題がどのような形式で出題されるのか，確認しましょう。

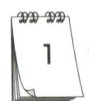

1 パッセージの内容

　リーディング・セクションでは，英語で書かれたパッセージ（文章）を読んで設問に答えます。1つのパッセージの長さは700語前後です。

　パッセージの内容は，一言で言えば「アカデミック」です。アメリカなどの英語圏の大学で実際に使用される教科書を，一部抜粋したものだとイメージしましょう。大学レベルの教材と同等のボキャブラリーや文法構文が使われる文章ですから，難易度は高いです。

　また，トピックも歴史学，美術，生物学，地学など，大学で実際に扱う学問分野から，文系・理系を問わず幅広く出題されます。専門的な議論も含まれるため，やはり難易度は高くなりますが，その分野の専門知識がなくても，英語力さえあれば問題は解けるように作成されています。

2 出題形式

　本試験ではパッセージが3つ，あるいは4つ登場します。3つ出題されるか4つ出題されるかは，試験が実際にスタートしてみなければわかりません。3つ出題の場合は60分，4つの場合は80分の解答時間が与えられます。いずれの場合も，1つのパッセージを20分で解答することが，時間的な目安ですね。

　設問数は，1つのパッセージにつき12〜14問です。単純計算ですが，20分を仮に14問で割ると，1問あたり約90秒（1分半）かけられることになります。逆に言えば，このペースでどんどん解き進めていかないと，時間が足りなくなってしまいます。

　Lesson 2で実際の問題にチャレンジしますが，1問90秒は決して余裕のあるペースではありません。「時間との戦いを制する者が，リーディングを制する」と言っても過言でないのがTOEFL iBTのリーディング・セクションです。時間をかけずに効率よく問題を解くための攻略法については，後ほどしっかり説明します。

なお，設問は基本的に4択問題です。しかしそれ以外の設問形式も一部存在しますので，演習問題を通して確認しましょう。

3 出題形式に関する注意点

(1) パッセージ，設問文，選択肢への書き込みはできない

「TOEFLの全体像」でお話しした通り，本試験はコンピューターで行われます。リーディングのパッセージ，設問文，選択肢はすべて画面上に表示されます。問題を解く中で何らかのメモを書き込みたいと感じることがあるかもしれませんが，残念ながらこれは不可能です。Lesson 2で演習問題にチャレンジする際は別に紙を用意し，そちらにメモしてください。

紙面上で問題を解くことに慣れている人は，書き込みができないことを思いのほか不便だと感じるかもしれません。しかし，**普段から「書き込み不可」というルールをしっかり守って問題演習を積めば，いずれ気にならなくなる**はずです。

また，コンピューター画面上で英語を読むということ自体に違和感を覚える人も少なくないでしょう。こちらも**慣れが必要ですから，例えば英字新聞をインターネット上で読むなどの練習に，日常的に取り組むとよい**でしょう。

(2) 解答済みの設問に戻って答えを変更することが可能

後述するリスニング・セクションとは違い，リーディング・セクションでは一度解答した設問でも，解答時間内であれば，何度でも答えを変更することが可能です。また，Q1から順に設問を解き進めなければならないリスニング・セクションとは異なり，リーディング・セクションでは3つ（あるいは4つ）のパッセージ間や，設問間を自由に行き来することができます。

本試験ではこのルールを利用して，解答時間を有効活用しましょう。例えば，ある難問の答えがどうしてもわからない場合，「確信はないけれど，たぶんこれが正解じゃないかな…?」という選択肢を「とりあえず」選んで次の設問に移りましょう。全設問に解答したあと時間が余れば，この難しい設問に戻って再び熟考してください。前述した通り，1問90秒ペースで解き進めないと時間が足りなくなる試験ですから，難問に長時間立ち止まってしまうと致命傷になりますよ!

なお，答えがわからない難問であっても，選択肢を何も選ばずに次の設問へ移ることはお勧めしません。最後に時間が余るかどうかは，実際に全設問を解いてみないとわからないからです。「結局時間が余らなかった」という最悪のケースを想定し，「とりあえず」の答えを必ず選んでから次の設問へ進みましょう。とりわけ本試験では，**解答時間が厳しい中でも全設問に必ず解答する**ことを心がけてください。

4 採点

演習問題に入る前に，リーディング・セクションの採点方法を確認しましょう。

「TOEFL の全体像」でお話しした通り，リーディングのセクション・スコアは30点満点です。最初に設問の正解数に応じて素点が決まり，その素点が30点満点のスコアに換算されます。

この仕組みを詳しく見てみましょう。リーディング・セクションでは通常，設問に1問正解するごとに素点が1点加算されます。ただし，「Summary 問題」と「Table 問題」と呼ばれる設問タイプのみ，「1問2～4点」という配点です。詳しくは設問タイプ別攻略法の説明の中でお話ししますが，ここではパッセージに対する設問数が12, 13, 14問のいずれの場合でも，1つのパッセージの素点合計は必ず「15点」になるよう設問が設定されていることを覚えておいてください。

パッセージが3つ出題される場合でも4つ出題される場合でも，採点対象となるのは3パッセージ分だけです。したがって，リーディング・セクション全体の素点合計は15点×3パッセージ＝45点ですね。

下の表は，この素点合計が30点満点のセクション・スコアに換算される際の一例を示しています。TOEFL iBT は問題の難易度によって換算レートが若干変わりますので，表の数値は**あくまで目安**です。

素点合計	スコアの目安
45, 44	30
43, 42	29
41, 40	28
39, 38	27
37, 36	26
35, 34	25
33, 32	24
31	23

素点合計	スコアの目安
30	22
29	21
28	20
27	19
26	18
25	17
24	16

これを参考に，目標スコア達成のためには何問間違えてもよいのかを確認しましょう。例えば，セクション・スコアで30点満点中26点を取ろうとすると，素点で少なくとも45点満点中36点を確保する必要がありますね。逆に言うと，素点9点分は落としてもよいわけです。通常の設問は1問1点の配点ですから，9問不正解でもこの数字に届きます。ということは，1パッセージにつき3問間違いのペースで全3パッセー

ジを乗り切ると，セクション・スコアで26点を達成できる計算です。

　ちなみに，素点45点満点中36点は，正解率80パーセントですね。全3パッセージを通してこれを実現すれば，セクション・スコアで26点が出る計算です。

　同様にセクション・スコアを22点，19点と設定した場合，以下のようなシミュレーションが可能です。なお，これらの数値も**あくまで目安**です。

- 26点をとるためには素点45点中9点分間違えてよい
    1問1点の設問であれば，1パッセージにつき3問間違いのペース
    正解率：80パーセント
- 22点をとるためには素点45点中15点分間違えてよい
    1問1点の設問であれば，1パッセージにつき5問間違いのペース
    正解率：約67パーセント
- 19点をとるためには素点45点中18点分間違えてよい
    1問1点の設問であれば，1パッセージにつき6問間違いのペース
    正解率：60パーセント

　このように，目標スコアを考える際には「1つのパッセージにつき○問正解しよう！」，「全パッセージで正解率△パーセントを目指そう！」というように，出来るだけ具体的な数値に落とし込んでみましょう。そうすることで，学校や自宅で問題演習をする際にも，常に本試験でのスコアをイメージしながら学習できるはずです。

Lesson 2

演習問題1

　それではリーディングの演習問題にチャレンジしましょう！　今回は，本試験よりもやや短めのパッセージを2つ用意しました。設問数も少なく，各パッセージ5問ずつです。リラックスして取り組んでください。なお，「1問90秒」というペースは本試験通りに行いたいと思いますので，2題まとめて15分間で解答してみましょう。

1　演習問題の進め方

　演習を始める前に，解答方法に関するヒントです。**パッセージ全体を一通り読んでから設問に解答することはやめましょう！**　おそらく時間が足りなくなります。
　では，どうやって解き進めればよいのでしょうか？　今回はひとまず以下のプロセスをたどってみてください。

① 　タイトルだけチェックし，どんな内容のパッセージか予想する。
② 　さっそく，設問 Q1 に目を通す。そして，その設問に答えるために必要な情報が書いてありそうな部分を，パッセージの中から見つけ出す。
③ 　見つかったら，その部分だけを精読。そしてその情報をもとに，正解の選択肢を選ぶ。
④ 　設問 Q2 以降も，同様に「設問文→一部分精読→選択肢」の順に解き進める。

　それでは，本冊 p.23〜26 の設問と，別冊 p.2〜5 のパッセージを用意しましょう。また，別冊 p.6 の解答用紙も，必要に応じてコピーしてご利用ください。がんばってください！

2 Questions

Passage 1 Vision in the Ocean （別冊 p.2〜3）

Q1. According to paragraph 2, which of the following is true of the mesopelagic zone?
　(A) Marine animals only stay there at night.
　(B) Organisms change their color depending on the time of day.
　(C) It is deeper than the upper pelagic zone.
　(D) Plants have special adaptations to allow them to live there.

Q2. The words "this adaptation" in paragraph 3 refer to
　(A) more challenging vision
　(B) upward-facing tubular eyes
　(C) the ability to swim to higher waters
　(D) the shapes of smaller fish

Q3. Which of the following best expresses the essential information in the highlighted sentence? Incorrect choices change the meaning in important ways or leave out essential information.
　(A) The design of some cameras is based on eyes with mirrors that are found in many sea animals.
　(B) The eyes of sea creatures develop images like cameras develop photographs.
　(C) Cameras and the mirrored eyes of some sea animals are similar in the way that they focus.
　(D) The same mirrored material used in cameras can be found in the eyes of some fish.

Q4. Why does the author mention the viperfish and the frill shark in paragraph 6?
　(A) to give examples of sea animals that migrate to the upper ocean layers to hunt
　(B) to show that fish at deeper levels have better eyes than the barreleye and spookfish
　(C) to emphasize that some fish in deep water do not have eyes
　(D) to contrast their eating habits

23

Q5. An introductory sentence for a brief summary of the passage is provided below. Complete the summary by selecting the THREE answer choices that express the most important ideas in the passage. Some sentences do not belong in the summary because they express ideas that are not presented in the passage or are minor ideas in the passage. This question is worth 2 points.

In deep ocean waters, fish have adapted their vision to low-light conditions.

-
-
-

1. Upward-facing tubular eyes give some deeper-water fish great sensitivity to the weak sunlight.
2. Some sea animals are transparent so that they cannot be seen by predators.
3. Two kinds of fish have two-part eyes that include mirrored parts allowing them to focus the limited light.
4. Below the mesopelagic zone, vision is not possible, so fish either have no eyes or spend part of their day in higher zones.
5. The viperfish and the frill shark migrate from the upper pelagic zone at the top of the ocean to the water below the mesopelagic zone to hunt.
6. In water deeper than 1,000 meters, animals glow in the dark so that other animals can see them better.

Passage 2　**Fresco Painting Methods**　（別冊 p.4～5）

Q1. According to paragraph 2, which of the following is NOT true of *buon fresco* painting?
  (A) A rough layer of plaster was applied to the whole area.
  (B) The mural was easy to change after it had dried.
  (C) The murals are strong.
  (D) Natural pigments were mixed with water.

Q2. The word "fine" in the passage is closest in meaning to
  (A) rare
  (B) wet
  (C) thin
  (D) extra

Q3. Which of the following can be inferred from paragraph 3 about the *secco fresco* method?
  (A) It completely replaced the *buon fresco* method soon after it was developed.
  (B) It was rarely used in murals that did not contain the color blue.
  (C) It was always used to repair *buon fresco* murals.
  (D) It allowed artists to have more flexibility when painting than they had with the *buon fresco* method.

Q4. Look at the four squares [■] that indicate where the following sentence could be added to the passage.

  ***Mezzo fresco* combined the advantages of *secco fresco* and *buon fresco*.**

  Where would the sentence best fit?

25

Q5. Complete the table below to summarize information about the three methods of mural painting discussed in the passage. Match the appropriate statements to the methods of mural painting with which they are associated. This question is worth 3 points.

buon fresco	• •
secco fresco	• •
mezzo fresco	•

Statements

1. The colors do not fade over time.
2. A binding medium was used to help the paint stick to the surface.
3. Mural painting became popular in Mexico in the 20th century.
4. Murals must be completed without mistakes.
5. A fine layer of plaster is added only to the area that the artist will paint that day.
6. People painted in limestone caves 15,000 to 30,000 years ago.
7. The paint often flakes off with age.

3 演習問題1を終えて

　いかがでしたか？　時間内にすべての問題を解けましたか？　ただ解くだけではなく，ある程度の確信を持って，答えを選べましたか？　「時間が全く足りなかった！」という方や，「とりあえず答えは選んだけど，当てずっぽうで解答してしまった！」という方もいるのではないかと思います。実際に問題を解いてみると，リーディング・セクションの難しさを実感しますね。

　では，時間をかけ過ぎずに確信を持って答えを選ぶには，どうすればよいのでしょうか？　そのためには，効率的かつ論理的にパッセージを読む方法を学び，さらに設問タイプ別攻略法を習得することが必要です。次のLessonから本格的にリーディング・セクション対策を始めましょう。

Lesson 3　リーディング・セクション攻略法

　それではさっそく，リーディング・セクション攻略法の説明を始めましょう。ここでは攻略法を以下の3つに大きく分けて紹介します。

① パッセージの全体像を効率的に読み取る
② 論理マーカーをヒントに，論理展開を意識して読む
③ 設問タイプ別攻略法を習得する

1　リーディング・セクション攻略法その①
パッセージの全体像を効率的に読み取る

　パッセージを一言一句まんべんなく読み，内容をすべて理解した後で設問に答えられればベストでしょうが，解答時間が限られている TOEFL iBT でそれを行うのは至難の業です。ネイティブ・スピーカー並みの読解力と速読力が備わっていない限り，時間的に困難でしょう。

　では，限られた時間の中で効率よくパッセージの全体像を理解するには，どうすればよいのでしょうか？　ここではその方法として「2L1リーディング」を挙げたいと思います。「2L1」とは，「パッセージのこの部分を読めば，パッセージが伝えたい主張や結論の内容と，全体の構造が短時間で理解できる！」という箇所を指しています。具体的にはパッセージの以下の部分が「2L1」です。

- **2**：第1段落の最初の2文…ここにパッセージのメイントピックが書かれていることが多い。
- **L**：第1段落の最後の1文（Last sentence の L）…パッセージのメイントピック，あるいはパッセージの主張や結論が述べられていることが多い。
- **1**：第2段落以降の各段落の最初の1文…各段落の内容のまとめが書かれている可能性が高い。

　リーディング・セクションに取り組む際は，まずパッセージのタイトルを確認し，どのような内容の文章か瞬時に予測した後，この「2L1」部分に目を通してください。そうすることで，「パッセージの主張・結論と全体の構造」を比較的短時間で読み取れるはずです。その後で設問を読めば，設問への理解が格段に高まります。また，この部分を読んでおくだけで選択肢を絞れたり，ズバリ正解を選べたりする設問もあります。

なぜこのような読み方が可能なのでしょうか？　それは，リーディング・セクションで登場するパッセージはすべて「アカデミック」な文章だからです。大学レベルの文章は，基本的に「学術的」な文章の書き方のルールに沿って書かれています。言い換えれば，「専門的な研究」を行う際に求められる文章の書き方だということですね。

　英語で書くアカデミックな文章には，いくつかの明確なルールがあります。例えば「イントロダクションでメイントピックと主張・結論を明確に述べる」，「各段落は抽象的なまとめ文から書き始め，その内容をサポートする具体的な説明や例を後に書き足していく」などです。このルールを逆手に取ったものが「2L1リーディング」だと考えてください。リーディング・セクションに登場するパッセージの全てがこのルールに則って書かれているとまでは言い切れませんが，「2L1」を読むことで主要情報が大掴みに理解できる可能性が高いことは事実です。

　なお，本試験で「2L1リーディング」を行う際は，1つのパッセージにつき「2分以内」に終えるようにしましょう。それ以上の時間を費やすと，肝心の設問解答に使う時間が足りなくなる危険性があります。段落数や一文一文の長さはパッセージごとに異なりますから，「2L1」で読まなければならない情報量もパッセージごとに違います。もし本試験で2分以内に「2L1」のすべてを読み切れない場合は，途中で切り上げて設問へ移りましょう。

　2分以内に「2L1」を読むことが難しい人は，「2L1」の各文のSVOC(主語，述語，目的語，補語)と，それに密接に関わる情報のみを拾い読んでみてください。これらは文が成立するために必要な部分，いわば文の主要要素ですから，文の主要情報もこれらから読み取れるはずです。「2L1」を読む目的はあくまでパッセージの全体像をつかむことです。一言一句まんべんなく読まなくても，SVOCを中心に読むだけでこの目的の大部分は達成されるはずです。効率よくパッセージ全体の主要情報を理解するために，ぜひ試してください。

2　リーディング・セクション攻略法その②
論理マーカーをヒントに，論理展開を意識して読む

　TOEFL iBTは論理的な思考を求められる試験です。英語を読んで(聞いて)論理展開を理解する能力や，論理展開を使って英語を書く(話す)能力が試験全体を通して試されていると言っても過言ではありません。リーディング・セクションにおいても，パッセージに書かれている論理展開を読んで理解し，その情報を使って設問に答えることができる英語力と論理力が要求されます。「**TOEFL iBTは論理が大事！**」ということをまずは肝に銘じてください。

　では，ここで言う「論理展開」とは具体的にどのようなものなのでしょうか？　実

は，リーディング・セクションには頻出する論理展開パターンが5つあります。それぞれについて，演習問題1で扱った2つのパッセージから具体例を挙げて説明したいと思います。

■ 抽象→具体

「2L1リーディング」の説明で触れたとおり，アカデミックな英語のパッセージでは「抽象的な情報を先」に，その抽象情報をサポートする「具体的な説明や例を後」に書くという基本的なルールがあります。リーディング・セクションのパッセージはこのルールに則って書かれることが多いため，「抽象→具体」という論理展開が頻繁に発生します。

演習問題1の1つ目のパッセージ，「**Vision in the Ocean**（海における視覚）」から，この論理展開の例を挙げましょう。最終段落の第3文がそれです。

Many species that live at this level do not have eyes, and those that do, such as the viperfish and the frill shark, tend to spend only daylight hours in the deeper waters, migrating to shallower waters to hunt once night falls.

このレベルに生息する多くの種は目を持っておらず，目を持っている種，例えばホウライエソやラブカは日中だけより水深の深い海域で過ごし，ひとたび夜が訪れると狩りをしに水深の浅い海域へ移動する傾向にある。

ここで注目してほしいのは such as という表現。「例えば～など」という具体例を表します。such as の前が「抽象」，その後が「具体」です。下線部を見ると，「ホウライエソとラブカ」という2つの海洋生物（具体）が，「（このレベルに生息する）目を持っている種」（抽象）を説明しているのだとわかります。「抽象→具体」の流れですね。

この文を最後まで読んでみると，この「目を持っている種」は日中だけ水深の深い海域で過ごし，夜になると水深の浅い海域に移動して狩りをすることがわかります。「ホウライエソとラブカ」はこのような習性を持つ海洋生物の具体例だとも言えます。

このように，リーディング・セクションでは「抽象→具体」の流れで議論が進むことがよくあります。パッセージを読んでいて，**曖昧模糊とした抽象的な情報が出てきたら，その後に具体的な説明が書かれている可能性が高いこと**をぜひ覚えておきましょう。逆に，**具体例が書かれていたら，その例を用いて説明したい抽象的な内容がその直前に書かれていることが多い**わけです。この知識は設問を解く上で重要なヒントになる場合があります。

なお，余談ですが，抜粋部分の「このレベル」とは，最終段落第1文に書かれている depths below 1,000 meters（1,000メートルより下の水深）を意味しています。また，下線部 those that do の those は代名詞で species（種）を指しています。ここでの do は，本来であればその直前にある have eyes が繰り返されるべきところを，反復を避けるために用いられています。したがってこの those that do は，もともとは species that have eyes だったわけですね。

■ 対比

「対比」の論理関係もリーディング・セクションで頻繁に登場します。ここでの「対比」とは，**2つの物事を比べてその違いを際立たせることです**。つまり「A」と「B」の2つの物事があるとすると，「AとBは大きく異なるよ！」という論理展開が「対比」ですね。記号を使って示すのであれば，「A ⇔ B」や「A vs. B」のようなイメージです。ここではある2つの物事が「真逆の関係にある」ことも含めて，広く「対比」という言葉を使いたいと思います。

では，演習問題1の2つ目のパッセージ，「**Fresco Painting Methods**（フレスコ画法）」から，対比関係を例示しましょう。第2段落で述べられている *buon fresco*（ブオン・フレスコ）と第3段落で述べられている *secco fresco*（セッコ・フレスコ）の特徴について，それぞれの段落から一部文章を抜粋します。

#2　… *Buon fresco* murals tend to be strong, but also must be completed quickly and without mistakes. …

#3　… The *secco fresco* method gives the artist a longer working time and the ability to change the mural, but it lacks the strength and long life of *buon fresco*, since the paint often flakes off with age. …

第2段落　…ブオン・フレスコの壁画は強い傾向にあるが，素早く，そしてミスなく完成されなければならない。…

第3段落　…セッコ・フレスコ画法のおかげで画家はより長い作業時間を得られ，また壁画を変更することもできるが，セッコ・フレスコは時の経過とともに塗料がはがれ落ちることが多いため，ブオン・フレスコの強さや耐久性はない。…

これらの段落では，フレスコと呼ばれる絵画技法の2つの種類について，その特徴を対比していますね。その内容から，「ブオン・フレスコは強いが，作業時間は短く，ミスもできない⇔セッコ・フレスコは強くないが，作業時間は長く，変更も可能」という違いが明確です。

この対比関係を表しているのが，第3段落の2つの下線部でしょう。1つ目の <u>a longer working time</u> は，比較級の longer に注目です。ハッキリとは書かれていませんが，これは「ブオン・フレスコよりも長い作業時間」という比較です。2つのフレスコ画法の種類を比べて，その違いを際立たせているわけです。

　2つ目の下線部 <u>it lacks the strength and long life of *buon fresco*</u> は，「それ（セッコ・フレスコ）はブオン・フレスコの強さや耐久性がない」と訳せます。こちらは2つの違いをズバリ指摘しています。やはり対比の論理関係ですね。

　リーディング・セクションでは，このように対比関係を使って議論を進めるパッセージも数多く登場します。ぜひ慣れておきましょう。

■ 因果

　こちらも非常によく登場する論理展開です。「原因→結果」という関係ですね。
　再び「**Fresco Painting Methods**（フレスコ画法）」から，具体例を1つ提示します。ここでは第2段落の最終文を見ましょう。ブオン・フレスコの特徴を説明する段落でしたね。

> <u>Because</u> the pigment fuses with the plaster as it dries, if the artist wants to change part of the fresco, it must be scraped away while still wet or, if dry, chipped off and done again from the lower *arriccio* layer up.
>
> 顔料は（漆喰が）乾くにつれ漆喰と融合するので，もし画家がフレスコの一部を変更したくなったら，まだ湿っているうちにこすり落とすか，もし乾いてしまっていたならば，削り取って下のアリッチョ層からやり直さなければならない。

　因果関係を表す <u>Because</u> に注目すれば，下線部が「原因」，二重下線部がすべて「結果」となることが読み取れます。この段落を最初から読み直すと，ブオン・フレスコでは絵を描く場所にまず漆喰を塗り，そこに顔料（絵の具）を付けていくことが書かれています。ここで抜粋した1文は，「顔料が漆喰と融合する」ことが原因で，「絵を変更する場合は，漆喰が湿っているうちに（顔料を）こすり落とすか，すでに乾いてしまっていたら（漆喰ごと）削り取って，下の漆喰の層からやり直す」という結果を生み出すと説明しているわけです。

　このような「因果」の論理展開は，とりわけ理系のパッセージで頻出する傾向にあります。**「何が原因で，何が結果か」を素早く理解**できるよう，読解力を高めましょう。

■ 時系列

　歴史系のパッセージなどでよく登場するのが「時系列」の論理展開です。**ある物事が変化していく様を，時間の経過に沿って説明する**際に用いられます。「はじめに○が起きて，次に△が起きて，そしてその後に×が起きて…」という論理の流れですね。

　具体例として，ここでもフレスコ画法のパッセージを用いましょう。第2〜4段落の冒頭のみを以下に書き出してみます。

#2 　The *buon fresco* method of mural painting…

#3 　 Later , a second method was developed. In *secco fresco* painting, …

#4 　 A third method called *mezzo fresco* was developed even later , …

第2段落　壁画のブオン・フレスコ画法は，…

第3段落　後に，2つ目の画法が発達した。セッコ・フレスコ画では，…

第4段落　メッゾ・フレスコと呼ばれる3つ目の画法がさらに後に発達し，…

　　　　で囲まれた表現を見れば，「時系列」の論理が展開されていることが一目瞭然ですね。この論理展開が出てきたら，**情報を整理しながら読むことを意識**しましょう。このフレスコ画法のパッセージであれば，ブオン・フレスコ，セッコ・フレスコ，メッゾ・フレスコの3種類が「古い→新しい」という順番に並んでいることだけでなく，それぞれの段落で挙げられる特徴がどの種類のフレスコ画法に関するものなのかをしっかり整理しましょう。読み進めていくうちに，「画法の種類」とその「特徴」が頭の中でゴチャゴチャになってしまうと，最後の「Table問題」と呼ばれる設問で苦戦するはずです。

■ 同種・類似・並列・列挙

　リーディング・セクションで頻出する最後の論理展開は，「同種・類似・並列・列挙」です。**同じもの，あるいは似通ったものを複数提示**することですね。ここでは演習問題1の2つのパッセージからそれぞれ1つずつ，具体例を示します。

　まずは「**Vision in the Ocean**（海における視覚）」から，第4段落の第1文目を以下で確認してください。

33

Some sea creatures have developed eyes lined with mirrors that reflect the image to a focus at a central point, similar to how a camera focuses light.

海洋生物の中には，鏡と並んでいる目を発達させたものもいる。この鏡は像を反射し，中心点で焦点を合わせる。これはカメラが集光する方法と似ている。

similar to （〜は…と類似している）という表現に着目すると，その前と後が「類似」の論理関係にあることがわかります。mirrors that reflect the image to a focus at a central point ≒ how a camera focuses light ということですね。ある海洋生物の目に並んで付いている鏡のような器官が像を反射させて焦点を合わせる方法と，カメラが光を集める方法が似通っているわけです。

次に，「**Fresco Painting Methods**（フレスコ画法）」の第4段落を一部抜粋したものを読んでみましょう。フレスコ画法の3種類目であるメッゾ・フレスコに関する段落です。

A third method called *mezzo fresco* was developed even later … Like *secco fresco*, this technique is less labor-intensive and allows for the correcting of mistakes. However, it also has the long-lasting strength of *buon fresco*. In addition, it offers greater color stability…

メッゾ・フレスコと呼ばれる3つ目の画法がさらに後に発達した…。セッコ・フレスコと同じように，この技法（＝メッゾ・フレスコ）はあまり労働力を必要とせず，またミスを修正する機会を与えてくれる。しかし，それはまたブオン・フレスコの耐久性も持ち合わせている。加えて，それは色の安定性にもより優れている…

この段落では「類似」や「列挙」の論理が頻繁に使われていますね。□で囲まれた3つの表現に注目しましょう。1つ目の Like は「〜と同じように」という意味の「類似」の論理表現として用いられています。メッゾ・フレスコはあまり労働力を必要としない点やミスを修正できる点でセッコ・フレスコと類似しているわけですね。

2つ目の also 「〜もまた」は「列挙」の論理表現です。労働力を必要としないこと，ミスを修正できることの2つに加えて新たに耐久性を挙げ，メッゾ・フレスコの特徴を列挙していることがわかります。3つ目の In addition 「さらに」も「列挙」の論理展開を示します。メッゾ・フレスコのもう1つの特徴である色の安定性を追加し，列挙していますね。

リーディング・セクションでは，このように「同種・類似・並列・列挙」を用いて情報を補足したり追加したりすることがよくあります。こちらも**情報を頭の中で**

整理しながら読み進めることを意識しましょう。

　なお，抜粋部分に登場する However は，すでに紹介した「対比」の論理表現です。メッゾ・フレスコが「セッコ・フレスコの特徴を備えている，だけれどもブオン・フレスコの特徴も備えている」という対比関係ですね。第 2，第 3 段落ですでに説明した「セッコ・フレスコ⇔ブオン・フレスコ」という関係性を前提に，大きく異なるこれら 2 つの画法の特徴が両方ともメッゾ・フレスコには備わっていることを，この第 4 段落で「対比」と「列挙」の論理を使って説明しているわけです。

　ここまで，リーディング・セクションで頻出する 5 つの論理展開パターンを，具体例を交えながら説明してきました。ではなぜ，これらの論理展開をマスターすることが大切なのでしょうか？　このような論理展開を利用しつつ読むことができればパッセージの理解がより深まるのはもちろんですが，実はもう 1 つ，重要な理由があります。

　それは，リーディング・セクションでは「論理展開が絡む情報は設問で問われやすい」からです。言い換えれば，設問に正しく解答するためには，論理展開を的確に理解しなければならない場合が多いということです。「TOEFL iBT は論理的な思考を求められる試験」だとお話ししましたが，それは設問の作り方にも見事に反映されています。

　もうお気づきかもしれませんが，上述の 5 つの論理展開パターンを説明する中で引き合いに出した具体例は，程度の差はあれ，すべて何らかの形で設問に関わっている情報ばかりです。これらの具体例を正しく読む論理力があれば，演習問題 1 での正解率も高まったはずです。**論理展開が含まれる箇所は注意深く読まなければなりません。**

　そこで，これらの論理展開を読み取る際は，「論理マーカー」をヒントにしましょう。論理マーカーとは，**論理展開をわかりやすく示してくれる表現**です。ここまで挙げた具体例の英文で，□□□ で囲んだ表現がそれにあたります。例えば「抽象→具体」の such as，「因果」の because，「時系列」の later，second，third，そして「同種・類似・並列・列挙」の similar to，like，also，in addition などです。「対比」の具体例で登場した longer などの比較級も，論理を示している表現ですから論理マーカーに準ずると考えてよいでしょう。

　この他にも，論理マーカーはたくさんあります。別冊 p.51〜52 に代表的な論理マーカーを表にまとめましたので，参考にしてください。

　なお，ここで紹介した論理展開パターンと論理マーカーは，リーディング・セクションのみならず TOEFL iBT の他のセクションでも頻繁に登場します。TOEFL iBT で成功するための基盤となる知識ですから，今のうちにぜひ慣れておきましょう。

3 リーディング・セクション攻略法その③
設問タイプ別攻略法を習得する

最後は設問タイプ別攻略法の習得です。リーディング・セクションには，試験作成者であるETSが公式に発表している10の設問タイプがあります。「このタイプの設問はこうやって解く！」という設問タイプ別攻略法を学べば，どんな問題にでも対応できるようになり，効率よくスコアアップできます。

設問タイプには，それぞれ以下のような正式名称がついています。長い名称もあるので，短縮したものも併記します。これ以降，本書では略称を使います。

	設問タイプの正式名称	本書での略称
①	Factual Information Questions	Fact 問題
②	Negative Factual Information Questions	Nega 問題
③	Inference Questions	Infer 問題
④	Rhetorical Purpose Questions	Rhetoric 問題
⑤	Vocabulary Questions	Voca 問題
⑥	Reference Questions	Reference 問題
⑦	Sentence Simplification Questions	Simplify 問題
⑧	Insert Text Questions	Insert 問題
⑨	Prose Summary Questions	Summary 問題
⑩	Fill in the Table Questions	Table 問題

(1) 設問タイプの2つの分類

これら10の設問タイプは，以下のように大きく2つに分類できます。

A) Basic Information and Inferencing Questions: 上記①〜⑧がこれに当てはまります。

B) Reading to Learn Questions: 上記⑨と⑩がこれに当てはまります。

これらA），B）の2つの名称は重要ではありません。重要なのは，A）が「一部分精読問題」であるのに対し，B）は「全体問題」であるということです。「一部分精読問題」とは，パッセージ全体を読まなくても，解答の根拠が書いてある「一部分」さえキッチリ読むことができれば解ける設問だということです。逆に「全体問題」は，文字通りパッセージのほぼ「全体」の内容が理解できていないと，解答できない設問です。

注目してほしいのは，10の設問タイプのうち8つはこの「一部分精読問題」だと

いう点です。つまり，リーディング・セクションの大半の設問は，パッセージの一部分精読だけで解ける設問だということですね。演習問題 1 を始める前に，「パッセージ全体を一通り読んでから設問に解答することはやめましょう！」とお願いしました。「なぜこんな指示を出すのだろう？」と不思議に思った人もいるでしょう。もちろん時間節約のためでもありますが，実は**リーディング・セクションの問題の大半は，「そもそもパッセージ全体を読む必要がない」**のです。

「でも，『全体問題』がある以上は，パッセージ全体も読まないとダメなんじゃないの!?」と疑問に思う人もいるでしょう。実は，**「2L1リーディング」で理解したパッセージの全体像と，「一部分精読問題」を解く中で理解した内容を合わせれば，「全体問題」に上手く対処できるのです**（詳しくは後ほどお話しします）。リーディング・セクションではパッセージ全体をすべて読む必要はないことを覚えておいてください。

(2) 設問タイプそれぞれの基礎知識

それではここで，10の設問タイプそれぞれについて，**「何を問う設問」**で**「どうやってその設問タイプだと見分けるのか」**をお話ししましょう。

なお，「その設問タイプはどのようにアプローチすれば最も効率よく解けるのか」という具体的な「攻め方」については，同じ演習問題をもう一度解いた後で，しっかり説明したいと思います。

A) Basic Information and Inferencing Questions（一部分精読問題）

ここで紹介する①～⑧の設問タイプは，すべて **4 択問題**です。

① Fact 問題

▶ 何を問うているのか

1 つ目の設問タイプである Fact 問題は，**「パッセージに明確に書かれている情報を探す設問」**です。「答えはパッセージにハッキリと書いてあるので，その一部分を探して，読んで，理解すれば，正解を選べますよ」ということですね。Fact 問題という名前だけを見ると，何を問うているのかピンとこないかもしれませんが，実際には非常に素直な問題です。

▶ どうやって Fact 問題だと見分けるか

この Fact 問題が少しやっかいなのは，**設問文にお決まりのパターンがない**ということです。設問文を読んで，「これは Fact 問題だ！」と一目でわかるような明確な特徴が，残念ながらありません。

しかし，他の 9 つの設問タイプには設問文に明らかな特徴があり（詳しくは後述

します），比較的簡単に見分けられます。したがって，「**他の設問タイプのどれにも当てはまらない問題は，Fact 問題として処理する**」のだと覚えておきましょう。

② Nega 問題
▶ 何を問うているのか

Nega 問題は「**パッセージに書かれていない情報，あるいはパッセージに書かれている情報と異なる内容が含まれる選択肢を選ぶ設問**」です。逆に言うと，「4つの選択肢のうち3つは，パッセージに書かれていることを正確に述べている」，そして「そのような選択肢は不正解である」ということです。

▶ どうやって Nega 問題だと見分けるか

設問文の中に**大文字の NOT または EXCEPT** が含まれていたら，それは Nega 問題です。このような設問文を見たら，「パッセージに書かれている情報は正解にならない」ことを思い出し，**慎重にパッセージと選択肢を吟味**しましょう。

③ Infer 問題
▶ 何を問うているのか

Infer「〜を推論する」という動詞が示す通り，この設問タイプは「**パッセージに明確に答えは書かれていないが，書かれている情報をもとに推論を働かせて正解を選ぶ設問**」です。「パッセージの内容から論理的に推し測ると，これが正解じゃないとおかしい！」という視点で選択肢を1つ選びましょう。Fact 問題のように答えがパッセージ内にハッキリと書かれているわけではないので，解答の根拠になる部分を見つけて理解するだけでは不十分です。そこからさらに**推論が必要**になることを忘れないでください。

▶ どうやって Infer 問題だと見分けるか

設問文中に infer, imply「〜を暗示する」, suggest「〜を示唆する」などの推論を表す表現があれば，Infer 問題だと判断しましょう。

④ Rhetoric 問題
▶ 何を問うているのか

「レトリック」と聞くと何やら難しそうな印象ですが，ここではシンプルに「**著者の意図や論理構成を問うている設問**」だと理解してください。通常，この設問タイプではパッセージの一部がハイライト表示（その部分だけ背景色が異なって表示）されます。その部分を「どのような意図や目的で著者は書いたのか」，あるい

はその部分とその前後は「どのような論理展開でつながっているのか」を考えます。

詳しい攻略法は後ほど説明しますが，**ハイライトされた部分とその前後を読み，頻出する 5 つの論理展開パターンのどれかが絡んでいないか考える**とよいでしょう。

▶ どうやって Rhetoric 問題だと見分けるか

設問文中に以下のような文言が入っていたら，Rhetoric 問題だと判断してください。

- The author discusses X in order to...
  筆者は…するために X を論じています。

- Why does the author mention Y?
  なぜ筆者は Y に言及していますか？

- The author uses Z as an example of...
  筆者は…の例として Z を使っています。

X，Y，Z にはハイライト表示された部分が入ります。

⑤ Voca 問題

▶ 何を問うているのか

その名が示す通り，「**単語や表現の意味を問う設問**」です。出題された単語や表現の意味を知っていればすぐに正解を選べるが，知らなければ打つ手がない，純粋な「知識問題」が多くを占めます。知らなくても文脈から意味を推測できる設問もありますが，少数派です。**TOEFL iBT の問題を解きながら，知らなかった単語は 1 つずつていねいに暗記していくことで，地道に語彙力を高めることが必要**です。

▶ どうやって Voca 問題だと見分けるか

設問文が以下のような文言であれば，Voca 問題だと考えてください。

- The word X in the passage is closest in meaning to...
  パッセージ中の X という語は，意味において…に最も近いです。

X には，問われている単語や表現が入ります。通常，この単語や表現はパッセージ中でハイライト表示されます。

⑥ Reference 問題

▶ 何を問うているのか

「代名詞，指示代名詞・形容詞，関係代名詞が指す内容，またはある単語や表現が指している内容を問う設問」です。it，they などの代名詞や this，that などの指示代名詞・形容詞，which，that などの関係代名詞が何を指しているのか判断します。確実に正解できるよう，**常に代名詞や指示代名詞・形容詞が何を指しているのか，また関係代名詞の先行詞は何か考えながら，パッセージを読む癖をつけておきましょう**。

▶ どうやって Reference 問題だと見分けるか

設問文が以下のような文言であれば，Reference 問題だと判断しましょう。

・The word X in the passage refers to...
　パッセージ中の X という語は，…を指しています。

X には，設問で問われている代名詞，指示代名詞・形容詞，関係代名詞，または単語や表現が入ります。通常，これらはパッセージ中でハイライト表示されます。

⑦ Simplify 問題

▶ 何を問うているのか

この設問タイプでは，パッセージ中のある1文がハイライト表示されます。「**その文の主要情報を，別の表現で正確に書き換えたものを，選択肢から1つ選ぶ設問**」です。文の重要な情報がすべて正しく盛り込まれているか，また文の意味が変わってしまっていないか，確認する必要があります。

なお，この設問タイプの正式名称である Sentence Simplification Questions を直訳すると，「文をシンプルにする設問」です。しかし実際には，**「文がシンプルになっているかどうか」は正解・不正解を見極める際の基準にはなりません**。実際の設問を見ると，正解の選択肢が，ハイライト表示された1文よりシンプルであることは多いですが，それそのものは判断材料にならないので注意しましょう。

▶ どうやって Simplify 問題だと見分けるか

この設問タイプは，いつどこで試験を受けても，ほとんどの場合は設問文が同じ文言です。以下のような設問文を見たら，即座に Simplify 問題だと判断してください。

- Which of the following best expresses the essential information in the highlighted sentence? Incorrect choices change the meaning in important ways or leave out essential information.

以下(の選択肢)のどれが，ハイライトされた文中の重要情報をもっともよく表していますか？ 間違った選択肢は重要な点において意味を変えたり，あるいは重要情報を除外したりしています。

この設問文からも，「重要情報が盛り込まれていること」が正解を選ぶ上での大切な基準であることが読み取れますね。また，「ハイライトされた文の意味が変わってしまっている選択肢」，「重要情報が入っていない選択肢」は間違いであることも明記されています。「シンプルかどうか」については何も指示がありませんから，やはり判断基準ではありませんね。

⑧ Insert 問題

▶ 何を問うているのか

パッセージにもともとあった1文が抜き出されていて，「**その文をパッセージ内の正しい場所に挿入する設問**」です。挿入する箇所は，本試験ではパッセージ中に四角形(■)で表示されます。これが4か所あるため，①〜⑦の設問タイプと同様，Insert 問題も4択問題です。

▶ どうやって Insert 問題だと見分けるか

この設問タイプも，設問文の文言はほとんどの場合で同じです。したがって，以下のような設問文を見たら，瞬時に Insert 問題だと判断しましょう。

- Look at the four squares [■] that indicate where the following sentence could be added to the passage.
  [You will see a sentence in bold.]
  Where would the sentence best fit?

4つの四角形[■]を見なさい。これらの四角形は，次の文がパッセージに加えられうる場所を示しています。
[挿入する1文が太字で表示されます]
この文はどこに一番うまく当てはまりますか？

攻略法は後ほど詳しく説明しますが，この設問文そのものに正解を導くためのヒントは含まれていません。**本試験では，太字で表示される挿入文のみを確認し**ましょう。

B) Reading to Learn Questions（全体問題）

ここで紹介する⑨と⑩の設問タイプは四択問題ではありません。選択肢の数や正解の数も含めて，以下で確認しましょう。

⑨ Summary 問題

▶ 何を問うているのか

Summary「要約」という言葉からもおわかりのとおり，「**パッセージの要約を作る設問**」です。Introductory sentence（導入文）と呼ばれる要約の第1文が提示されますので，その後に続く内容を選択肢から選び，要約を完成させます。選択肢は全部で6つあり，そこからパッセージの要約にふさわしいものを3つ選びます。通常，このSummary問題はパッセージの最後の設問として登場します。

Summary問題には部分点が存在します。選ぶべき選択肢3つをすべて正解したら「2点」，2つ正解したら「1点」の素点がそれぞれ与えられます。

Summary問題が登場する場合，そのパッセージには（Summary問題を含め）全14問の設問が設定されます。このうち設問Q1～13は「一部分精読問題」である設問タイプ①～⑧のいずれかが出題され，すべて素点は「1問1点」です。最後のSummary問題だけが2点満点ですから，1つのパッセージの素点は「15点満点」になります。

▶ どうやってSummary問題だと見分けるか

こちらもほとんどの場合，設問文の文言は同じです。パッセージの14問目で以下のような設問文が出てきたら，それはSummary問題です。

- An introductory sentence for a brief summary of the passage is provided below. Complete the summary by selecting the THREE answer choices that express the most important ideas in the passage. Some sentences do not belong in the summary because they express ideas that are not presented in the passage or are minor ideas in the passage. This question is worth 2 points.

  [You will see an introductory sentence in bold.]

パッセージの簡潔な要約への導入文が以下に与えられています。パッセージ中の最も重要なアイデアを表している選択肢3つを選び，要約を完成させなさい。いくつかの文（選択肢）は，パッセージ中に提示されていないアイデアを表しているか，パッセージ中の重要ではないアイデアであるため，要約に属しません。この設問は2点です。

[導入文が太字で表示されます]

この設問文を読むと，選択肢の内容がパッセージの「**重要なアイデア**」かどうかを見分けることが大切だとわかります。**パッセージに実際に書かれている内容でも，それが重要でなければ要約に入れてはいけない**からです。限られた時間の中でどうやって見分けていくのか，その攻略法については後ほど解説します。

⑩ Table 問題

▶ 何を問うているのか

　いよいよ最後の設問タイプです。ここでの Table は「表」という意味で，「**パッセージの内容をもとに表を完成させる設問**」です。表は２つか３つのカテゴリーに分けられていて，それぞれのカテゴリーに属すべき特徴や具体例を選択肢から選び，振り分けます。カテゴリーが２つの場合でも３つの場合でも，通常は正解として選ぶべき選択肢の数は５つです。選択肢の数はそれよりも多いため，使用しない選択肢が存在します。

　Table 問題にも部分点があります。選ぶべき５つの選択肢すべてに正解すると素点で「３点」，４つ正解すると「２点」，３つ正解すると「１点」がそれぞれ与えられます。

　Table 問題が登場する場合，そのパッセージには（Table 問題を含め）全13問の設問が設定されます。設問 Q1〜12 は「１問１点」の「一部分精読問題」です。最後の Table 問題だけが３点満点ですから，１つのパッセージの素点は「15点満点」になります。

　なお，Table 問題を含め１つのパッセージに全12問が設定され，Table 問題が４点満点である出題形式も存在します。

▶ どうやって Table 問題だと見分けるか

　Complete the table below...「以下の表を完成させなさい…」で始まる設問文と表が提示されたら，Table 問題だと判断してください。

　以上がリーディング・セクションで登場する10の設問タイプです。それぞれ何を問う問題か，そしてどうやって設問タイプを見分けるか，確認できましたか？
　この後，演習問題を解き直します。各設問タイプの具体的な攻略法の説明は，その後で答え合わせもかねて行います。

Lesson 4

演習問題 2

それでは，演習問題 1 で解答した 2 題のパッセージに再チャレンジしましょう！

1 演習問題の進め方

今回は「2L1リーディング」を行い，パッセージの全体像を確認しましょう。また，パッセージを読む際は論理マーカーをヒントに，論理展開を意識するよう心がけてください。

なお，これら 2 題のパッセージをあわせると，10の設問タイプが 1 問ずつ，すべて出そろうように設問は設定されています。設問文から「どの設問タイプか」を見極め，「何を問うている設問なのか」を正しく理解した上で解答しましょう。

制限時間は 2 題あわせて15分間です。今回のパッセージは本試験のものよりも短いので，「2L1リーディング」は各パッセージ「90秒（1 分半）以内」で終わらせましょう。この時間内に読み切れない箇所はあきらめて，設問の解答に移ってください。

以下が今回たどるべき解答プロセスです。

① タイトルと「2L1」を読み，パッセージのメイントピックや主張・結論と，全体の構造を把握する。
② 設問 Q1 に目を通し，設問タイプと問われている内容を読み取る。
③ 設問に答えるために必要な情報が書いてありそうな部分を，パッセージの中から見つけ出す。見つかったら，その一部分を精読。そしてその情報をもとに，正解の選択肢を 1 つ選ぶ。
④ 設問 Q2以降も，同様に「設問タイプの確認→一部分精読→選択肢」の順に解き進める。
⑤ Summary 問題と Table 問題は，「2L1」と，他の設問を解く中で理解した内容を思い出し，要約や表を完成させる（必要に応じてパッセージを再読することは OK です）。

それでは，本冊 p.45〜48 の設問と，別冊 p.2〜5 のパッセージを用意しましょう。また，別冊 p.6 の解答用紙も，必要に応じてコピーしてご利用ください。がんばってください！

2 Questions

Passage 1 Vision in the Ocean （別冊 p.2～3）

Q1. According to paragraph 2, which of the following is true of the mesopelagic zone?
 (A) Marine animals only stay there at night.
 (B) Organisms change their color depending on the time of day.
 (C) It is deeper than the upper pelagic zone.
 (D) Plants have special adaptations to allow them to live there.

Q2. The words "this adaptation" in paragraph 3 refer to
 (A) more challenging vision
 (B) upward-facing tubular eyes
 (C) the ability to swim to higher waters
 (D) the shapes of smaller fish

Q3. Which of the following best expresses the essential information in the highlighted sentence? Incorrect choices change the meaning in important ways or leave out essential information.
 (A) The design of some cameras is based on eyes with mirrors that are found in many sea animals.
 (B) The eyes of sea creatures develop images like cameras develop photographs.
 (C) Cameras and the mirrored eyes of some sea animals are similar in the way that they focus.
 (D) The same mirrored material used in cameras can be found in the eyes of some fish.

Q4. Why does the author mention the viperfish and the frill shark in paragraph 6?
 (A) to give examples of sea animals that migrate to the upper ocean layers to hunt
 (B) to show that fish at deeper levels have better eyes than the barreleye and spookfish
 (C) to emphasize that some fish in deep water do not have eyes
 (D) to contrast their eating habits

Q5. An introductory sentence for a brief summary of the passage is provided below. Complete the summary by selecting the THREE answer choices that express the most important ideas in the passage. Some sentences do not belong in the summary because they express ideas that are not presented in the passage or are minor ideas in the passage. This question is worth 2 points.

In deep ocean waters, fish have adapted their vision to low-light conditions.

-
-
-

1. Upward-facing tubular eyes give some deeper-water fish great sensitivity to the weak sunlight.
2. Some sea animals are transparent so that they cannot be seen by predators.
3. Two kinds of fish have two-part eyes that include mirrored parts allowing them to focus the limited light.
4. Below the mesopelagic zone, vision is not possible, so fish either have no eyes or spend part of their day in higher zones.
5. The viperfish and the frill shark migrate from the upper pelagic zone at the top of the ocean to the water below the mesopelagic zone to hunt.
6. In water deeper than 1,000 meters, animals glow in the dark so that other animals can see them better.

Passage 2　**Fresco Painting Methods**　（別冊 p.4〜5）

Q1. According to paragraph 2, which of the following is NOT true of *buon fresco* painting?
　(A) A rough layer of plaster was applied to the whole area.
　(B) The mural was easy to change after it had dried.
　(C) The murals are strong.
　(D) Natural pigments were mixed with water.

Q2. The word "fine" in the passage is closest in meaning to
　(A) rare
　(B) wet
　(C) thin
　(D) extra

Q3. Which of the following can be inferred from paragraph 3 about the *secco fresco* method?
　(A) It completely replaced the *buon fresco* method soon after it was developed.
　(B) It was rarely used in murals that did not contain the color blue.
　(C) It was always used to repair *buon fresco* murals.
　(D) It allowed artists to have more flexibility when painting than they had with the *buon fresco* method.

Q4. Look at the four squares [■] that indicate where the following sentence could be added to the passage.

Mezzo fresco **combined the advantages of** *secco fresco* **and** *buon fresco.*

Where would the sentence best fit?

47

Q5. Complete the table below to summarize information about the three methods of mural painting discussed in the passage. Match the appropriate statements to the methods of mural painting with which they are associated. This question is worth 3 points.

buon fresco
•
•
secco fresco
•
•
mezzo fresco
•

Statements

1. The colors do not fade over time.
2. A binding medium was used to help the paint stick to the surface.
3. Mural painting became popular in Mexico in the 20th century.
4. Murals must be completed without mistakes.
5. A fine layer of plaster is added only to the area that the artist will paint that day.
6. People painted in limestone caves 15,000 to 30,000 years ago.
7. The paint often flakes off with age.

3 演習問題2を終えて

　いかがでしたか？　初めて解答した時に比べると，パッセージや設問内容への理解が深まりましたか？　「パッセージのこの箇所にこのように書かれているから，これが正解なんだ！」と解答の根拠を確認しながら，自信をもって答えを選べましたか？　また，時間内に全設問に解答できましたか？

　次のLessonではパッセージごとに「2L1」の内容確認，設問タイプ別攻略法の説明，そして答え合わせを行います。単に「正解だったか不正解だったか」を確認するだけではスコアアップは望めません！　ご自身の「2L1リーディング」の理解や，論理展開の把握が正しかったかも必ずチェックしてください。さらに，設問タイプそれぞれに異なった解法アプローチがあることを新たに学びましょう。これらすべてが「最短距離で，確信を持って正解を選ぶ」能力に結びつきます。

Lesson 5

演習問題解説

1 Passage 1 解説その①「2L1リーディング」

それではさっそく，演習問題の1つ目のパッセージである「Vision in the Ocean（海における視覚）」の「2L1」を一緒に読みましょう。パッセージから，該当箇所を以下に抜き出します。SVOCを中心とした文の主要要素を太字，大切な論理マーカーとそれに関わる箇所を ▭（四角形囲み）や下線で表示しています。

Vision in the Ocean

#1 [2L] Because water absorbs light, **fish live in a different light environment** than land species, and **have developed adaptations in vision, coloration, and migration** suited to life under water. **Predators that use their eyes to find prey do well in the upper pelagic zone** (from 0 to 100 meters deep), where a large amount of sunlight penetrates the water and makes it hard for prey to find places to hide. At these levels, **organisms attempt to camouflage themselves** through small size, lack of color and transparency to avoid detection.

#2 [1] As the ocean increases in depth, **the amount of available light decreases quickly.**

#3 [1] **Vision can be challenging in the mesopelagic zone** for both predator and prey.

#4 [1] **Some sea creatures have developed eyes lined with mirrors** that reflect the image to a focus at a central point, similar to how a camera focuses light.

#5 [1] While the barreleye and the spookfish belong to the same family, **their eyes have different structures.**

#6 [1] **Sight is almost impossible** at depths below 1,000 meters.

まずはタイトルから確認しましょう。「海における視覚」というタイトルから，「海洋生物の目や視力に関するパッセージかな…？」と予測がつくと思います。

次に「2L1」の「2L」に移りましょう。第1段落は短いので，全文に目を通すことになります。論理展開に注意しつつ，SVOCを中心に読みましょう。第1文では論理マーカー Because がさっそく登場しますね。この「因果」の論理展開と，太字で示したSVOC＋αの情報を見ると，「水が光を吸収する」ことが原因で，「魚は異なった光の環境に生息」し，「視覚，体色，そして移動における適応を遂げる」結果となったことが読み取れます。coloration という単語を初めて見た人は多いと思いますが，これはcolor「色」から派生した言葉だと判断できますね。「体色」という意味がズバリわからなくても，魚の「色」に関わることだと推測できればそれでOKです。

第2文もSVOC＋αを構成する太字部分だけを拾い読むと，「獲物を見つけるために目を使う捕食者は，upper pelagic zone では上手くやっている」となります。upper pelagic zone は難語ですが，日本語訳できなくても問題ありません。zone がカタカナ語の「ゾーン」，すなわち「区域」を指すことや，そのあとの from 0 to 100 meters deep「0から100メートルの深さ」といった情報から，「水深の浅い海域」を指すのだと理解できれば大丈夫です。

そして「L」にあたる第3文では，太字部分から「生命体は自分たちをカムフラージュしようとする」となります。前文で登場した upper pelagic zone と呼ばれる海域に住む生命体のことですね。

ここまでの内容から，このパッセージは「**地上とは光のあり方が異なる海の環境に，海洋生物は視覚などを適応させてきた**」ことを伝えたいのだと読み取れます。これがこのパッセージの**メイントピック**，あるいは**主張内容**ですね。

第2文と第3文は，特定の水深における海洋生物の生き方についての情報ですから，この「適応」の1つの具体例だと読めます。ここから「適応方法を水深の違いに分けて紹介するパッセージなのかも…」と予想した人は，とても勘の鋭い方だと思います。

次に「2L1」の「1」の内容を読んでいきましょう。残りの各段落の第1文目です。まず第2段落で，「水深が増すにつれて，利用可能な光の量は減る」と書かれています。やはり水深の違いによって議論が展開しそうですね。

第3段落第1文は，太字部分から「mesopelagic zone では，視覚は難しいものになりうる」と読めます。mesopelagic zone という単語を見るのが初めてでも，第2段落からの流れで，海のより深い区域を指していると推測できますね。水深が増して光の量が減ると，ものを見ることが困難になっていくということでしょう。

第4段落第1文は，「類似」の論理展開を説明した際にすでに日本語訳した箇所ですね。「2L1リーディング」ではSVOCを中心に読み，太字の「海洋生物の中には，鏡と並んでいる目を発達させたものもいる」という部分を理解すれば十分です。細かいことはさておき，「水深が深く光の少ない海域では，特別な目を発達させた海洋生物も

いる」ということですね。これはメイントピックである「視覚などの適応」の一例だと考えられます。第4段落はこの例を詳細に説明するのでしょう。

　第5段落第1文では，barreleye「デメニギス」と spookfish「アカギンザメ」という2つの海洋生物が挙がっています。日本語名を知らなくてももちろん大丈夫。これらは魚の名前だということさえわかれば問題ありません。対比の While に注目し，これら2つの魚は「同じ科(family)に属している」が，「目は異なる構造をしている」と理解しましょう。どうやらこの段落も「視覚の適応」の具体例が語られるようですね。

　そして最後は短い1文ですから，全てにサッと目を通しましょう。「1,000メートルより下の深さでは，視覚はほとんど不可能だ」とあります。第5段落までで述べられてきた水深よりもさらに深い海域のお話が，この第6段落では語られそうですね。

　以上の情報から，このパッセージ全体の構造が把握できます。すなわち，第1段落で「海洋生物の視覚などの適応」というメイントピックを示し，第2段落以降では「異なる水深」での「適応」の具体例を挙げて，このメイントピックを詳細に説明しているわけです。頻出する論理展開パターンにあてはめれば，このパッセージ全体が「抽象(メイントピック)→具体(例)」の構成になっていると言えます。この「具体」情報は，段落が進むにつれて「水深の浅い海域」から「より深い海域」へと移るようですね。

　このように，「2L1」を読むだけでパッセージの全体像がつかめます。もちろんパッセージの一部しか読んでいませんから，この「適応」の詳細までは理解していません。それでもなお，「光が少ない深海の世界でものを見るために魚が成し遂げた適応」が，少なくともこのパッセージにおける重要情報であることはわかります。この後，設問に答えるためにパッセージを精読していきますが，ぜひこれを念頭において，魚の「適応」に関わる情報はしっかり理解するよう心がけてください。そうすることで，最後の Summary 問題を解くうえでの助けにもなるはずです。

2　Passage 1 解説その②
設問タイプ別攻略法と答え合わせ

　パッセージの全体像を把握しましたから，次は設問の解説に移りましょう。Q1から順に，設問タイプの確認と攻略法の説明，そして正答発表を行います。

Fact 問題

Q1. According to paragraph 2, which of the following is true of the mesopelagic zone?
第2段落によると，以下のどれが中深海水層について当てはまりますか？

(A) Marine animals only stay there at night.
海洋生物は夜のみそこに留まる。
(B) Organisms change their color depending on the time of day.
生命体は，一日のうちの時間によって色を変える。
(C) It is deeper than the upper pelagic zone.
それは上方深海水層よりも深い。
(D) Plants have special adaptations to allow them to live there.
植物は特別な適応のおかげで，そこに住める。

　まずは設問文を落ち着いて読みましょう。この設問文は，設問タイプ②〜⑩の設問文の特徴のどれにも当てはまりませんね。つまりこれはタイプ①の **Fact 問題**。「**パッセージに明確に書かれている情報を探す設問**」です。

Fact 問題攻略法ステップ1　Lead Word を設定する

　では，この設問タイプはどのように攻めれば，効率よく攻略できるのでしょうか？　まず Fact 問題は「**一部分精読問題**」であることを思い出しましょう。解くうえでパッセージ全体を読む必要はありません。解答の根拠に当たる部分だけを精読すればよいので，まずはその精読箇所を見つけましょう。

　そこで，パッセージを読むのではなく，設問文を分析することから始めます。設問文を読み，「Lead Word」を探してください。Lead Word とは，**パッセージ中から精読すべき一部分を見つけるうえで助けとなる，特徴のある表現**です。Q1 の設問文で，特徴ある表現はどれでしょうか？

　設問文の下線部分に注目してください。「2L1」の中でも登場した mesopelagic zone という表現です。この設問文の中では，とりわけ目を引く特徴ある表現ですよね。この設問ではこれを Lead Word に設定してほしいのです。つまり，第2段落から mesopelagic zone について書かれている一部分を素早く探し出し，その1文，またはその前後だけをしっかり読みましょう。きっと解答の根拠が見つかるはずです。

　ちなみに，mesopelagic zone が「中深海水層」だと知らなかった場合でも慌てる必要はありません。このような特徴ある表現は，パッセージ中にもそのまま mesopelagic zone と書かれている可能性が高いのです。それを素直に探しに行きましょう。

Fact 問題攻略法ステップ２ パッセージを一部分精読する

　それでは第２段落から mesopelagic zone という言葉をズバリ探し出しましょう！
　見つかりましたか？　そうです，それは第２文にあります。それではこの１文を精読しましょう。The ocean's mesopelagic zone extends from depths of 100 meters to 1,000 meters, too deep to support plant life. 「海の mesopelagic zone は水深100メートルから1,000メートルまで広がっていて，植物の命を支えるには深すぎる」という意味です。「2L1」の「2」で理解した内容をここで思い出してみると，upper pelagic zone は水深０から100メートルですから，mesopelagic zone はこれよりも深いことがわかりますね。実はこれが Q1 の解答の根拠でした。この内容さえ読み取れていれば，この設問に正解できたはずです。

Fact 問題攻略法ステップ３ 選択肢から正答を選ぶ

　それでは選択肢を確認しましょう。もうおわかりですね？　**正解は（C）です。**
　選択肢を見る際の注意点は，**正解の選択肢はパッセージ中の情報を別表現で，抽象的に言い換えている場合が多い**ということです。パッセージ中の文言が一言一句そのまま選択肢にも登場することは滅多にありません。今回の正解の選択肢も，パッセージの表現そのままではなく，同じ内容を抽象的に言い換えています。このように，リーディング・セクションではパッセージを読んで理解するだけでなく，**その内容の言い換えにも対応できる英語力が必要**です。

　以上が Q1 の解説です。「えっ!?　読むのはたったそれだけでよかったの？」と驚いた人もいるかもしれませんね。実はそれでよかったのです。リーディング・セクションの一部分精読問題は，このように解答の根拠部分が比較的短いものもあります。特に Fact 問題はパッセージ中に答えがハッキリ書かれているわけですから，Lead Word が含まれている文とその前後から理解した内容を正しく言い表していて，設問にも正しく答えている選択肢があれば，それがズバリ正解のはずです。解答時間を節約するためにも，迷わず選んで次の設問に移りましょう。

Fact 問題攻略法まとめ

　「設問文から Lead Word を探す→パッセージを一部分精読→言い換え表現に注意して選択肢を確認」というプロセスをたどりましょう。なお，このプロセスは他の設問タイプにも通じる，いわば「攻略法の基本形」です。必ず習得しましょう。

Reference問題

Q2. The words "this adaptation" in paragraph 3 refer to

第3段落の"this adaptation(この適応)"という語は，(正解の選択肢の内容)を指しています。

（A）more challenging vision　より困難な視覚
（B）upward-facing tubular eyes　上向きの管状眼
（C）the ability to swim to higher waters　より高い(浅い)海域へ泳いでいく能力
（D）the shapes of smaller fish　より小さな魚の形

設問文の文言から，タイプ⑥の **Reference 問題**だと理解できましたか？　ハイライト表示された **this adaptation** という表現が具体的に何を指しているのか，問われていますね。Fact 問題と同様に「一部分精読問題」ですから，解答の根拠となる部分を丁寧に読みましょう。

Reference 問題攻略法ステップ１　問われている表現の文法的な役割を確認する

　Reference 問題を解く際は，問われている表現が指す内容を「意味」だけから考えるのではなく，「文法」的なアプローチも使うことをお勧めします。文法が苦手な人は「文法的アプローチ」と聞くだけで嫌気がさしてしまうかもしれませんが，心配ご無用。ここで必要なのは，「**問われている表現が，その文のSVOCのどれにあたるのか**」を考えることだけです。

　では，this adaptation を Lead Word ととらえ，これが含まれる１文を探しましょう。パッセージ中でもハイライトされていますから，見つけやすいですね。第3段落の最終文に **This adaptation** allows the predator to pick out the shapes of squid... とあります。意味はさておき，this adaptation はこの文のS(主語)であることがわかります。

　Reference 問題において，この情報は大切です。なぜなら，**問われている表現が文中でSの役割を担っている場合，その前で同じくSの役割を果たしている表現が正解である可能性が高い**からです。したがって，Sの働きをしている別の表現を前から探し出し，優先的に文脈に当てはめてみましょう。100%の確率ではもちろんありませんが，正解を素早く探し当てられる可能性があります。

　なお，問われている表現がS以外の文法的役割を担っている場合も同様です。例えば，問われている表現がO(目的語)の場合は，その前にあるOの表現が正解である確率が比較的高いと言えます。

Reference 問題攻略法ステップ2　問われている表現が含まれる文の意味を確認する

次に，この文の意味も確認しましょう。This adaptation allows the predator to pick out the shapes of squid and smaller fish silhouetted against the darkness.「この適応のおかげで捕食者は，暗闇を背景にしてシルエットが浮かび上がっているイカやより小さな魚の形を見分けられる」という意味です。silhouette「～をシルエットに描く，～の輪郭を見せる」という動詞は難しいですが，完全に訳せなくても大丈夫。this adaptation が，「暗闇の中で獲物を見分けるために，捕食者が成し遂げた適応」の内容を具体的に指していることさえ理解できれば，問題ありません。

Reference 問題攻略法ステップ3　正解となる情報を前から探し出し，文脈に当てはめてみる

以上の分析をもとに，this adaptation が指す内容を前から探しましょう。まずは前文のSにあたる表現から優先的に確認します。それは they ですね。文法的にはSで一致していますが，この they が何を指しているのかを理解せねばなりません。

they はその前にある複数名詞を指しているはずです。そこでさらに前の文を確認すると，この they の直前に upward-facing tubular eyes が見つかりますね。これが this adaptation が指す内容なのでしょうか？

このように文法知識を使って正解の候補を見つけたら，次に意味的に問題がないかチェックしましょう。this adaptation の前にある2文を訳します。Some deeper-water fish have evolved upward-facing tubular eyes. They produce greater sensitivity to the dim sunlight that filters down from above.「ある深海魚は，上向きの管状眼を進化させた。それら（管状眼）は，上から下へ入ってくる薄暗い日光への，より高度な感受性を生み出す。」

upward-facing tubular eyes は，深海の暗闇の中でわずかな光を敏感に感じ取るために，魚が成し遂げた進化だと読み取れます。この内容を this adaptation に当てはめてみると意味が通りますね。このような特別な目のおかげで，捕食者は暗闇でも獲物の姿を見分けられるわけです。したがって，これが this adaptation が指す「適応」の中身と言えそうです。

Reference 問題攻略法ステップ4　選択肢から正答を選ぶ

それでは選択肢を見てみましょう。正答はもちろん(B)です。

TOEFL iBT は，受験者を「ひっかけよう」とする設問はほとんどありません。読むべき一部分を正しく理解できれば，あとはその理解をもとに素直に答えを選ぶだけです。

Reference 問題攻略法まとめ

「**文法を使って候補を探す→意味でチェックする**」というプロセスをたどりましょう。意味だけで正答を選ぼうとすると，文中に難しい単語が含まれていた場合，混乱してしまう可能性があります。「文法」と「意味」の両面から攻めることで，冷静に対処できますよ。

Simplify 問題

Q3. Which of the following best expresses the essential information in the highlighted sentence? Incorrect choices change the meaning in important ways or leave out essential information.

以下（の選択肢）のどれが，ハイライトされた文中の重要情報をもっともよく表していますか？ 間違った選択肢は重要な点において意味を変えたり，あるいは重要情報を除外したりしています。

(A) The design of some cameras is based on eyes with mirrors that are found in many sea animals. カメラのデザインには，多くの海洋生物に見られる，鏡を伴った目に基づいているものもある。

(B) The eyes of sea creatures develop images like cameras develop photographs. 海洋生物の目は，カメラが写真を現像するように，像を現し出す。

(C) Cameras and the mirrored eyes of some sea animals are similar in the way that they focus. カメラと，いくつかの海洋生物の鏡つきの目は，それらが焦点を合わせる方法において似ている。

(D) The same mirrored material used in cameras can be found in the eyes of some fish. カメラに使われているものと同じ鏡面仕上げの物質が，とある魚の目に見られうる。

設問文から，タイプ⑦の Simplify 問題であることがわかります。**パッセージ中のハイライト表示された1文を，別の表現で正しく書き換えた選択肢を探す設問**ですね。ハイライトされた1文の主要情報が盛り込まれているかも重要なポイントでした。

Simplify 問題攻略法ステップ1 読んで，グループ化して，分析する

こちらも「一部分精読問題」です。Simplify 問題は，基本的にはハイライトされた1文だけを精読して解答します。その中に不明な単語などがなければ，その前後の文に目を通す必要はありません。

では，どのように精読すればよいのでしょうか？ Simplify 問題で行う精読に

は，3つの段階があります。第1段階はいたってシンプル。まずはハイライトされた1文を「**読んで意味を理解**」しましょう。この Q3 の文は，「類似」の論理展開を説明した際に和訳しましたね。どのような意味だったか思い出せない場合は，以下を読み進める前に，ページをさかのぼって確認しましょう。

　第2段階では，この1文を「**グループ化**」します。「グループ化ってどうすればよいの？」と疑問に思われる方もいるでしょうが，さほど難しいことではありません。「**カンマ，接続詞，論理マーカー等がある場所で文を区切る**」のです。ここでは「類似」の論理マーカーである similar to と，関係代名詞 that で区切ってみましょう。

① Some sea creatures have developed eyes lined with mirrors
　海洋生物の中には，鏡と並んでいる目を発達させたものもいる。
② that reflect the image to a focus at a central point,
　(この鏡は)像を反射し，中心点で焦点を合わせる。
③ similar to 　(類似の論理展開)
④ how a camera focuses light 　カメラが集光する方法

　一見すると非常に長い1文も，このように短く区切れば主要情報が読み取りやすくなります。例えば①の主要情報は，ある海洋生物が持つ「鏡と並んでいる目」ですね。②ではその「焦点」の合わせ方について語られています。そして④では「カメラ」の「集光」（焦点に光を集めること）が主要情報です。**これらの情報がすべて正しく盛り込まれているかどうかが，選択肢を吟味する際の大切なチェックポイント**になるわけです。

　さて，このようにグループ化した情報を，第3段階でさらに「**分析**」します。ここで行う分析とは，主に「**論理展開の確認**」です。この設問では，③ similar to が何と何を「類似」の関係で結んでいるのかを確認しましょう。それはズバリ「②≒④」ですね。鏡と並んでいる目の「焦点」の合わせ方(②)と，カメラが光を焦点に集める方法(④)が似ているわけです。**この論理展開が正しく入っているかが，選択肢を吟味する際のもう1つの大切なチェックポイント**です。

Simplify 問題攻略法ステップ2　選択肢から正答を選ぶ

　それでは，「①～④の主要情報がすべて正しく盛り込まれているか」と「類似の論理関係が正しく入っているか」という観点から，選択肢を確認しましょう。

　選択肢を見る際に Simplify 問題で大切なのは，「**必要な論理展開を表す論理マーカーが入っている選択肢から優先的に吟味する**」ことです。そうすれば正解の確率が高い選択肢から読み進めることになり，効率的です。この Q3 では，選択肢(B)と

(C)を優先的に読みましょう。それぞれ like と similar という「類似」の論理マーカーが入っています。

では，(B)を精読しましょう。The eyes of sea creatures develop images like cameras develop photographs.「海洋生物の目は，カメラが写真を現像するように，像を現し出す」と訳せます。この選択肢は正答ではありませんね。理由は複数あります。第1に，①の「鏡と並んでいる目」という主要情報が欠けています。また，①では Some sea creatures have developed...「海洋生物の中には，…を発達させたものもいる」となっており，あくまでこの目を持つのは「一部の」海洋生物であることが示されています。選択肢(B)にはこのニュアンスが正しく書かれていません。

加えて，選択肢(B)は④の主要情報を正しく表していません。④の主要情報はカメラが光を焦点に集める方法でしたね。これは選択肢(B)の cameras develop photographs「カメラが写真を現像する」とは意味が異なります。

次に(C)を精読しましょう。Cameras and the mirrored eyes of some sea animals are similar in the way that they focus.「カメラと，いくつかの海洋生物の鏡つきの目は，それらが焦点を合わせる方法において似ている。」もうおわかりですね？ **(C)が正答**です。

その理由を確認しましょう。まず，①～④の主要情報がすべて盛り込まれています。「Cameras (④) and the mirrored eyes of some sea animals (①) are similar (③) in the way that they focus (②と④)」という具合です。①の海洋生物の「鏡と並んでいる目」は，the mirrored eyes of some sea animals と正しく書き換えられていますね。ハイライトされた1文とは①～④の情報が登場する順番が異なりますが，これは問題ありません。

では，論理関係についてはどうでしょうか？ こちらも「焦点を合わせる方法において」，「カメラ」と「いくつかの海洋生物の鏡つきの目」が類似しているわけですから，「②≒④」が正しく表されています。このように，2つのチェックポイントをクリアした(C)を正答として選びましょう。

Simplify 問題攻略法まとめ

「読んで，グループ化して，分析→必要な論理マーカーが入っている選択肢から確認」という流れをたどりましょう。「主要情報がすべて正しく盛り込まれているか」，そして「論理展開が正確か」に注目して選択肢を読めば，どれがハイライトされた1文を正しく書き換えた選択肢かを冷静に見極められるはずです。

Rhetoric 問題

Q4. Why does the author mention the viperfish and the frill shark in paragraph 6?
なぜ筆者は第6段落でホウライエソとラブカに言及していますか？

(A) to give examples of sea animals that migrate to the upper ocean layers to hunt
狩りをしに浅い海層へ移動する海洋動物の例を示すため
(B) to show that fish at deeper levels have better eyes than the barreleye and spookfish　より深い水深の魚は，デメニギスとアカギンザメよりもよい目を持つことを示すため
(C) to emphasize that some fish in deep water do not have eyes
深海の魚の中には目を持たないものもいることを強調するため
(D) to contrast their eating habits
それら（ホウライエソとラブカ）の食の習性を対比するため

設問文の Why does the author mention... から，タイプ④の Rhetoric 問題だと見抜きましたか？「著者の意図や論理構成」を問う設問タイプでしたね。Q4 では，ハイライト表示された the viperfish and the frill shark の話を持ち出した著者の意図が何か，考えなければいけません。

Rhetoric 問題攻略法ステップ1　ハイライトされた表現が，その前後とどのような論理展開でつながっているか確認する

　Rhetoric 問題も「一部分精読問題」ですから，解答の根拠にあたる箇所さえ丁寧に読めば，解答できるはずです。この設問タイプでも，ハイライト表示された表現を含む1文をまずは精読しましょう。そして，**ハイライトされた表現に何らかの論理展開が絡んでいないか**考えます。頻出する5つの論理展開パターンをあらかじめ思い出しておきましょう。「抽象→具体」，「対比」，「因果」，「時系列」，そして「同種・類似・並列・列挙」でしたね。

　それでは the viperfish and the frill shark を Lead Word ととらえ，第6段落からこの表現を含む1文を探しましょう。パッセージ中でもハイライトされていますから，すぐに見つけられますね。この段落の最終文がそれです。かなり長い1文ですが，「抽象→具体」の論理展開を説明した際にすでに和訳しました。

Many species that live at this level do not have eyes, and those that do, such as the viperfish and the frill shark, tend to spend only daylight hours in the deeper waters, migrating to shallower waters to hunt once night falls.

このレベルに生息する多くの種は目を持っておらず，目を持っている種，例えばホウライエソやラブカは日中だけより水深の深い海域で過ごし，ひとたび夜が訪れると狩りをしに水深の浅い海域へ移動する傾向にある。

　ここであらためて注目したいのは，the viperfish and the frill shark の直前にある such as です。「抽象→具体」の論理マーカーでしたね。その前が「抽象」，その後が「具体」ですから，「目を持っている種」（抽象）の例として著者が示したのが「ホウライエソとラブカ」（具体）だとわかります。やはりハイライト表示された表現は，頻出する論理展開パターンの1つで，その前とつながっていました。
　この1文を最後まで読むと，この「目を持っている種」は日中だけ水深の深い海域で過ごし，夜になると水深の浅い海域へ移動し狩りをすることがわかります。ここまで理解できた人は，この設問に正解できたはずです。

Rhetoric 問題攻略法ステップ2　選択肢から正解を選ぶ

　以上の情報をもとに，選択肢を確認しましょう。著者が「抽象→具体」の論理展開で示そうとした内容を正しく言い表している選択肢はどれですか？　正答は(A)ですね。この選択肢のはじめに to give examples of...「…の例を示すため」とありますから，「抽象→具体」の論理が含まれていて正解の確率が高いと判断できたはずです。
　この設問では，ハイライト表現が含まれる1文のみで，正答を選べました。しかし設問によっては，ハイライト表現を含む1文だけでは論理展開を読み取れない場合もあります。その場合は，落ち着いてさらにその前後の文に目を通してください。論理マーカーなど，論理のつながりや著者の意図を読み取るヒントが隠されているはずです。

Rhetoric 問題攻略法まとめ

　「ハイライトされた表現とその前後の論理のつながりに注目し，パッセージを一部分精読→論理表現を意識し，選択肢を吟味」というプロセスをたどりましょう。なお，Q4のような「抽象→具体」のパターンが，この設問タイプではよく登場します。ぜひ覚えておきましょう。

Summary問題

Q5. An introductory sentence for a brief summary of the passage is provided below. Complete the summary by selecting the THREE answer choices that express the most important ideas in the passage. Some sentences do not belong in the summary

because they express ideas that are not presented in the passage or are minor ideas in the passage. This question is worth 2 points.
パッセージの簡潔な要約への導入文が以下に与えられています。パッセージ中の最も重要なアイデアを表している選択肢3つを選び，要約を完成させなさい。いくつかの文(選択肢)は，パッセージ中に提示されていないアイデアを表しているか，パッセージ中の重要ではないアイデアであるため，要約に属しません。この設問は2点です。

In deep ocean waters, fish have adapted their vision to low-light conditions.
深海では，魚が光の乏しい環境に視覚を適応させてきた。

-
-
-

1. Upward-facing tubular eyes give some deeper-water fish great sensitivity to the weak sunlight.
   上向きの管状眼が，とある深海魚に，弱い日光への高度な感受性を与える。
2. Some sea animals are transparent so that they cannot be seen by predators. 海洋動物の中には，捕食者に見られないように透明であるものもいる。
3. Two kinds of fish have two-part eyes that include mirrored parts allowing them to focus the limited light. 2種類の魚は，限られた光を焦点に集める鏡つきの部分を含む，2つの部分からなる目を持つ。
4. Below the mesopelagic zone, vision is not possible, so fish either have no eyes or spend part of their day in higher zones. 中深海水層より下では視覚は可能でなく，したがって魚は目を持っていないか，あるいは一日の一部をより水深の浅い海域で過ごす。
5. The viperfish and the frill shark migrate from the upper pelagic zone at the top of the ocean to the water below the mesopelagic zone to hunt. ホウライエソとラブカは，狩りをするために海の最も上にある上方深海水層から，中深海水層の下の海域へ移動する。
6. In water deeper than 1,000 meters, animals glow in the dark so that other animals can see them better. 水深1,000メートルより深い海域では，動物は暗闇で光り，他の動物が自分たちをよりよく見えるようにする。

こちらはパッセージの要約を完成させるタイプ⑨ Summary 問題です。設問文から判断できましたか？　6つの選択肢から要約にふさわしい3つを選びます。パッセージの「重要なアイデア」を選択肢が表しているかどうかの見分けが大切でしたね。パッセージに実際に書かれている内容であっても，重要でないアイデアは正答にならないことを思い出しましょう。

Summary 問題攻略法ステップ1　パッセージ全体の主要情報を思い出す

　これまでの「一部分精読問題」と違い，Summary 問題はパッセージのほぼ全体の内容が理解できていないと解答できない**全体問題**です。しかし，本試験など解答時間が限られている状況では，あらためてパッセージ全体を読み直す時間は，おそらく残されていないでしょう。

　しかし，設問を解き始める前に，パッセージの主要情報を短時間で思い出すことは可能です。「2L1リーディング」と，ここまでの設問を解く中で一部分精読した内容を思い出しましょう。そうすることでパッセージのメイントピックや全体像を再確認できます。この作業は，選択肢の内容が「重要なアイデア」かそうでないかを冷静に見極めるうえで，大きな助けとなります。

　それでは，「Vision in the Ocean」の「2L1」と Q1〜4 の精読内容を思い出しましょう。パッセージのメイントピックは，「光の少ない深海でものを見るために魚が成し遂げた適応」でしたね。したがって，この「適応」の中身は「重要なアイデア」のはずです。

　それでは，これまで理解した「適応」の内容を確認しましょう。光量が少なく視覚が難しい mesopelagic zone「中深海水層」では，upward-facing tubular eyes「上向きの管状眼」が，暗闇で獲物を見分ける際に役立ちます。また，eyes lined with mirrors「鏡と並んでいる目」も視覚における深海魚の進化でしたね。

　視覚がほとんど不可能な1,000メートルより深い海域では，そもそも目を持たない種が多く，目を持つ種は日中だけをこの海域で過ごし，夜になると水深の浅い海域へ移動し狩りをします。これもやはり「適応」です。

　パッセージを一言一句すべて読んだわけではありませんが，これだけの主要情報を理解できたわけです。実は Summary 問題の多くは，これらの情報をもとに選択肢をある程度まで絞ることができます。**他の設問を解きながら，パッセージ全体の構造や主要情報を意識しておくことが大切**ですね。

Summary 問題攻略法ステップ2　導入文からキーワードを見つける

　パッセージの主要情報を思い出したら，次に**導入文**を見ましょう。設問文の下に太字で表示されている1文です。この設問では，次がその導入文でした。

In deep ocean waters, fish have adapted their vision to low-light conditions.
深海では，魚が光の乏しい環境に視覚を適応させてきた。

　導入文は大切なヒントです。なぜならこの１文は，選択肢を選ぶ１つの基準を与えてくれるからです。簡潔に言えば，それは「導入文に内容的に合う選択肢は要約に含め，合わない選択肢は要約から除外する」という基準です。

　そこで，導入文に合うかどうかを見極めるために，導入文にキーワードを設定しましょう。その**キーワードに直接関係のある情報を含む選択肢を「導入文に合う」選択肢だと考える**わけです。

　このQ5の導入文におけるキーワードは，ズバリ「魚が視覚を適応させてきた」ことですね。「視覚の適応」に関する情報が入っている選択肢は，正答の可能性が高いと判断するわけです。

Summary 問題攻略法ステップ３　選択肢から正答を選ぶ

　それでは，選択肢を吟味しましょう。選択肢を選ぶ際の判断基準は，ステップ１で思い出した「パッセージの主要情報が正しく書かれているかどうか」，そしてステップ２で説明した「導入文のキーワードに直接関係のある情報が含まれているかどうか」です。

　この２つに加えて，もう１つの判断基準を挙げます。それは選択肢の内容が「**抽象的かどうか**」です。要約を作るにはパッセージの主要情報を手短にまとめなければなりませんから，細かすぎる情報や具体的すぎる情報は省かれるはずです。当然，要約の内容は抽象的になりますね。したがって，「**抽象的な内容の選択肢は正答の可能性が高い**」と考えましょう。逆に「**詳細すぎる，あるいは具体的すぎる情報は正答になりにくい**」とも言えます。

　それでは，これら３つの判断基準を頭に入れて，６つの選択肢をもう一度読み直しましょう。どれが正答の３つか，わかりますか？

　そうです，正答は **1，3，4** です。すべて正解すれば２点。３つのうち２つ正解できれば，部分点の１点を獲得できます。なお，**選択肢は順不同です。**

　それぞれの選択肢を確認しましょう。まず選択肢１は，パッセージの主要情報の１つである「上向きの管状眼」について書いています。これは深海魚の視覚における適応ですから，導入文に合いますね。

　選択肢３は，こちらも主要情報の１つである「鏡と並んでいる目」についての内容です。やはり深海魚の視覚における進化ですから，導入文に合致します。

　なお，選択肢３の冒頭に two kinds of fish「２種類の魚」がこの特殊な目を持っていると書かれています。これは，ステップ１で確認した内容にはなかった点ですね。

実はこの点は，第4段落2文目から第5段落にかけて説明されています。barreleye「デメニギス」と spookfish「アカギンザメ」がその2種類の魚にあたるわけですが，ここまで確認しなくとも，主要情報が入っていて導入文にも合うことから，「とりあえず要約に入れるものとして残しておこう」と考えてみてください。

　選択肢4は，第6段落で語られた内容を抽象的にまとめています。ステップ1で確認した内容と合っていますし，適応についての情報ですから導入文とも合いそうです。

　では，不正解の選択肢が「なぜ間違いなのか」についても確認しておきましょう。まず選択肢2ですが，これは導入文に合いません。「海洋動物が透明である」ことは確かに適応の1つで，第1段落最終文に実際に書かれています。しかし，導入文に書かれているのは「視覚の適応」，すなわち暗闇でものを「見る」ための適応です。透明になることは「見られる」側が敵に見つからないようにするための適応ですから，導入文のキーワードに直接関係がある情報とは言えません。また，第1段落は大量の日光が通る upper pelagic zone「上方深海水層」のお話ですから，この点も導入文に合わないと言えます。

　次に選択肢5は，パッセージの内容と食い違っています。選択肢には「狩りをするために海の最も上にある上方深海水層から，中深海水層の下の海域へ移動する」とありますが，これはパッセージの記述と全くの逆。パッセージには，ホウライエソやラブカは狩りをするために水深の深い海域から浅い海域へ移動すると書かれていました。加えて，「ホウライエソとラブカ」という例は要約に入れるには具体的すぎる情報です。したがって不正解ですね。

　最後の選択肢6の内容も，パッセージの記述と異なります。「2L1」から，水深1,000メートルより深い海域のお話は第6段落に書かれていたことを思い出しましょう。この段落は，Q4を解く際に読んだ，「ホウライエソとラブカ」の海域の移動が話題の中心でしたね。選択肢に書かれているような「暗闇で光る動物」については記述がありません。

　このように選択肢2，5，6を消すことができれば，「2種類の魚」という記述のせいで確信が持てなかったかもしれない選択肢3も，やはり正答なのだと自信を持って結論づけられますね。

Summary 問題攻略法まとめ

　「パッセージの主要情報を思い出す→導入文からキーワードを探す→選択肢を吟味」という流れで解答しましょう。選択肢を見る際は，「パッセージの主要情報が入っているか」，「導入文に合うか」，「抽象的かどうか」を判断基準にしてください。

3 Passage 2 解説その① 「2L1リーディング」

引き続き演習問題の 2 つ目のパッセージ,「Fresco Painting Methods(フレスコ画法)」の解説を行います。まずは「2L1」を読み,パッセージ全体の主要情報と構造を理解しましょう。以下がこのパッセージの「2L1」にあたる部分です。

Fresco Painting Methods

#1 [2L]　**Fresco**, derived from the Italian word meaning "fresh," **is a mural painting technique** in which earth pigments are applied directly to wet plaster. **Paintings of animals on the walls of limestone caves in France and Spain**, made as long as 15,000 to 30,000 years ago, **show the early development of wall painting.** However , the earliest known examples of real fresco painting on wet plaster walls are from 1500 B.C. and are found on the Greek island of Crete. Similar frescoes can be found in Egypt and Morocco, as well as India, Sri Lanka and other parts of the world.

#2 [1]　**The *buon fresco* method** of mural painting **involves the grinding of natural pigments**, which are mixed with water and applied to wet plaster.

#3 [1]　Later , **a** second **method was developed. In *secco fresco* painting, pigments** ground in water **are applied to**…

#4 [1]　**A** third **method called *mezzo fresco* was developed** even later , and **was in wide use by the mid-16th century.**

#5 [1]　**The fresco technique of painting became less popular in the 18th and 19th centuries,** but **enjoyed a revival in the early 20th century** when artists such as Jose Clemente Orozco and Diego Rivera started the Mexican Muralism art movement, producing large wall works with social and political messages.

まずはタイトルから確認です。「フレスコ画法」から美術か美術史のパッセージだと予測できますね。Fresco という単語を初めて見た人は多いかと思います。その意味を知らなくても,painting methods という表現から「どうやら Fresco は絵を描く方法だな…」と理解できれば,それで十分です。

次に第１段落から「2L」にあたる部分を，SVOC 中心に読みましょう。第１文の太字部分に注目すると，「フレスコは壁画の技術である」ことがわかります。mural painting「壁画」という単語は覚えておきましょう！　この段階で，このパッセージのメイントピックは「フレスコという壁画法」だと予想できますね。

　第２文では，「フランスやスペインの鍾乳洞の壁にある動物の絵」が「壁画の発達初期のものを示している」ことが読み取れます。limestone caves「鍾乳洞」が仮にわからなかったとしても，「フランスやスペインのどこかに描かれている動物の絵が，初期の壁画なのだな」と理解できれば大丈夫です。

　ここで注意してほしいのは，この第２文で語られている「絵」や「壁画」はフレスコ画ではないということです。この文では wall painting「壁画」と書かれているだけで，Fresco と特定されていません。より広く一般的な壁画を指しているのだと理解しましょう。ということは，パッセージのメイントピックは「フレスコ画」に限らないのでしょうか…？

　本来であればここで「L」に移るのですが，今回はその前に第３文にも目を通します。なぜなら対比の論理マーカー However が冒頭に入っているからです。論理展開が絡む情報は大切ですから，内容を素早く確認しておきましょう。すると，「湿った漆喰の壁に描かれた本物のフレスコ画で，知られている限り最古の例は紀元前1500年のものであり，ギリシャのクレタ島にある」と書かれています。

　この文も，島名などの細かい情報を一言一句理解する必要はありません。大切なのは，第２文と第３文が「対比」の論理でつながっている点です。「フランスやスペインの動物の絵が初期の壁画。**しかし，最古のフレスコ画は**…（ギリシャにある）」という内容から，著者は「対比」を使って第３文を強調しているのだとわかります。こちらの方が重要な情報ですね。やはりメイントピックは「フレスコ画」のようです。

　そして「L」にあたる第一段落最終文では，「（ギリシャにある最古のものと）同種のフレスコ」は「エジプト，モロッコ」や「インド，スリランカ，そして世界のその他の場所」にもあると書かれています。

　以上の情報から，このパッセージは「**フレスコ画法**」が**メイントピック**だとわかります。では，このメイントピックをどのように説明するパッセージなのでしょうか？　次に「2L1」の「1」を読みましょう。

　第２段落の第１文では，「ブオン・フレスコ画法」という名前が挙がっています。フレスコ画法の１つの種類ですね。太字部分に注目すると，それは「天然の顔料をすり砕くことを必要とする」と読めます。ここから，この段落ではブオン・フレスコの描き方や特徴が語られるのではないかと予測できます。pigment「顔料」はインクなど，ある一定の色に着色するための物質を指す単語です。覚えておきましょう。

　第３段落の第１文は，「時系列」の論理展開を説明した際に和訳しましたね。ブオン・フレスコよりも後に発達した，２つ目のフレスコ画法のお話をしています。次の

文の冒頭を眺めてみると，この2番目の画法は「セッコ・フレスコ」という名前だとわかります。この文は「顔料は…に塗られる」と続いていますから，この段落はセッコ・フレスコ画法の詳細や特徴を説明しそうですね。

　第4段落第1文では，さらに後に生まれた3番目の画法，「メッゾ・フレスコ」が登場します。これは「16世紀中頃までには広く使われるようになった」とあります。やはりこの画法の詳細や特徴が，この段落の内容でしょう。

　最終段落第1文はかなりの長文ですが，こちらも太字部分のSVOC＋αを読みましょう。「フレスコ画法は18世紀と19世紀には人気がなくなったが，20世紀初頭に（人気が）復活した」となります。やはり「対比」の but の後の情報が大切だと考えて，「フレスコ画の人気復活」がこの段落の中心的話題だと予想しましょう。フレスコ画法の3つの種類からは，話題が離れてしまったようですね。

　ちなみに，ここでの revival は「（人気の）復活」，「再流行」という意味です。enjoy は本来「〜を楽しむ」という意味ですが，ここでは「（よいものを）持っている，（よいことに）恵まれる」と訳すとよいでしょう。直訳すると，フレスコ画法は「人気の復活に恵まれた」となりますね。

　以上から，この**パッセージの全体像**がつかめましたね。すなわち，**第1段落で提示したメイントピックの「フレスコ画法」を3種類に分類し，それぞれの画法の詳細や特徴を説明していくパッセージ**だということです。「時系列」の論理マーカーから，段落が進むにつれて，古い画法から新しい画法へお話が移っていくことが読み取れます。そして最終段落で現代におけるフレスコ画の人気について述べて，パッセージのまとめとしているようですね。

　以上から，**3種類のフレスコ画法それぞれの「壁画を描く方法」や「特徴」が，このパッセージの重要情報**だとわかります。「時系列」の論理展開でも述べた通り，それぞれの方法や特徴に関わる情報を，画法の「種類」別に整理しつつ理解することが必要です。これができた人は，最後の Table 問題にもさほど苦戦しなかったはずです。

4　Passage 2 解説その②
設問タイプ別攻略法と答え合わせ

　それでは「フレスコ画法」の設問解説に移りましょう。こちらも Q1 から順番に，設問タイプの確認と攻略法の紹介，そして正答発表を行います。

Nega問題

Q1. According to paragraph 2, which of the following is NOT true of *buon fresco* painting?

第2段落によると，以下のどれがブオン・フレスコ画にあてはまりませんか？

(A) A rough layer of plaster was applied to the whole area.
（壁画を描く）場所全体に，粗い漆喰の層が塗られた。
(B) The mural was easy to change after it had dried.
乾いたあとに壁画を変更するのは容易だった。
(C) The murals are strong. 壁画は強い。
(D) Natural pigments were mixed with water. 天然の顔料が水と混ぜ合わされた。

　設問文の大文字 NOT から，タイプ②の Nega 問題だと判断しましょう。「パッセージに書かれていない情報，またはパッセージの情報と異なる内容が含まれる選択肢」が正答になる設問タイプでした。

Nega 問題攻略法ステップ1　設問文と選択肢で Lead Word を設定する

　パッセージの内容を正確に言い表している選択肢が不正解になるため，Fact 問題に比べると慎重に解答する必要があります。とはいえ Nega 問題も「一部分精読問題」ですから，解答の根拠に当たる部分を精読すれば正解できる点は変わりません。まずは精読すべき一部分を見つけるために，Lead Word を設定しましょう。

　ここで注意してほしいのは，Nega 問題の場合，「**設問文だけでなく選択肢からも Lead Word を探す**」ということです。その理由は，精読後に選択肢を吟味する際，消去法を使うからです。詳しくはステップ3で説明しますが，Nega 問題では正解の選択肢をズバリ選ぶのではなく，消去法を使って不正解の選択肢を除いていくことで，最終的に正答を見つけます。これを見越して，ステップ1で全選択肢にサッと目を通し，それぞれから特徴ある表現を拾っておきましょう。ステップ2以降の作業効率が上がります。

　それでは，設問文で Lead Word をまずは確認します。下線部分 *buon fresco painting* 「ブオン・フレスコ画」がそれですね。次に選択肢(A)〜(D)の下線部を見てください。例えば(A)は rough layer「粗い層」や whole area「場所全体」を Lead Word にしてみましょう。(B)では easy to change「変更するのは容易」，(C)では strong「強い」，そして(D)では natural pigments「天然の顔料」を，それぞれ Lead Word とします。これらの表現が含まれる箇所（または同じ意味を別の表現で言い換えている箇所）をパッセージ中から探し出し，そこを一部分精読するわけです。

Nega 問題攻略法ステップ2　パッセージを一部分精読する

　それでは，第2段落で解答の根拠になる部分を精読しましょう。第1文にさっそ

く，選択肢(D)の Lead Word が登場します。The *buon fresco* method of mural painting involves the grinding of natural pigments, which are mixed with water and applied to wet plaster. 「壁画のブオン・フレスコ画法は天然の顔料をすり砕くことを必要とする。その顔料は水と混ぜ合わされ，湿った漆喰に塗られる」と訳せたら，(D)の内容はパッセージに正しく書かれているのだとわかりますね。

第2文には選択肢(A)の Lead Word が含まれています。To paint *buon fresco*, plaster is applied in layers, starting with a rough underlayer called the *arriccio*, which is put on the whole area to be painted and left to dry for several days. 「ブオン・フレスコを描くために，アリッチョとよばれる粗い下部層を皮切りに，漆喰が何層にも塗られる。アリッチョは(壁画が)描かれる場所全体につけられ，数日にわたり乾燥される。」この内容を抽象的に言い換えたものが(A)ですね。

次に第4文を見ましょう。選択肢(C)の Lead Word が入っています。*Buon fresco* murals tend to be strong... 「ブオン・フレスコの壁画は強い傾向にある…」と訳せますから，ズバリ(C)の内容ですね。

Nega 問題攻略法ステップ3　消去法を使い，選択肢から正答を選ぶ

既に述べた通り，Nega 問題で選択肢を吟味する際は，**消去法を使うことが基本**です。「**パッセージの内容を正確に述べている選択肢を消していき，最後まで残った選択肢が正答**」だと考えましょう。

では Q1 の選択肢から正答を選びましょう。まだ選択肢(B)の内容をパッセージ中で確認していませんが，この段階で確信を持って正答を選べるはずです。ステップ2で精読した情報から，選択肢(A)，(C)，(D)を消去できますね。したがって**正答は(B)**です。

本試験などで解答時間に余裕がなければ，この時点で(B)を選んで次の設問に移りましょう。時間に余裕がある場合は，本当に(B)の内容が第2段落に書かれていないのか(あるいは書かれている情報と異なるのか)，さらにパッセージを読み進めて確認します。

それでは第2段落第5文を読みましょう。(B)の Lead Word の一部である change が登場します。この文は「因果」の論理展開を説明する際に和訳しました。

Because the pigment fuses with the plaster as it dries, if the artist wants to change part of the fresco, it must be scraped away while still wet or, if dry, chipped off and done again from the lower *arriccio* layer up.

顔料は(漆喰が)乾くにつれ漆喰と融合するので，もし画家がフレスコの一部を変更したくなったら，まだ湿っているうちにこすり落とすか，もし乾いてしまっていたならば，削り

取って下のアリッチョ層からやり直さなければならない。

　この内容から，漆喰が乾いてしまうと壁画を変更するのは容易でないことがわかります。やはり選択肢（B）はパッセージの内容と合いませんから，これが正しい答えです。

Nega 問題攻略法まとめ

　「設問文と選択肢から Lead Word を探す→パッセージを一部分精読→消去法を使って選択肢を吟味」というプロセスをたどりましょう。すべての選択肢に目を通す必要があるため，他の一部分精読問題に比べると時間がかかります。しかし，落ち着いて対処すれば確信を持って正答を導き出せますよ！

Voca 問題

Q2. The word "fine" in the passage is closest in meaning to
　パッセージ中の "fine" という語は，意味において（正解の選択肢の内容）に最も近いです。

　　（A） rare　まれな
　　（B） wet　湿った
　　（C） thin　薄い
　　（D） extra　余分の

　設問文から，タイプ⑤ Voca 問題だと判断しましょう。**単語や表現の意味を問う設問**ですね。今回は fine という単語の意味が問われています。

Voca 問題攻略法ステップ１　問われている単語や表現の意味を知っていれば，それにもっとも近い意味の選択肢を選ぶ

　設問タイプの基礎知識で述べた通り，Voca 問題の多くは純粋な「知識問題」です。出題された単語や表現の意味を知っていれば容易に正解を選べますが，知らなければ打つ手がない設問だということですね。

　単語の意味を知っていれば，攻略法はいたってシンプル。**問われている単語に一番近い意味を持つ選択肢をズバリ選びましょう。次にその選択肢を文脈にあてはめて，意味が通るか確認しましょう。決して無駄な時間をかけてはいけません！**

　この Q2 では，fine という単語に「細い，薄い」という意味があることを知っていれば，それと同義の選択肢（C） thin を選べたはずです。あるいは fine に「まれな」，「湿った」，「余分の」といった意味がないことを知っていれば，消去法を使っ

71

て(C)を選択することも可能でしょう。

　それでは文脈にあてはめて確認しましょう。第2段落第3文に On the day of painting, a fine layer of plaster, known as the *intonaco*, is added only to the section that the artist will paint on that one day. とあります。「(壁画を)描く日に，イントナコとして知られる薄い漆喰の層が，画家がその一日に描く部分にだけつけ足される」と訳せますから，意味が通りますね。したがって(C)が正答です。

　ちなみに，fine の意味がわからない場合，この文脈から意味を推測することは困難です。また，選択肢の(B)や(D)を当てはめても意味が通ってしまいますから，「とりあえずすべての選択肢を代入して判断」というわけにもいきませんね。正答を選ぶには，fine の「細い，薄い」という意味を知っていなければなりませんから，この設問は「知識問題」です。

Voca 問題攻略法ステップ2　問われている単語や表現の意味を知らなければ，その意味を推測する

　それでは，問われている単語や表現の意味を知らなくても，文脈から答えを推測できる Voca 問題とはどのようなものでしょうか？　ここでもう1つ，「フレスコ画法」のパッセージから Voca 問題を出題します。推測可能な設問ですから，問われている表現の意味を知っている人もそうでない人も，文脈から意味を推測できるかチャレンジしてください。設問文と選択肢だけでなく，意味の推測に必要な1文も次に書き出します。

> The *secco fresco* method gives the artist a longer working time and the ability to change the mural, but it lacks the strength and long life of *buon fresco*, since the paint often flakes off with age.

Q. The phrase "flakes off" in the passage is closest in meaning to
　パッセージ中の "flakes off" という句は，意味において(正解の選択肢の内容)に最も近いです。

　　（A）builds up　　増える
　　（B）peels　　はげ落ちる
　　（C）improves color　　色がよくなる
　　（D）gets stronger　　より強くなる

　いかがでしたか？　それでは解説です。ここでは flakes off の意味を知らないと仮定し，文脈から推測する方法を示します。論理マーカーをヒントに，問われている句がポジティブな意味か，ネガティブな意味かを文脈から考える方法で正答を導い

てみましょう。

　ではこの１文を分析します。「対比」の論理展開を説明した際に引用した文ですね。まずは前半部分を見ましょう。The *secco fresco* method gives the artist a longer working time and the ability to change the mural... 「セッコ・フレスコ画法のおかげで画家はより長い作業時間を得られ，また壁画を変更することもできる…」と訳せます。セッコ・フレスコの利点を語っていますから，この内容はポジティブです。

　その次の部分はどうでしょうか？ ... but it lacks the strength and long life of *buon fresco*... 「…しかし，それ（セッコ・フレスコ）はブオン・フレスコの強さや耐久性がない…」という訳になります。「対比」の論理マーカーをヒントに，ポジティブな内容だった前半とのつながりを考えると，but 以降はネガティブな内容だとわかります。セッコ・フレスコの欠点が書かれていますね。

　この１文の最後は，「因果」の論理マーカーが入っています。... since the paint often flakes off with age「…時の経過とともに塗料が flakes off することが多いから」という訳ですね。これはセッコ・フレスコに強さや耐久性がない原因を説明しています。ネガティブな結果をもたらす原因ですから，これもおそらくネガティブな内容でしょう。ということは，意味がわからない flakes off という句も，ネガティブな意味合いのはずです。

　ここで選択肢を見てみましょう。１つだけネガティブな選択肢がありますね？ そうです，正答は（B）peels です。塗料がはげることをポジティブだとは考えませんから，flakes off の意味を知らなくてもこれを選択できます。仮に peels の意味を知らなかったとしても，選択肢（A），（C），（D）が通常ポジティブな意味で使われると判断できれば，消去法で（B）を選べるでしょう。

　以上のように，文脈から単語や表現の意味を推測することが可能な設問もあります。推測の際は，このように**論理マーカーがヒントを与えてくれる**こともあるので，活用できるかチャレンジしてみましょう。

Voca 問題攻略法まとめ

　出題された単語や表現の意味を知っている場合は，「**それにもっとも近い意味の選択肢を選ぶ→文脈にあてはめて確認**」というプロセスで解答しましょう。知らない場合は，論理マーカーなどをヒントに「**文脈から意味を推測**」してください。

　ただし，文脈から意味を推測できる設問は残念ながら少数派です。時間をかけても推測が不可能なケースは大いにあります。したがって，問われている単語や表現の意味を知っていても知らなくても，Voca 問題には時間をかけすぎないことを肝に銘じておきましょう。普段から語彙力強化を地道に進めることが，最大の Voca 問題攻略法ですよ！

Infer問題

Q3. Which of the following can be inferred from paragraph 3 about the *secco fresco* method ?
セッコ・フレスコ画法について，第 3 段落から推論されうるのは以下（の選択肢）のどれですか？

（A）It completely replaced the *buon fresco* method soon after it was developed.
それ（セッコ・フレスコ画法）は，発達してすぐにブオン・フレスコ画法に完全に取って代わった。

（B）It was rarely used in murals that did not contain the color blue.
それは青色が含まれない壁画では滅多に使われなかった。

（C）It was always used to repair *buon fresco* murals.
それは常にブオン・フレスコの壁画を修繕するために用いられた。

（D）It allowed artists to have more flexibility when painting than they had with the *buon fresco* method. それのおかげで，画家は描く際に，ブオン・フレスコ画法を用いるよりも高い柔軟性を持つことができた。

設問文中の infer という語から，タイプ③の **Infer 問題**だとわかりますね。**パッセージに書かれている情報から推論して正答を選ぶ設問**です。Fact 問題とは違い，答えがパッセージ中にハッキリと書かれてはいないので，注意が必要ですね。

Infer 問題攻略法ステップ１　Lead Word を設定する

　この設問タイプの攻略法は，基本的には Fact 問題と同じです。設問文で Lead Word を設定し，それをもとにパッセージを一部分精読します。ただし，**精読内容をもとに「推論を働かせる」という作業が，選択肢を吟味する前に必要**となります。
　それでは設問文を見ましょう。この文の中で特徴ある表現は，下線部 *secco fresco* method ですね。この設問では，この表現がそのまま登場している箇所を第 3 段落から見つけて一部分精読をすれば，解答の根拠が得られました。

Infer 問題攻略法ステップ２　パッセージを一部分精読し，推論する

　それでは Lead Word を含む箇所を精読しましょう。第 3 段落第 3 文に，*secco fresco* method という表現があります。「対比」の論理展開を解説した際に和訳した箇所ですね。The *secco fresco* method gives the artist a longer working time and the ability to change the mural... 「セッコ・フレスコ画法のおかげで画家はより長い作業時間を得られ，また壁画を変更することもできる…」と理解できます。

ここで比較級の a longer working time に注目しましょう。「対比」の解説でお話ししたように，これはセッコ・フレスコとブオン・フレスコを対比しています。ハッキリとは書かれていないものの，「セッコ・フレスコ画法はブオン・フレスコ画法よりも長い作業時間を画家に与える」と比較しているわけです。

　加えて，セッコ・フレスコ画法を使えば，画家は壁画を変更することも可能なようです。ここで，Q1 で精読した情報を思い出してみましょう。ブオン・フレスコ画法では壁画の変更は簡単ではありませんでした。やはりハッキリとは書かれていませんが，ここでも「セッコ・フレスコ画法 vs. ブオン・フレスコ画法」という対比関係を読み取れます。

　ではこの内容から，どのようなことを論理的に推し量れるのでしょうか？　セッコ・フレスコなら長い時間作業ができ，一度描いた壁画も変更可能であれば，画家はブオン・フレスコよりもはるかに柔軟に仕事ができそうですね。これが Q3 を解く上で必要な推論です。

Infer 問題攻略法ステップ３　選択肢から正答を選ぶ

　それでは選択肢を確認しましょう。正解はもちろん(D)です。上述の推論内容を述べていますね。

　ちなみに，他の選択肢は第３段落の内容からは推論できないものばかりです。(A)は「セッコ・フレスコ画法がブオン・フレスコ画法に完全に取って代わった」と述べています。しかし第３段落第４文には「(ブオン・フレスコ画に)変更や細部を加えるために，ブオン・フレスコ画の上にセッコ・フレスコ画がなされることが多かった」とあり，実際には両方の画法が存在していたと読めます。

　また，同じ文から(C)が不正解であることもわかりますね。(C)が言うように，セッコ・フレスコ画法はブオン・フレスコ画の修繕に「常に」用いられたとは推論できません。なぜならブオン・フレスコ画に変更や細部を加えるためにも用いられたからです。

　最後に(B)について確認しましょう。第３段落最終文が「セッコ・フレスコは空や青いローブを描き加えるためによく用いられた」と語っているため，青色が含まれる壁画でセッコ・フレスコ画法が使われたことはわかります。しかし，だからと言って「青色が含まれない壁画では滅多に使われなかった」と推論するのは無理があります。あまりに論理が飛躍しすぎていますね。よって(B)は正答ではありません。

Infer 問題攻略法まとめ

　「設問文から Lead Word を探す→パッセージを一部分精読し，その内容をもとに推論→選択肢を吟味」というプロセスを実践しましょう。選択肢を読む際は，論理

が飛躍しすぎているものは選ばないよう注意してください。

Insert問題

Q4. Look at the four squares [■] that indicate where the following sentence could be added to the passage.
4つの四角形[■]を見なさい。これらの四角形は，次の文がパッセージに加えられうる場所を示しています。

Mezzo fresco combined the <u>advantages of *secco fresco* and *buon fresco*</u>.
メッゾ・フレスコは，セッコ・フレスコとブオン・フレスコの長所を兼ね備えていた。

Where would the sentence best fit?
この文はどこに一番うまく当てはまりますか？

設問文から，タイプ⑧ Insert 問題だと判断できましたか？ 太字で表示されている1文を，パッセージ内の正しい場所に挿入する設問ですね。

Insert 問題攻略法ステップ1 挿入文を分析する

　この設問タイプでは，設問文に解答のヒントはありません。Lead Word を設定する必要はありませんから，さっそく挿入文を確認しましょう。
　Insert 問題で多くの人が陥りがちな失敗は，「とりあえず4か所の■すべてに挿入文を当てはめてみて，4つのパターンを読み比べてしまう」ことです。こうすると読む量が増えて時間がかかるだけでなく，冷静な判断も難しくなります。一度挿入して読んでしまうと，不正解の場所でも「何となく」意味が通るような気がしてきませんか？ これでは確信を持って正答を選べませんね。
　そこでこの設問タイプでは，**挿入文を分析する**ことから始めます。分析をして，**挿入すべき箇所の前後に書かれている内容を予測**しましょう。「挿入文の前または後にこのような記述があれば，文章がスムーズに進むはずだ」と考えてみてください。
　例えばこの Q4 では，下線部 advantages of *secco fresco* and *buon fresco* を見ましょう。「セッコ・フレスコとブオン・フレスコの長所」という意味ですが，この「長所」の中身について具体的な説明はありません。したがって，この挿入文は抽象的な記述です。
　ここで，英語のアカデミックな文章では「抽象→具体」の論理展開が多用されることを思い出しましょう。これを念頭に置くと，この挿入文の後には「セッコ・フレスコとブオン・フレスコそれぞれの長所」の中身が具体的に説明されている可能

性が高いと予測できます。「メッゾ・フレスコは，セッコ・フレスコとブオン・フレスコの長所を兼ね備えていた。それはセッコ・フレスコの具体的なこの長所と，ブオン・フレスコの具体的なあの長所だ…」と文章が進めば，論理的でスムーズですよね。

Insert 問題攻略法ステップ2　適切な挿入箇所を選び，挿入文を当てはめて確認する

　それでは，4つの挿入箇所を確認しましょう。「セッコ・フレスコとブオン・フレスコの長所に関する具体的な記述」が直後にある■はどれでしょうか？
　もうおわかりですね？　正答は(B)です。
　(B)の直後の2文は Like *secco fresco*, this technique is less labor-intensive and allows for the correcting of mistakes. However, it also has the long-lasting strength of *buon fresco*. となっています。「類似・列挙」の論理展開の解説の際に，すでに和訳しましたね。「セッコ・フレスコと同じように，この技法(＝メッゾ・フレスコ)はあまり労働力を必要とせず，またミスを修正する機会を与えてくれる。しかし，それはまたブオン・フレスコの耐久性も持ち合わせている。」これがセッコ・フレスコとブオン・フレスコの長所の具体的な中身でした。この■に挿入文を当てはめると，前後のつながりは自然ですね。
　他の選択肢がなぜ不正解かも解説しておきましょう。第4段落冒頭の(A)は，直後にセッコ・フレスコとブオン・フレスコの長所に関する記述がありません。さらに注目してほしいのは，この段落の第1文でメッゾ・フレスコが初めて紹介されている点です。その前に挿入文が入ってしまうと，まだ紹介すらされていないメッゾ・フレスコが「セッコ・フレスコとブオン・フレスコの長所を兼ね備えている」と主張することになり，唐突で不自然です。
　(C)は，その前文ですでにセッコ・フレスコの長所が具体的に述べられてしまっています。挿入文がこの■に入ると，セッコ・フレスコとブオン・フレスコの長所のお話が分断され，文章のつながりがなくなってしまいます。
　(D)は第4段落の最後にあります。挿入箇所の後ろとのつながりを確認するには，第5段落冒頭を見なければなりません。「2L1」を読んで理解した通り，第5段落は「20世紀初頭のフレスコ画の人気復活」が中心的話題ですから，セッコ・フレスコとブオン・フレスコの長所に関する記述ではありません。
　また，(D)の直前の1文前半だけを拾い読むと，In addition, it offers greater color stability — the colors do not fade over time... 「加えて，それ(＝メッゾ・フレスコ)は色の安定性にもより優れている。すなわち，時間が経っても色あせない…」とあります。「色の安定性」はセッコ・フレスコの長所でもブオン・フレスコの長所でもあ

りません。したがって，この■に挿入文を入れるのも，やはりつながりが不自然です。

Insert 問題攻略法まとめ

やみくもに挿入文を当てはめるのではなく，「**挿入文の分析→挿入箇所の吟味**」というプロセスをたどってください。挿入すべき箇所の前後に書かれている内容が予測できれば，短時間で，確信を持って正答を選べるはずです。

なお，コンピューターで受験する本試験では，パッセージ中の■を直接クリックすることで答えを選択します。正答だと思う■をクリックすると，挿入文が実際にその場所に入った状態で表示されます。こちらもあわせて覚えておきましょう。

Table問題

Q5. Complete the table below to summarize information about the three methods of mural painting discussed in the passage. Match the appropriate statements to the methods of mural painting with which they are associated. This question is worth 3 points.
以下の表を完成させて，パッセージで議論された3つの壁画法についての情報を要約しなさい。適切な記述を，関係のある壁画法と組み合わせなさい。この設問は3点です。

buon fresco ブオン・フレスコ   ●   ●
secco fresco セッコ・フレスコ   ●   ●
mezzo fresco メッゾ・フレスコ   ●

Statements

1. The colors do not fade over time. 時間が経っても色あせない。
2. A binding medium was used to help the paint stick to the surface.
   塗料が表面にくっつくように，ある結合剤が使われた。
3. Mural painting became popular in Mexico in the 20th century.
   壁画はメキシコで20世紀に人気が出た。

4. Murals must be completed without mistakes.
   壁画はミスなく完成されなければならない。
5. A fine layer of plaster is added only to the area that the artist will paint that day.
   薄い漆喰の層が，画家がその日に描く範囲にだけつけ足される。
6. People painted in limestone caves 15,000 to 30,000 years ago.
   15,000〜30,000年前，人々は鍾乳洞で（壁画を）描いた。
7. The paint often flakes off with age. 時の経過とともに塗料がはがれ落ちることが多い。

　いよいよ最後の設問です！　設問文中の Complete the table below … という文言から，タイプ⑩の Table 問題だと見分けられましたか？　パッセージの情報をもとに表を完成させる設問ですね。

Table 問題攻略法ステップ１　カテゴリーと選択肢の数と内容を確認する

　Table 問題では，まずカテゴリーと選択肢の数と内容を確認することから攻略を始めましょう。設問タイプ①〜⑨と異なり，Table 問題はカテゴリーと選択肢の数が設問によって違うからです。

　それでは Q5 でこれらを確認しましょう。ご覧の通り，表は３つのカテゴリーに分けられています。パッセージが論じている３つのフレスコ画法の名前が入っていますね。それぞれのカテゴリーに属すべき特徴を，選択肢１〜７から選ぶわけです。

　なお，表中の●の数が，それぞれのカテゴリーに入るべき選択肢の数を示しています。ブオン・フレスコに２つ，セッコ・フレスコに２つ，そしてメッゾ・フレスコには１つだけを，それぞれ選択肢から振り分けましょう。正解の選択肢の数は合計５つですから，**使用しない選択肢が２つある**ことに注意してください。

Table 問題攻略法ステップ２　ここまでで理解した内容をもとに，選択肢を振り分ける

　時間的余裕のない本試験では，Table 問題を解くためにパッセージをすべて読み直す時間はおそらくありません。そこで，**パッセージを読み返さなくても振り分けられる選択肢だけ，先に解答**しましょう。Summary 問題同様，「2L1リーディング」や，ここまでの設問を解く中で精読した内容を冷静に思い出せば，いくつかの**選択肢はカテゴリー分けできる**はずです。

　まずは選択肢１を見てください。「時間が経っても色あせない」という特徴は，Q4 を解いた際に出てきませんでしたか？　そうです，これはメッゾ・フレスコの長所でしたね。第４段落最終文でメッゾ・フレスコの色の安定性について読んだ際，the colors do not fade over time という全く同じ文がありました。したがって，表中

mezzo fresco に「**1**」を入れれば正解です。

　選択肢 2 の内容は，ここまでの解説では触れていない内容です。すぐには振り分けられそうにないので，一旦「保留」としましょう。

　選択肢 3 は，「20 世紀」における壁画の「人気」について語っています。「2L1 リーディング」から，これは最終段落の内容だとわかります。すでに述べた通り，この段落は 3 種類のフレスコ画法いずれについても語っていません。したがって，選択肢 3 はどのカテゴリーにも属さない，使用しない選択肢の 1 つだと考えましょう。

　選択肢 4 は，すでに説明した内容から振り分けられるはずです。「ミスなく完成されなければならない」壁画は，どのカテゴリーと結びつくかわかりますか？ そうです，これはブオン・フレスコの特徴ですね。「対比」の論理展開を解説した際に読んだ *Buon fresco* murals ... must be completed quickly and without mistakes.「ブオン・フレスコの壁画は…素早く，そしてミスなく完成されなければならない」という文を覚えていれば，自信を持って解答できたはずです。表中 *buon fresco* に「**4**」を入れましょう。

　なお，この文を覚えていなかったとしても，Q1 を解いた際に得た「ブオン・フレスコの壁画を変更するのは容易でない」という情報を思い出せれば，選択肢 4 を正しく振り分けられたかもしれません。簡単に変更できないので，ミスできないわけです。

　選択肢 5 も，これまでの内容から振り分けられます。「薄い漆喰の層が，画家がその日に描く範囲にだけつけ足される」のはどの画法でしたか？ 正解はブオン・フレスコですね。表中 *buon fresco* に「**5**」があれば正解です。Q2 で fine という単語の意味を答えた際に読んだ 1 文を思い出しましょう。第 2 段落第 3 文です。

　選択肢 6 は，「15,000～30,000 年前」に「鍾乳洞で」描かれた壁画について述べていますね。「2L1」の「2」で読んだ内容を思い出せば，この鍾乳洞の壁画のお話は第 1 段落に登場していました。この壁画はあくまで発達初期のものであって，フレスコ画ではありませんでしたね。つまり 3 種類のフレスコ画法のいずれにも属さないはずです。したがって選択肢 6 は使用しません。

　最後の選択肢を見てみましょう。選択肢 7 にある「時の経過とともに塗料がはがれ落ちる」という特徴は，どの画法でしたか？ 正解はセッコ・フレスコですね。これは「対比」の論理展開を説明した際の引用文や，推測可能な Voca 問題として出題した 1 文を思い出せば解答できるはずです。セッコ・フレスコに強さや耐久性がないのはこの特徴のせいでしたね。表中 *secco fresco* に「**7**」を振り分けましょう。

　パッセージを読み返さなくても，このように 7 つの選択肢のうち 6 つを正しく振り分けることができました。この設問にたどり着くまでに，3 種類の画法それぞれの特徴を頭の中で整理できていれば，時間と労力をかけなくても，表の大部分を埋められますね。「2L1 リーディング」や他の設問を解答する間に，分類を意識し情報

整理しながらパッセージを読むことが，この設問タイプ攻略の近道です。

Table 問題攻略法ステップ 3　振り分けられない選択肢のみ，パッセージを読み直して解答する

　とはいえ，ステップ 2 ですべての選択肢を振り分けられない場合もあります。**分類先がわからない選択肢は，パッセージを読み直して解答**しましょう。

　この Q5 では選択肢 2 のみが「保留」となっていました。それ以外の選択肢はすべて振り分けが決まったので，あえてパッセージを読み直さなくても，この選択肢が属すべきカテゴリーは明白です。しかし，ここでは念のためパッセージで根拠を確認しましょう。

　Nega 問題でも行ったように，まずは選択肢 2 から特徴ある表現を拾ってみましょう。ここでは binding medium「結合剤」が目に留まりますね。この言葉をパッセージ中でズバリ探し出しましょう。見つかりましたか？　第 3 段落第 2 文にありますね。

　ではこの 1 文を読みましょう。かなり長い文なので，一部省略します。

In *secco fresco* painting, pigments … are applied to dry plaster that has been moistened with a binding medium such as tempera … that allows the paint to stick to the surface.
セッコ・フレスコ画では，顔料は乾いた漆喰に塗られる。その漆喰はテンペラなどの結合剤で湿らされている。その結合剤のおかげで塗料は表面にくっつく。

　この内容を言い換えたものが選択肢 2 ですから，どのカテゴリーに振り分けるべきか一目瞭然にわかります。セッコ・フレスコですね。表中 *secco fresco* に「**2**」を入れれば，表が完成します。

　Summary 問題同様，この設問も部分点があります。**5 つ全てを正解できたら 3 点**です。**4 つ正解できたら 2 点，3 つ正解できたら 1 点**が加算されます。また，同じカテゴリー内の**選択肢は順不同**です。

Table 問題攻略法まとめ

　「カテゴリーと選択肢の数と内容を確認→これまでの情報をもとに，できるだけ選択肢を振り分ける→振り分けられない選択肢に関してのみ，パッセージを再読」という流れをたどりましょう。「2L1 リーディング」でパッセージが何かを分類する内容だとわかったら，Table 問題が出る可能性を見越して，情報を整理しつつ読み進めましょう。

5 リーディング・セクションまとめ

　ここまで説明してきたとおり，TOEFL iBTのリーディングは難易度の高いパッセージを読みつつ，短時間で設問を処理しなければならないセクションです。高いハードルですが，攻略法をしっかり学べば飛び越えることは十分に可能です。

　まずは「2L1リーディング」でパッセージの全体像を効率よく読み取りましょう。時間をかけすぎずにパッセージの主要情報と構造を理解できます。この理解は，Summary問題やTable問題でとりわけ大きな力を発揮します。

　また，論理マーカーをヒントにして，論理展開を意識しながらパッセージを読むことを心がけましょう。本書で解いた2つのパッセージとその設問からもわかるとおり，論理展開が絡む情報は設問で問われやすいのです。論理展開を読み取ることができれば，正解率も上がりますよ。

　そして何よりも大切なのが設問タイプ別攻略法です。設問タイプそれぞれが何を問うているのか正しく理解し，解法プロセスに沿って解答を進めることができれば，無駄な時間と労力を使わずに正答を導き出せます。

　これら3つの攻略法を実践できるようにすることが，リーディング・セクション攻略に必須です。

　次はいよいよリスニング・セクションです！　引き続きがんばりましょう！

Listening Section
リスニング・セクション

Lesson 1	リスニング・セクションの全体像	84
Lesson 2	演習問題 1（会話問題）	88
Lesson 3	会話問題攻略法	92
Lesson 4	会話問題解説	100
Lesson 5	演習問題 2（会話問題）	108
Lesson 6	演習問題 3（講義問題）	115
Lesson 7	講義問題攻略法	118
Lesson 8	講義問題解説	126
Lesson 9	演習問題 4（講義問題）	138

Lesson 1 リスニング・セクションの全体像

このLessonでは、リスニング・セクションの概要を説明します。どのような問題が、どのような形式で出題されるのか、学びましょう！

1 問題タイプ

リスニング・セクションには、2つの問題タイプがあります。**会話問題**と**講義問題**です。

(1) 会話問題

この問題タイプでは、読んで字のごとく、会話を聞いて設問に答えます。

登場人物：	学生1人と、もう1人別の人物
内容：	学生生活に関する会話
音声の長さ：	約3分
設問数：	5問

まず男女2人の会話を聞きます。標準的な音声の長さは約3分です。この中で、学生1人ともう1人の登場人物が、学生生活に関する会話をします。会話の内容については、後ほどさらに詳しく説明します。

音声を聞き終えた後、5問の設問に解答します。設問の多くは4択問題ですが、それ以外の形式の問題も存在します。

(2) 講義問題

こちらも読んで字のごとく、講義を聞いて設問に答えます。

登場人物：	教授1人、もしくは教授と学生
内容：	様々な講義トピック
音声の長さ：	3〜5分
設問数：	6問

まず、3〜5分の長さの講義を聞きます。教授1人だけが登場し一方的に講義をする形式と、学生も登場し、教授とのやり取りが入るディスカッション形式の2つがあります。

講義トピックは文系、理系を問わず、多岐にわたります。一例を挙げれば、文学、

歴史学，生物学，天文学，工学などです。英語圏の大学で実際に行われる一般教養科目の講義を，一部切り取ったものだとイメージしましょう。

　講義を聞き終えた後，6問の設問に解答します。こちらも設問の多くは4択問題ですが，それ以外の形式の設問も登場します。

2　出題形式

本番の試験では，この2つの問題タイプが，以下の流れで出題されます。

```
会話問題   →   講義問題   →   講義問題
 5問           6問           6問
```
　　　　　　　　　　1セット

　会話問題が必ず最初に1題出題され，その後に講義問題が2題続きます。設問数は5＋6＋6＝17問ですね。この「3題17問」が1セットです。この17問に対して，10分間の解答時間が与えられます。単純計算ですが，**1問35秒ペース**で解くことが，時間的な目安です。

　本試験では，これが2セットまたは3セット出題されます。どちらになるかは，試験が始まってみないとわかりません。

3　出題形式に対する注意点

(1) 音声終了後にしか，設問を見られない

　ここで注意してほしいのは，IELTSなどと違い，TOEFL iBTでは音声が流れる前に設問を読めないことです。実際の試験はパソコンで行われ，音声が流れている間は，画面上に会話する男女の写真や，講義中の教授の写真などが映し出されます。設問文と選択肢が現れるのは音声が終了した後です。

　つまり，**どのような情報が設問で問われるのかわからないまま，音声を聞かなければならない**ということですね。これがTOEFL iBTのリスニング・セクションを難しくしている要因の1つです。

　しかし，設問で問われやすい情報には明らかな傾向があります。したがって，ある程度までは，聞くべき重要情報を絞り込むことができます。これについては，後ほど詳しく説明します。

(2) **前の設問に後戻りできない**

　リスニング・セクションでは，設問はQ1から順に解答しなくてはいけません。また，答えを選んで次の設問に進むと，前の設問には後戻りできません。**後になって答えを変更することはできない**のです。これは，解答時間内であれば，以前の問題に戻って答えを何度でも変更できるリーディング・セクションとの大きな違いです。

　したがって，Lesson 2で演習問題にチャレンジする際，一度答えを選んで次の設問に移ったら，たとえ制限時間内であったとしても，前の設問に戻って答えを変更してはいけませんよ！　できるだけ本試験に近い条件で演習してみましょう。

4　採点

　演習問題に入る前に，リスニング・セクションの採点方法について触れておきましょう。

　リスニング・セクションも，他のセクション同様に30点満点です。設問の正解数に応じてまず素点が決められ，その素点が30点満点のスコアに換算される仕組みになっています。

　このプロセスを，もう少し詳しく見ていきましょう。リスニング・セクションでは，正解した設問1問につき1点で，素点が計算されます。本試験では，2セット出題された場合でも3セット出題された場合でも，実際のスコアに反映されるのは2セット分のみです。1セットの設問数は17問ですから，17問×2セット＝34問分がスコアに反映されるわけですね。したがって，素点は通常34点満点です。

　次の表は，この素点の合計が30点満点のセクション・スコアに換算される際の一例を示しています。なお，TOEFL iBTでは問題の難易度によって換算レートが若干変わりますので，この表の数値は**あくまで目安**です。

素点合計	スコアの目安
34	30
33	29
32	28
31	27
30	26
29	25
28	24
27	23
26	22

素点合計	スコアの目安
25	21
24	19
23	18
22	17
21	15
20	14
19	13
18	11
17	10

　これを参考にすると，目標スコアを取るためには何問まで間違えてもよいのかが，より具体的に見えてくると思います。例えば，目標スコアを30点満点中26点とした場合，素点で30点を確保する必要がありますね。逆に言うと，34問中4問は間違えてもよいわけです。これを達成しようとすると，仮にすべての会話問題で全問正解し，すべての講義問題を1問間違いペースで乗り切っていくと，2セットで4問間違いになります。同様に，目標スコアを24点，19点，17点と設定する場合，それぞれ以下のような数字をイメージしてください。なお，これらもあくまで目安の数字です。

■ 26点をとるためには34問中4問間違えてもよい
　　会話問題　5問中5問正解
　　講義問題　6問中5問正解
■ 24点をとるためには34問中6問間違えてもよい
　　会話問題　5問中4問正解
　　講義問題　6問中5問正解
■ 19点をとるためには34問中10問間違えてもよい
　　会話問題　5問中4問正解
　　講義問題　6問中4問正解
■ 17点をとるためには34問中12問間違えてもよい
　　会話問題　5問中3問正解
　　講義問題　6問中4問正解

　このように，目標スコアを考える際には「会話問題では○問正解し，講義問題では△問正解しよう！」といった具合に，より具体的な数字に落とし込んでみましょう。そうすることで，現在の自分の実力と目標スコアにどれくらいのギャップがあるのか，イメージしやすくなります。

Lesson 2

演習問題1（会話問題）

　それでは会話問題にトライしてみましょう。今回は「お試し問題」ですので，会話の長さは本試験よりも短めです。また設問数も，本試験より1問少ない全4問に設定しています。

1　演習問題の進め方

① まずはCDのトラック1を再生し，会話を聞いてください。メモを取りながら聞いてもOKです。まだ設問を見てはいけませんよ！
② 会話が終了したらCDを一旦停止し，p.90を開きましょう。そしてCDトラック2を再生してください。設問文が読み上げられ，その後に35秒間の空白が入ります。この空白の間に選択肢を読み，答えを1つ選んでください。35秒経つと，次の設問が読み上げられます。なお，解答の際は，別冊p.17の解答用紙を必要に応じてコピーし，ご利用ください。
③ 全設問が終了したらCDを停止してください。

　なお本試験では，各設問の間に35秒の空白が入っているわけではありません。先ほど説明した通り，「17問を10分以内に解答する」というルールがあるだけで，それぞれの設問にまんべんなく35秒ずつ費やす必要はありません。今回，あえて35秒均一の解答時間を設けているのは，「このペースで解いていかないと，本番では最後に時間切れになる危険性がありますよ！」という時間配分を，ぜひ皆さんに体感してほしいからです。

　それでは，がんばってください！

1 CD

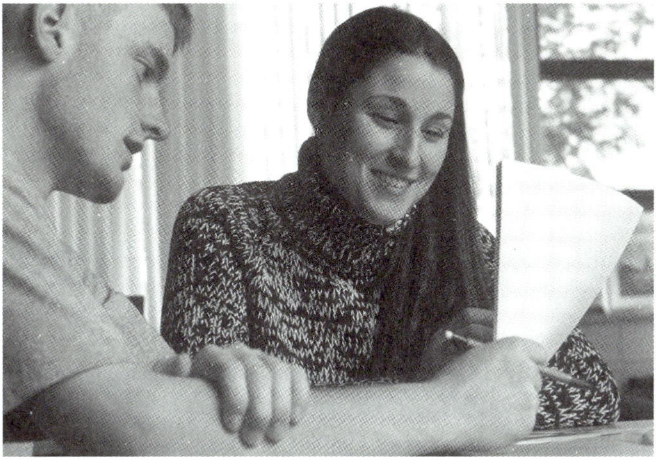

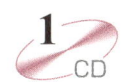

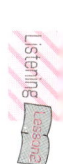

2 Questions

Q1. Why does the professor want to see the student?
   (A) His paper is too long.
   (B) One of his sources is not acceptable.
   (C) She does not understand the content he used from an online source.
   (D) She is looking for a book the student has.

Q2. What does the professor suggest that the student do to replace the online source on his paper?
   (A) Use journal articles instead.
   (B) Add more information from a book he is already using.
   (C) Cut that part of the paper.
   (D) Get the book mentioned in the online source from another university.

Q3. What does the professor imply will happen if the student cannot finish the paper in a week?
   (A) He will be penalized for trying to use an online source.
   (B) She will give him more time to finish the paper.
   (C) He can work for her after school to make up for his lateness.
   (D) He will need to make the paper longer to get a good grade.

Q4. Listen again to part of the conversation. Then answer the question.
   What does the professor mean when she says this?
   (A) The student should use a variety of sources.
   (B) Online sources are acceptable if they are also available in printed form.
   (C) The student has not understood what she has said.
   (D) Journals and magazines are often better than books.

3　演習問題1を終えて

　いかがでしたか？　会話を聞きながら，話の流れを追えましたか？　会話の内容を，何パーセントくらい理解できたでしょうか？　また，設問すべてに答えられましたか？　当てずっぽうではなく，確信を持って答えを選べたでしょうか？

　会話問題への取り組み方の理想は，会話の流れをしっかり理解し，全ての問題に確信を持って答えることです。これを達成するために，今から会話問題の攻略法を学んでいきましょう。

Lesson 3 会話問題攻略法

それではさっそく，会話問題攻略法のお話を始めましょう。ここでは攻略法を以下の5つに分けて説明します。

① 会話の展開パターンを知る
② サインワード・強調表現を知る
③ 論理マーカーをヒントにする
④ 口語表現に慣れる
⑤ キャンパス用語に慣れる

1 会話問題攻略法その①
会話の展開パターンを知る

会話問題，講義問題共通の傾向として，一部例外はあるものの，基本的に「重箱の隅をつつく」ような設問は出てきません。出題されるのは，「会話や講義の流れを大筋でつかめているかどうか」を問う設問です。したがって，**「一言一句逃さず聞く」のではなく，「話の流れを追いながら，大まかに内容を理解する」聞き方が必要**になります。

会話問題でこれを実践する際，あらかじめ会話の展開パターンを知っていれば，話の流れが予測でき，理解しやすくなりますよね？

実は会話問題には，**頻出する会話の展開パターン**があります。会話問題対策は，まずこのパターンを頭に入れることから始めましょう。以下の図を見てください。

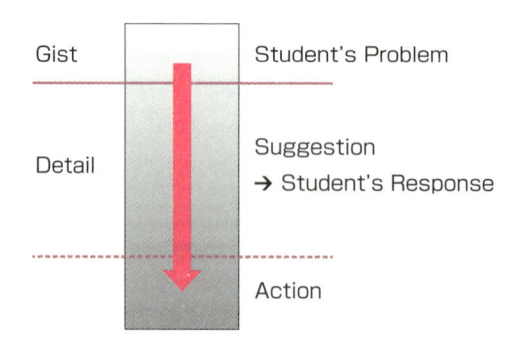

```
Gist              Student's Problem
                  
                  
Detail            Suggestion
                  → Student's Response


                  Action
```

(1) 冒頭で Gist (大意) をつかむ

　会話を聞く際は，冒頭でまず Gist を理解しましょう。Gist とは「大意」や「主旨」を指す言葉です。会話の主旨，すなわち「どこで行われている会話」で，「誰と誰の会話」で，「何についての会話か」を，会話の最初の30秒〜1分程度で理解してほしいのです。

　では，この Gist の内容について，もう少し詳しく見ていきましょう。実は，会話問題では，この Gist の内容に「お決まりのパターン」があります。それは…

- **（場所）**「英語圏の大学のキャンパス」で行われている会話（主にアメリカの大学を想定）
- **（登場人物）** 登場人物の1人は必ず「大学生（もしくは大学院生）」
- **（問題の内容）** その大学生が「何らかの問題」を抱えて登場し，その問題について，もう1人の人物と会話する

　冒頭で皆さんにしてほしいのは，聞いている会話がこのパターンに当てはまっていることを確認しつつ，その内容を理解するということです。TOEFL iBT のリスニングは難しいですが，やるべきことをシンプルに考えれば，落ち着いて対応できるはずですよ。

　では，これら3点をさらに詳しく見ていきましょう。場所については，**大学キャンパスのどこで行われている会話なのかを理解**し，イメージしてください。会話問題の舞台としてよく出てくるのは，「図書館」，「学生寮」，「教授のオフィス」などです。海外留学経験のない方には難しいかもしれませんが，問題をいくつか解けば，徐々にイメージしやすくなるはずです。いずれは，問題を解きながらまるで自分が留学しているような気分になって，楽しくなってきます。

　次に登場人物ですが，**大学生と話している「会話の相手」が誰なのか，必ず理解**しましょう。よくあるパターンとしては，「別の大学生」，「大学の教授」，「大学職員（図書館員など）」です。こちらもやはり，会話する2人をイメージしながら聞くことが大切です。

　そしてとりわけ大事なのが，**大学生が抱える「問題の内容」**です。出来るだけ具体的に理解してください。大学キャンパスで行われている会話ですから，その問題は学生生活に関わっています。例えば，「図書館で本を探したいのだが，その方法がわからない」や，「レポートの課題に取り組んでいるのだが，上手く書けない」などです。

　会話の冒頭でこの Gist を正確に理解できるかどうかが，会話問題攻略の最初の鍵になります。なぜなら会話の残りの部分では，学生が抱えている問題が話題の中心になるからです。冒頭で Gist が理解できないと，残りの部分も全く理解できなくな

る可能性大です。会話問題攻略は，冒頭が最初の勝負！　一言一句理解する必要はないので，「キャンパスのどこで，学生と誰が，どんな問題について話しているのか」を大まかに理解しましょう。

　そして，可能であれば，あたかも自分が会話の登場人物になったかのような気持ちで，以降の会話を聞き進めてください。そうすることで，聞き取る情報を単なる「文字の羅列」ではなく，リアリティ溢れる「映像」として，頭の中で処理できると思います。これができれば，会話内容の理解度が一気に高まりますよ！

(2)　Detail（詳細情報）を理解する

　Gist が理解できたら，次は Detail（詳細情報）です。学生が抱えている問題について，2人が詳しく話します。Gist 同様，ここでも「お決まりのパターン」がありますから，まずはそれを頭に入れて，会話の流れを予測しましょう。

　会話問題における Detail とは，ズバリ，学生が抱える問題に対する「解決策の提案」です。図の Suggestion がそれに当たります。つまり会話の相手が，困っている学生に対して，「そういう問題にはこんな解決方法があるよ！」と提案するんですね。会話問題に出てくる登場人物は，良い人ばかりです。決して問題をほったらかしにはしません。

　そしてさらに，この解決策に対して学生が反応を示します。「その解決策，素晴らしいですね！」とか，「いや，その提案は嫌いです…」などです。会話の相手は，この学生の反応を見て，また別の解決策を提案したりします。

　この「解決策の提案→学生の反応」が，Detail のお決まりのパターンです。多くの会話問題では，この「解決策と反応」のセットが，2〜3回登場します。したがって，皆さんはこの会話の流れを見越して，冒頭で学生の問題の内容を理解した後は，それに対する解決策と学生の反応を大まかに理解していけばよいわけです。

(3)　会話の最後で Action（行動）を理解する

　会話問題の中には，解決策の提案が終わった後に，「今後の行動」が語られるものもあります。つまり，ここまでの会話の内容を踏まえて，学生自身が問題解決に向けて「これからこんなことをやってみます！」と言ってみたり，あるいは会話の相手が，悩める学生のために「こんなことしてあげるよ！」と語りかけたりするわけです。これを図では Action と表しています。

　このような「今後の行動」が会話の最後に示されたら，こちらも大掴みに内容を理解しましょう。なお，行動が語られないまま会話が終了する場合もあるので，注意が必要です。

(4) 展開パターンがわかれば，設問で問われやすい内容もわかる

では，なぜこの展開パターンが重要なのでしょうか？　それは，ここまで説明した**「学生が抱える問題，解決策と反応，今後の行動」についての理解を，会話問題の設問はズバリ問うてくる**からです。例えば，先ほどトライした演習問題の Q1 は，まさに「学生が抱える問題」の内容を答えさせる設問でした。Q2 は教授が提案した「解決策」が，Q3 は「今後の行動」が設問になっていましたね。

何を聞き取ればよいのかわからないリスニングは困難を極めますが，幸い会話問題では，このような「聞きどころ」が明確にわかっています。まずは会話の展開パターンを追いながら，話を**「大きく聞く」**ことから始めましょう。そして設問で問われやすい内容をあらかじめ頭に入れて，そのポイントを会話の中で「自分から探しに行く」ような**「積極的な聞き方」**を心がけてください。

2　会話問題攻略法その②
サインワード・強調表現を知る

いくら会話の展開パターンを利用して「大きく聞く」ことができても，音声が流れている間に肝心な情報を聞き逃しては，正しい答えは選べませんよね？　設問で問われる確率の高い重要情報をピンポイントで聞き取る方法，すなわち会話を**「小さく聞く」**ための方法，それが2番目の攻略法である**「サインワード」**と**「強調表現」**です。

(1) サインワード

サインワードとは，**「設問で問われやすい情報が登場する予兆（サイン）」となる表現**です。例えば，学生と教授の会話を想定してみましょう。冒頭で学生が教授に対して次のように言ったとします。

- Student : Well, I have one major problem about X.
  学生：あのう，Xについて1つ大きな問題があるんです。

この about の後，学生は自身が抱えている問題の内容を語ることが予想されます。これは設問で問われやすい重要情報ですから，聞き逃してはいけませんね。ここでの I have one major problem about は，この後に重要情報が登場する予兆と考えられますから，サインワードです。

同様に，今度は教授が学生に対して次のような表現を使ったとしましょう。

- Professor : You need to do Y.
  教授：あなたは Y をする必要がありますね。

悩める学生に向かって教授が「…する必要がある」,「…すべきである」,「…しなさい」といった趣旨の発言をしたら，その直後には，学生の問題に対する解決策の内容が語られる可能性があります。問題解決に向けて，教授が学生にアドバイスしていると考えられるからです。解決策の内容もやはり重要情報ですから，この後に教授が話す内容はしっかり聞き取る必要がありますね。

　会話の最中にこのようなサインワードが耳に飛び込んできたら，その直後には設問に関わる重要情報が語られる可能性が高いと思って，集中力を一段高めてください。そうすることで，ポイントとなる情報を聞き逃さずに済みます。

　別冊 p.52 の表に，サインワードの一例を挙げました。他にもたくさんの表現がありますが，まずはこの表に掲載されているものを確認してください。そして，どのような表現が重要情報へのサインとなりうるのか，感覚を掴んでくださいね！

(2) 強調表現

　重要情報を聞き逃さないために，サインワードと共に大切なのが，強調表現です。強調表現とは，その名が示す通り，**話し手が重要だと思っている情報を「強調」する際に使う表現**です。わかりやすい例を挙げてみましょう。

- X is very important. 「X はとても重要です。」
- Y is the key to Z. 「Y が Z の鍵を握っています。」

　もしこのような表現が登場したら，話し手がその情報を重要だと思っていることは明らかですね。リスニング・セクションでは，設問で問われやすい重要情報は，話し手自身が「重要だ」と強調することがよくあります。

　もう1つ，別の例を挙げましょう。

- Student : Well, I have one major problem about X.
  学生：あのう，X について1つ大きな問題があるんです。

　先ほどのサインワードで登場したものと同じせりふです。実は，この well は，強調表現の一種。大切な用件を切り出すときに用いる表現で，ここでは「あのう…」,「ところで…」,「さて…」といったニュアンスになります。これから大事なポイントを伝えようとする際に，少し「もったいをつけて」話しているのだと理解してください。リスニング・セクションでは，このような表現の後に，重要な情報が語られることが多いのです。

　会話の最中にこのような強調表現が出てきたら，サインワード同様，その直後に語られる情報は注意深く聞いてください。別冊 p.52 の表には，その他の例も掲載されています。

3 会話問題攻略法その③
論理マーカーをヒントにする

　サインワードや強調表現と同様に大切なのが**論理マーカー**です。リーディング・セクションで説明したように，論理マーカーとは，論理展開を示す表現です。後に述べますが，講義問題を聞く際は論理マーカーをヒントにして，論理展開を理解しながら聞くことが非常に重要になります。一方会話問題では，講義問題ほど論理展開は重要になりません。しかし，**論理マーカーを利用することで会話の流れの変化を理解したり，話者が重点を置いて語っている情報を確実に聞き取ったりできます。**

　後者のわかりやすい例として，「対比」の論理マーカーを挙げましょう。例えば，ある本を探している学生が，教授との会話の中で以下のような発言をしたとします。

- Student：I tried to find the book at the library, but I couldn't...
  学生：図書館でその本を探そうとしたんですが，見つからなくて…

　ここで注目すべきは，対比の but です。この学生が伝えたい情報，すなわち重点を置いて語っている情報は but 以下の「本を見つけられなかった」ことですね。これが彼の「結論」だと言ってもよいでしょう。but よりも前の「図書館で本を探そうとした」ことは，結論を語る前の，いわば「前置き」です。

　リスニングではこのように論理マーカーを使うと，話者が伝えたい重要情報を確実に拾えるようになります。**対比の論理マーカーの後に重要情報が語られることが多い**ので，ぜひ覚えておきましょう。

4 会話問題攻略法その④
口語表現に慣れる

　会話問題で成功する１つの鍵は，**口語表現**に慣れることです。TOEFL iBT は，英語圏の大学で学ぶための英語力が備わっているかを測るための試験です。したがって，留学先の大学でネイティブ・スピーカーが使うインフォーマルな話し言葉を理解できるかは，TOEFL iBT では重要な能力なのです。そのため会話問題には，口語表現が意識的に盛り込まれています。

　ここでも具体例をいくつか挙げてみましょう。以下の表現を知っていますか？

- I mean, ... 「(直前の内容を言い換えて)つまり，…」，「(直前の内容を訂正して)いやその，つまり，…」，など
- That's it! 「そうそう，その通り！」，「もういい，十分だ！」など

- The thing is that...　「問題なのは…」,「本当は…」,など

　最初の I mean, ... は,比較的馴染みのある表現かもしれませんね。直前の内容を別の表現で言い換えたり,訂正して言い直したりする際によく使います。会話問題でもよく登場する表現ですから,意味が理解できないと,会話の流れを見失いかねません。
　That's it! は,口語表現であると同時に強調表現でもあります。「それは正しい」などの意味で使う表現ですが,このような言い回しをすることで,その意味を強調する場合があります。
　また,The thing is that... は,問題点を指摘する際や,本当に伝えたい内容を語る際に,「もったいをつけて」話す表現です。ここでの thing は,「大事なこと」,「要点」という意味です。決して「もの」,「物体」ではありません。この表現は,設問で問われやすい重要情報と共に登場することが多いため,先ほどお話ししたサインワードとしての役割も担っています。要注意ですね。
　3つとも,（特にフォーマルな）書き言葉ではあまり使わない口語表現です。日本の英語教育では,このような口語表現を教わるチャンスはそう多くないと思います。独学するのも難しいですが,まずは会話問題で登場した表現を文脈の中でしっかり覚えることから,対策をスタートさせましょう。

5　会話問題攻略法その⑤
キャンパス用語に慣れる

　会話問題を攻略する上でもう1つ,慣れておくとよいのが**キャンパス用語**です。すでに説明した通り,会話問題で皆さんが聞かなければならないのは,英語圏の大学キャンパスで行われる学生の会話です。大学生活でよくあるシチュエーションがその題材となります。したがって,大学キャンパスで頻繁に用いられるボキャブラリーが,会話でしばしば登場します。その意味を知っているのと知らないのとでは,内容の理解度に大きな差が生まれます。
　典型的なキャンパス用語を,以下に例として5つ挙げてみたいと思います。馴染みのあるものがいくつありますか？

- paper　論文,レポート
- journal　定期的に発行される専門誌
- degree　学位
- on campus　大学構内で
- off campus　学外で

paperは，普通なら「紙」として覚えているはずの単語ですが，大学では「論文」，あるいは学生が課題として提出する「レポート」を意味します。journalは「日記」と覚えている方が多いかもしれませんが，大学では学術団体（学会など）が定期的に発行する「専門誌」，「機関誌」という意味で使われます。degreeは，辞書を引くと「程度」や「度合い」という定義が最初に出てくると思いますが，キャンパス用語としては「学位」を意味します。主に4年制大学を卒業したらもらえる「学士号」や，修士課程を修了したらもらえる「修士号」などが「学位」です。

　最後の2つは「読んで字のごとく」かもしれませんが，やはり英語圏の大学キャンパスでは頻繁に使われる表現です。on campusは「大学キャンパス内で」という意味です。I'm on campus now!「私は今，大学にいるよ！」などのように使います。off campusはその逆，「大学キャンパス外で」という意味ですね。

　口語表現同様，日本の英語教育でこのようなキャンパス用語を学ぶことは，あまりないと思います。まずは実際に会話問題を解く中で出会ったキャンパス用語を，1つずつ丁寧に覚えていくことから始めてください。自分があたかも会話の主人公になったかのように，大学の情景をイメージしながら用語を覚えていくと，きっと楽しくボキャブラリーを増やしていけると思います。

Lesson 4 会話問題解説

　それでは，これらの攻略法を使って，先ほどの演習問題を解説してみましょう。具体的な問題を通して攻略法を確認することで，会話問題で聞き取るべきポイントや知っておくべき知識が，より明確にわかると思います。会話を展開パターンに沿って区切って，解説を加えていきますので，皆さんもCDで該当箇所を聞きながら，解説を読み進めてください。

　なお，会話スクリプトには以下のように印がついています。

下線	：サインワード
波線	：解答の根拠，または設問に答える上での重要情報
□	：強調表現，論理マーカー

1 Gist をつかもう！

　まずは会話の冒頭部分で Gist，すなわちこの会話の大意を理解しましょう。攻略法で紹介した3つのポイント，「大学キャンパスのどこで行われている会話」で，「学生と誰の会話」で，「学生が抱えている問題は何か」を以下の部分で理解することが，最初の勝負でした。

Narrator：	Listen to a conversation between a student and a professor:
Student ①：	Hi, Professor Jenkins. You wanted to see me about my paper?
Professor ②：	Yes, Tom. Come on in.
Student：	So, let me guess. It's not long enough, right?
Professor：	Well, it's pretty close to the length I assigned, so we can let that go. It's about the sources you used.
Student：	Oh. I thought you told us to use five different sources. I think I have at least that many, don't I?
Professor ③：	Yes, you have seven sources, and that's plenty. The thing is you used one online source and…
Student：	… and we should only use books. Is that it?
Professor ④：	Well, in fact, you can use journals, magazine articles… any

published materials that are verified and accurate. The thing about using online sources like web pages is that they aren't always accurate. It's better to avoid them.

(1) 登場人物と会話の舞台をイメージする

　まず，この会話の登場人物が誰かを理解しましょう。会話の第一声で男性が「こんにちは，ジェンキンス教授」と語りかけます(①)。これに対して女性が応じます(②)。この時点で，皆さんの頭の中には，男子学生と女性教授のイメージが浮かんでいましたか？

　なお，「ジェンキンス」や「トム」といった**人名は，TOEFL iBT ではあまり重要ではありません**。設問で人名をズバリ問われることはまずありませんので，無理に記憶しようとしたり，メモに残したりする必要はありません。ただし，**男性と女性のどちらが学生で，どちらが教授かは，冒頭でしっかり把握**してください。

　次に会話の舞台ですが，②で教授が「入ってきなさい」と学生を招き入れていますので，おそらくは教授のオフィスでの会話なのだろうと想像してください。欧米の大学では通常，教授は1人につき1部屋，自分のオフィスを大学に持っています。学生は，授業の質問などがある場合，このオフィスに教授を訪ねていくわけです。**一言一句完璧に聞き取ることよりも，このような情景をイメージすることを大切にしてください。**

(2) 学生が抱える問題を理解する

　それでは①のせりふに戻りましょう。You wanted to see me about my paper? と質問していますね。ここでの paper はもちろんキャンパス用語。「レポートのことで私に会いたかったのですか？」と尋ねています。②で教授は Yes と答えていますから，この時点で，学生が抱えている問題は「レポート」に関わるものなのだろうと予測しましょう。学生が書いたレポートに何かしらの問題があるからこそ，教授がそのことで彼を呼び出したと考えられるからです。下線部分 You wanted to see me about...? は，問題の内容を語ろうとするサインワード，その後の波線部分 my paper は設問で問われやすい重要情報です。キャンパス用語やサインワードの重要性がさっそくわかりましたね。

　さて，学生が抱える問題はレポートに関することだとしても，まだ漠然としすぎています。その問題をより具体的に理解する必要があります。ここでは③のせりふに注目しましょう。ここで教授は The thing is you used one online source と語りかけます。The thing is that... が問題点を指摘する際などに使われる口語表現であり，サインワードの役割も果たすことを思い出しましょう。今回は接続詞 that が省略され

ています。「問題なのは，あなたがインターネット上の情報源を１つ使ったことなのです」と教授が指摘していることから，これがより具体的な問題の内容だとわかります。ここでもやはり下線部分がサインワード，波線部分が設問を解くうえで必要な重要情報です。

　ちなみに，この source という表現も，キャンパス用語と言ってもよいでしょう。辞書では「源」や「原因」といった意味が最初に出てきますが，ここでは「情報の出所」という意味で使われています。大学で書くレポートでは，必ずと言ってよいほど，専門書や専門誌，論文などをたくさん読んで，そこから集めた重要な情報を書いてまとめる作業が必要になります。source とは，このような情報の出所，すなわちレポートを書く際に使った本や論文などを指しています。③のせりふの前半で，教授は学生に対して「７つの情報源を使っているから，それで十分よ」と話していますね。どうやら，情報源の「数」は問題ではなさそうです。

　では，なぜインターネット上の情報源を使うことがいけないのでしょうか？　④のせりふの後半で，さらに問題が具体的に語られます。The thing about using online sources like web pages is that they aren't always accurate. It's better to avoid them. という部分を見てください。「ウェブページのような，インターネット上の情報源を使うことに関して重要なのは，それらが必ずしも正確だとは限らない，ということです。避ける方がよいですね」と訳せます。これがズバリ，問題の核心でした。正確かどうかわからないから，インターネットの情報はダメなのに，この学生はそれをレポートに使ってしまっていたわけです。

(3)　Gist の取り方　まとめ

　ここまでの流れをおさらいしてみましょう。学生の問題に関する情報が，「レポートに関する問題→レポートでインターネット上の情報を使用したことが問題→インターネット上の情報は必ずしも正確だとは限らないから問題」といった具合に，**「抽象的な内容」から「より具体的な内容」へと**変化しています。リーディング・セクションでもお話しした**「抽象→具体」の流れは，リスニング・セクションでもよく使われます。最初は漠然としていて「ピンとこない」と思っても，後に具体的にわかりやすく説明されることがありますから，集中して聞き進めてください。**

　ここまで，①～④のせりふを中心に，とりわけ下線・波線部分にフォーカスしながら，Gist の内容を確認してきました。「それ以外のせりふは理解しなくても大丈夫なの!?」と心配になる人もいるかもしれませんね。

　実は大丈夫なんです。すでに指摘した通り，リスニング・セクションでは一言一句すべてを理解するような聞き方は必要ありません。設問で問われそうな重要情報のみを大まかに理解できれば，それで OK なのです。極端なことを言えば，下線・波線部分だけでも聞き取れていれば，Gist を問う Q1 に正解できたはずです。

もちろん，①〜④以外のせりふも理解するに越したことはありません。それが難しい人は，まずは「設問で問われやすい重要情報を探しながら聞く」ことに集中してください。解説したように，重要情報が登場する直前には多くの場合「サインワード」や「強調表現」がありますから，それをヒントにしましょう。

2 Detail をつかもう！

それでは次に，Detail に進みましょう。ここでの最大の聞き取りポイントは，学生の問題に対する「**解決策**」の内容ですよ！

(1) Detail 1　1つ目の解決策を理解する

この Detail 部分はやや長いので，2つに分けて解説したいと思います。それでは CD で以下の部分を聞き直してください。2つ提案される解決策のうち，1番目に当たる部分です。

CD 13

Student：	Ah, man. So I have to take out every section of the paper that mentioned the online source and rewrite it?
Professor ⑤：	Actually, the points you make in the paper are still good. You just need to find another source to support that information. Did you notice that the online article you used mentions a book? And most of the claims made in the article are based on one study mentioned in it?
Student ⑥：	Yes. I actually tried to find that book at the library, but no luck…
Professor ⑦：	Well, I think that the data cited in the online article is great. If you can find that book and make sure that what the online article said about it is true… I mean that the book really has that study in it and the results are what the article says they are… well, you can substitute the book for the online source in your paper.

Gist 同様，一言一句すべてを理解する必要はありません。**解決策に関わるポイントのみを，サインワードや強調表現などをヒントに追っていければ大丈夫**です。下線・波線部分を中心に解説してみます。

まずは教授の⑤のせりふから確認しましょう。Actually, は「実のところ，…」，「実際は，…」という意味の表現。本当に伝えたいメッセージの直前に置いて，強調

する際に使います。この後に重要情報が登場する可能性がありますから，注意しましょう。彼女は the points you make in the paper are still good. と続けます。「レポートであなたが指摘したポイントは，（インターネットからの情報を使ってはいるものの）それでもなおよい」と言っていますから，どうやらレポートの要点を書き直す必要はなさそうですね。

では学生はどうすればよいのか？　次の文がさらに重要でした。サインワード You (just) need to... を聞いた瞬間，問題解決に向けての教授のアドバイスが登場すると身構えましょう！　You just need to find another source to support that information. というせりふから，「その情報（＝学生がレポートで指摘したポイント）をサポートするための，別の情報源を見つけること」が，1つ目の解決策だとわかります。「インターネット上の情報源は正確だとは言い切れないからダメだけど，別の情報源を見つけてきなさい！」というわけです。

では，別の情報源とは何なのでしょうか？　この段階ではまだ漠然としていますが，この後，具体的になっていきます。次の文を見てみましょう。Did you notice that the online article you used mentions a book?「あなたが（レポートで）使ったインターネット論文が，ある本について述べていること，気がついた？」とあります。わざわざこの特定の本について教授が語り出したところをみると，どうやら重要な本のようだと，勘のよい方ならお気づきでしょう。

⑥のせりふに移りましょう。ここでは対比の論理マーカー but に注目です。I actually tried to find that book at the library, but no luck...「実際，図書館でその本を探そうとしたんですが，運がなくて…。」学生が重点を置いている内容は but 以降でしょうから，結局のところ「本が見つからなかった」ことだけ理解できれば OK です。

次の教授のせりふ⑦は長いですが，こちらも If you can find that book（中略）well, you can substitute the book for the online source in your paper. だけが聞き取れれば大丈夫。「もしその本を見つけられたら，（中略）ええと，あなたのレポートの中で，インターネットの情報源の代わりに，その本を使えますよ」ということですね。これが1番目の解決策の詳細だったわけです。強調表現 well の後に重要情報が登場したという点を，ここでも噛みしめておきましょう。

(2)　Detail 2　2つ目の解決策を理解する

それでは，引き続き Detail の内容を確認していきましょう。2番目の解決策に関わる情報です。CD で次の部分を聞き直してください。

Student ⑧：	But I've only got a week, right? Where can I find the book?
Professor ⑨：	Did you check the interlibrary loan system? Another university might have the book. It usually only takes a couple of days to get it shipped here. Let's check the system now on my computer. Let's see… Oh, ok, there are three universities in the area with the book, and it isn't checked out now at any of them.
Student ⑩：	Fantastic! I'll borrow it from another school as soon as I get home. Thank you so much.
Professor：	No problem.

　学生の⑧のせりふから解説を始めましょう。「インターネットの情報源の代わりに，本を使えますよ」という教授からの提案に対して，学生が反応を示しています。出だしの But を聞いた瞬間に，学生の反応はおそらくネガティブなものなのだろうと感じとってください。提案に対して「いや，でも…」と対比で応じているわけですから，すんなり提案内容を受け入れるわけではなさそうですね。その後の**細かい情報が仮に聞き取れなくても，このように論理マーカーを使って，その内容を予想することは可能**です。

　実際，その後の I've only got a week, right? Where can I find the book? が聞き取れた人は，その反応の詳細がわかったはずです。「たった１週間しかないですよね？どこでその本を見つけられるのでしょうか？」という意味です。「時間がないのに，本を見つけられる場所がわからない」という問題があるわけです。これが，すんなり提案を受け入れられない理由です。ここでの have got は口語表現。have「〜を持っている」と同じ意味で使われています。

　では，教授はどのような解決策を提案するのでしょうか？　実は⑨のせりふの冒頭だけでも聞き取れていれば，その内容が理解できたはずです。Did you check the interlibrary loan system?「図書館相互貸し出しシステムはチェックしましたか？」という文です。ただの**過去形の疑問文ですが，これもサインワードになりうる**ということを確認しておきましょう。悩める学生に対して教授が「〜しましたか？」と尋ねる場合，「もしまだ〜していなければ，ぜひやるべきですよ」という気持ちが込められているからです。**間接的な提案**ととらえてよい場面ですね。すなわち，「図書館相互貸し出しシステム」が，２番目の解決策だったわけです。

　ちなみに，この interlibrary loan system という表現ですが，馴染みのない方はぜひ覚えておきましょう。大切なキャンパス用語です。欧米では，大学図書館同士で本を貸し借りするシステムが発達しています。例えば，Ａ大学の図書館にない本が，

105

近隣のB大学の図書館にあるとしましょう。A大学とB大学がこの「図書館相互貸し出しシステム」で結ばれていれば，A大学の学生は，B大学の図書館から，この本を借りることができるのです。しかも，A大学図書館がB大学図書館から本を取り寄せてくれるため，この学生はわざわざB大学図書館まで行かなくても，お目当ての本を手に入れることができます。本を返却する際も，学生はA大学図書館に本を返すだけ。後は図書館同士で本の移送を行ってくれるので，本当に便利ですよね。欧米では学生の勉強をサポートするシステムが整っていることの，良い例だと思います。

　なお，仮に interlibrary loan system の意味がわからなかったとしても，⑨と⑩全体の内容から，「他大学から本を借りることなのかな…？」という推測はできそうですね。「インターライブラリーローン」とやらが「別の大学」に関わることで，しかも教授が提案した解決策に結び付いている情報だということが大まかに理解できていれば，設問に答える上で大きな支障はなかったはずです。

　この提案に対して，学生は⑩で Fantastic! という強調表現で答えています。ここから，学生は2番目の解決策に対してはポジティブな思いを抱いたのだと感じとってください。

(3)　Detail 3　今後の行動を理解する

　いよいよ会話の最後に移ります。**問題解決に向けて，学生や教授が今後どのような行動をとるのか**，予想しながら聞いてください。

15 CD

Student ⑪：　That's still not going to leave me a lot of time, though .
Professor ⑫：　Well, do your best and let me know how it's going. If you can't get it done, we can probably work something out.

　⑪でも，対比の論理マーカー though を利用して，彼の態度をまずは感じ取りましょう。⑩で学生は，一旦は Fantastic!「すばらしい！」というポジティブな反応を示します。その後での対比ですから，今度はきっとネガティブな反応のはずですね。That's still not going to leave me a lot of time, though .と言っていますから，「(他大学から本を借りても)それでもまだ，私にはあまり時間が残されていないですが」という内容です。一言一句すべてを聞き取れなくても，「学生は，時間に関して心配している」ということは理解しましょう。

　これに対して，⑫で教授は Well, ともったいをつけた後，If you can't get it done, we can probably work something out. と語りかけます。「もし(レポートを)終えられなければ，何とかしましょう」という意味です。

こちらも口語表現が盛り込まれていて，理解しにくい文ですが，会話問題では登場する可能性が大いにあるレベルの表現ですので，ぜひこれを機に覚えてください。get ... done は「…を済ませる」，「…を終わらせる」という表現です。work ... out / work out ... は，「(苦心して)…を作りだす」，「(努力して)…を理解する」，「(問題を何とかして)解く」など，複数の意味があります。ここでは work something out で「何とかして解決する」，「解決のために何かする」という表現です。

　ここから，教授は今後どのような行動をとりそうか，推測できますか？　会話の中で，教授はハッキリと「あなたのために○○してあげます！」と述べてはいません。しかし，彼女のニュアンスを汲み取ると，仮に学生が1週間という限られた時間でレポートを修正できなかったとしても，「何とかしてあげよう」という気持ちを読み取れますね。具体的にどういったことをするのかはわかりませんが，学生に「助け舟」を出してあげそうなことだけは推測できます。このニュアンスが理解できれば，設問には正解できたはずです。

　なお，この場面で学生は，レポートを書き直す「時間」について心配しているわけですから，「助け舟」の内容もおそらくはこの「時間」についてのものでしょう。会話の流れから，ここまで推測ができていれば，確信を持って設問に答えられていたはずです。

(4)　Detail の取り方　まとめ

　ここまで，Detail の内容を解説してきました。聞き取りのポイントに絞ってまとめてみましょう。学生の問題に対して，教授は「インターネットの情報源の代わりに，ある本を使う」，そして「その本を他大学から借りる」という2つの解決策を示しました。そして会話の最後では，もし学生が期限までにレポートを仕上げられなかった場合，教授が「助け舟」を出しそうだと推測できましたね。

　このように，**「解決策」と「今後の行動」を理解するのが Detail における皆さんの仕事**です。Gist 同様，「一言一句すべてを理解しよう！」という姿勢は必要ありません。**サインワードや強調表現，論理マーカーなどをヒントにしながら，「重要情報のみ拾えれば，とりあえずは OK！」**という姿勢で聞き進めてください。

Lesson 5

演習問題 2（会話問題）

それでは，同じ会話問題をもう一度聞き直し，問題に再解答しましょう。解説内容を思い出しながら，聞き取りポイントを逃さないようにしてくださいね！

1　演習問題の進め方

問題の進め方は，演習問題1と同じです。以下を参考にしてください。
① まずはCDのトラック1を再生し，会話を聞いてください。途中で音声を止めずに，最後まで通して聞きましょう。メモ取りはOKです。設問はまだ見てはいけません。
② 会話が終了したら，CDを一旦停止し，p.109を用意しましょう。そしてCDトラック2を再生し，設問に答えてください。今回は2度目の解答ですから，全ての設問に確信を持って答えるようにしましょう。
③ 全設問が終了したら，CDを停止してください。

それでは，がんばってください！

2 Questions

Q1. Why does the professor want to see the student?

   (A) His paper is too long.

   (B) One of his sources is not acceptable.

   (C) She does not understand the content he used from an online source.

   (D) She is looking for a book the student has.

Q2. What does the professor suggest that the student do to replace the online source on his paper?

   (A) Use journal articles instead.

   (B) Add more information from a book he is already using.

   (C) Cut that part of the paper.

   (D) Get the book mentioned in the online source from another university.

Q3. What does the professor imply will happen if the student cannot finish the paper in a week?

   (A) He will be penalized for trying to use an online source.

   (B) She will give him more time to finish the paper.

   (C) He can work for her after school to make up for his lateness.

   (D) He will need to make the paper longer to get a good grade.

Q4. Listen again to part of the conversation. Then answer the question.

   What does the professor mean when she says this?

   (A) The student should use a variety of sources.

   (B) Online sources are acceptable if they are also available in printed form.

   (C) The student has not understood what she has said.

   (D) Journals and magazines are often better than books.

3 演習問題2を終えて

いかがでしたか？　初めて解答した時に比べると，落ち着いて問題に取り組めましたか？　また，設問で問われやすいポイントをあらかじめ頭に入れた上で，それらを自分から探しにいく「積極的なリスニング」ができましたか？　選択肢を選ぶ際は，「会話のあの部分でこう言っていたから，これが答えなんだ！」と解答の根拠を頭の中で確認しながら，自信を持って答えを選べたでしょうか？

この後，いよいよ正解を発表します。攻略法を読む前と，読んだ後で正解数がどれだけ変わったか，確認してみましょう。

4 答え合わせ

それでは，設問ごとに解説と答え合わせをしてみましょう。演習問題1と2で解答した答えを，両方確認してください。また，単に正解したか間違えたかを確認するだけでなく，間違えた問題については「なぜ間違えたか」も必ず考えてくださいね！

Q1．Why does the professor want to see the student?
　　　なぜ教授は，学生に会いたいのでしょうか？

　　（A）　His paper is too long.
　　　　　彼のレポートが長すぎる。
　　（B）　One of his sources is not acceptable.
　　　　　彼の情報源の1つが，認められない。
　　（C）　She does not understand the content he used from an online source.
　　　　　彼がインターネット上の情報源から使った内容を，彼女は理解できない。
　　（D）　She is looking for a book the student has.
　　　　　学生が持っている本を，彼女は探している。

　会話の大意の内容を問う，Gist問題です。正解は**（B）**。
　会話冒頭の内容から，「インターネット上の情報源は必ずしも正確ではないので，避けた方がよいのに，学生がそれをレポートで使っていた」ことが問題だとわかります。これを抽象的にまとめたものが(B)ですね。多くの場合，このように大意を問う問題が第1問で登場します。**大意の内容を抽象的に言い換えた選択肢が正解になりやすい**ことを，ぜひ覚えておいてください。会話で語られた言葉がそのまま選択肢に登場す

ることは，滅多にありません。

Q2. What does the professor suggest that the student do to replace the online source on his paper?
学生のレポートにある，インターネット上の情報源を差し替えるために，教授は学生に何をするよう提案していますか？

(A) Use journal articles instead.
専門誌の記事を代わりに使う。
(B) Add more information from a book he is already using.
彼がすでに使っている本から，さらに情報を追加する。
(C) Cut that part of the paper.
レポートのその部分を削除する。
(D) **Get the book mentioned in the online source from another university.**
別の大学から，インターネット上の情報源の中で述べられている本を手に入れる。

会話の中で語られたDetail，すなわち詳細な情報についての理解を問う問題です。正解は(D)ですね。ここでは，学生の問題に対して教授が提案した解決策の内容が問われていました。

会話の中で教授は，ある本をインターネット上の情報源の代わりに使うよう提案していましたね。この「ある本」とは，インターネット上の情報源の中で述べられていた本です。教授はこの本を，図書館相互貸し出しシステムを使って，他大学から手に入れるよう勧めていました。この2つの解決策を，やはり抽象的にまとめて言い換えたものが選択肢(D)です。会話の中で実際に使われたinterlibrary loan systemのような表現は入っていませんが，**会話で語られた情報が正しく言い換えられている**点を，ここでも確認してください。

Q3. What does the professor imply will happen if the student cannot finish the paper in a week?
もし学生が1週間でレポートを仕上げられなかったら，何が起きると教授はほのめかしていますか？

(A) He will be penalized for trying to use an online source.
インターネット上の情報源を使おうとしたことで，彼は罰を受ける。
(B) **She will give him more time to finish the paper.**
彼女は彼に，レポートを仕上げるための時間をもっと与える。

(C) He can work for her after school to make up for his lateness.
彼は（レポートを仕上げるのが）遅れたことを穴埋めするために，放課後，教授のために働いてもよい。

(D) He will need to make the paper longer to get a good grade.
よい成績を得るために，彼はレポートをより長くする必要がある。

会話の中で語られた情報をもとに推測をして答える，推測問題です。正解は**(B)**です。

まずは設問文中にある imply という動詞に注意してください。「～を暗示する」，「～をほのめかす」という意味です。**「会話の中でハッキリとは語られていないが，語られた情報をもとに推測をすると，これがきっと正しい！」という選択肢**を選ばなくてはなりません。

すでに解説した通り，会話の最後の教授のせりふから，もし学生がレポートを終えられなければ，教授は助け舟を出してあげるのだろうと推測できます。しかもその助け舟は，レポートを仕上げるための「時間」に関する助け舟でしたね。(B)はこの内容をまさしく表していますから，正解にふさわしいわけです。

Q4. Listen again to part of the conversation. Then answer the question.
会話の一部をもう一度聞きなさい。そして設問に答えなさい。

Professor: The thing is you used one online source and…
教授：問題なのは，あなたがインターネット上の情報源を１つ使ったことで…

Student: … and we should only use books. Is that it?
学生：…でも本しか使うべきではない。そういうことですか？

Professor: Well, in fact, you can use journals, magazine articles…
教授：うーん，実際は，専門誌や雑誌記事は使ってもよいのです…

What does the professor mean when she says this?
教授はこう話すことで，何を意味していますか？

Professor: Well, in fact, you can use journals, magazine articles…
教授：うーん，実際は，専門誌や雑誌記事は使ってもよいのです…

(A) The student should use a variety of sources.
学生は様々な情報源を使うべきである。

112

(B) Online sources are acceptable if they are also available in printed form.
　　インターネット上の情報源は，もし印刷物でも利用可能なのであれば，認められる。
(C) The student has not understood what she has said.
　　学生は，彼女が言ったことを理解していない。
(D) Journals and magazines are often better than books.
　　専門誌や雑誌は，本よりもよい場合が多い。

　会話や講義の一部分がもう一度再生され，それを聞いて答える問題です。TOEFL iBT のリスニング・セクションで特徴的な問題ですので，ぜひ慣れておきましょう。皆さんも CD トラック 16 でもう一度聞いてください。答えは**(C)**です。

　ここでは，**聞き直した教授のせりふが，どのような機能を果たしているのか**を問うています。「機能」というと少し難しく聞こえるかもしれませんが，簡単に言えば「**教授はこのせりふを通して何を伝えたかったのか**」を問うているのです。教授が伝えたい本当のメッセージを理解しなくてはいけません。字面通りの意味を拾っただけだと，間違ってしまいます。

　これは解説で詳しくお話ししていない箇所ですので，しっかり内容を確認しておきましょう。Gist 部分で，教授が学生のレポートについての問題点を指摘している場面ですね。学生が，レポートでは「本しか使うべきではない。そういうことですか？」と質問します。それに対して教授が，「実際は，専門誌や雑誌記事は使ってもよい」と答えます。つまり，「本しかダメだというわけではなく，専門誌や雑誌記事も OK なのですよ」と教授は伝えているわけです。

　どうやら学生は，教授の説明を正しく理解していないようですね。これが教授のメッセージだったわけです。学生に対して「あなたは私の言っていることがわかってない！」とハッキリ言う代わりに，間接的な形で，このメッセージを発していたのです。これを理解できれば，正解(C)を選べていたはずです。

　このように，会話の一部を聞き直して答える問題では，「質問と答え」がセットで再生されることがよくあります。その場合，「答え」の内容を正しく理解できているかを問うてくる傾向が強いことを，ぜひ覚えておきましょう。

5 会話問題まとめ

　ここまでお話ししてきたように，会話問題を攻略するためには，**まず会話の展開パターンを頭に入れて，設問で問われやすい重要情報を確実に拾っていく**ことが大切です。重要情報を聞き逃さないよう，**サインワードや強調表現，論理マーカーを利用**しましょう。

また，会話の内容そのものを理解するために，口語表現やキャンパス用語に慣れておくことも必要です。まずは，この本で解いた会話問題の中で，知らなかった単語や表現をしっかり暗記することから始めてください！

　これで会話問題は終了です。次のページからは講義問題にトライし，攻略法の説明と解説を行います。引き続きがんばりましょう！

Lesson 6 演習問題3（講義問題）

　それではさっそく，講義問題にチャレンジします。会話問題同様，設問数が1問少ない「お試し問題」です。以下の手順で解いてください。

1 演習問題の進め方

① まずはCDのトラック3を再生し，講義を聞いてください。メモ取りはOKですが，設問はまだ見てはいけません。
② 講義が終了したらCDを一旦停止します。そしてp.116を開きましょう。CDトラック4を再生し，各設問に解答してください。解答時間は35秒に設定されています。なお，別冊p.17の解答用紙を，必要に応じてコピーしてご利用ください。
③ 全設問が終了したらCDを停止してください。

　それでは，がんばってください！

2 Questions

Q1. What is the talk mainly about?
   (A) how managers can make workers more productive
   (B) different types of office organization
   (C) why people do white collar jobs now more than they did before
   (D) problems found in today's offices that did not exist before

Q2. In what way were offices before Taylor's like factories?
   (A) There were no managers.
   (B) Workers worked with their hands.
   (C) Children often worked with their grandparents.
   (D) Workers were all together in large rooms.

Q3. What are two differences between the Taylor-style office and the Propst-style office?
   Choose two answers.
   [A] The Propst-style office could hold more workers.
   [B] In a Taylor-style office, workers doing similar work were in the same room.
   [C] Workers in the Taylor-style office had better relationships with their managers.
   [D] The Propst-style office was intended to make workers healthier.

Q4. According to the professor, why did Taylor's and Propst's office designs both lead to workers feeling separated?
   (A) If the work being done is similar, the office design may not matter.
   (B) Unlike in new tech offices, workers could not take naps.
   (C) Both office designs separated workers from their leaders.
   (D) Workers naturally want to do manual labor instead of office work.

Q5. Listen again to part of the lecture. Then answer the question.
   Why did the professor say this?
   (A) to find out if students have already studied what he just said
   (B) to show surprise that the students don't know about Propst's "action office"
   (C) to point out that students have probably seen this type of office
   (D) to emphasize the similarity of all offices

演習問題 3 を終えて

　いかがでしたか？　会話問題も決して易しくありませんでしたが，講義問題はさらに難しく，驚いてしまった人もいるかもしれませんね。リスニング・セクション冒頭でお話しした通り，講義内容は英語圏の大学で実際に行われる一般教養科目と同レベルですから，難しくて当然です。

　しかし，これからしっかり対策を積めば，講義問題も制覇できますよ！　次のレッスンで攻略法を紹介しますので，会話問題同様，講義の流れを理解しつつ確信を持って全設問に解答できるよう，一緒にがんばりましょうね！

Lesson 7 講義問題攻略法

講義問題攻略法は，以下の5つに分けて説明します。

① 講義の展開パターンを知る
② サインワード・強調表現を知る
③ 論理マーカーをヒントに，論理展開を意識して聞く
④ 質問表現，繰り返される表現に注意する
⑤ 専門用語の後の説明に注目する

講義問題攻略法その①
講義の展開パターンを知る

　会話問題同様，講義問題でも「重箱の隅をつつく」設問はあまり出てきません。一言一句すべてを聞き取る必要はありませんから，まずは**「講義の流れを追いながら，内容を大まかに理解する」**聞き方を心がけてください。**頻出する講義の展開パターン**をあらかじめ頭に入れて，講義の流れを確実に追っていけるようにしましょう。

　また，講義問題でも展開パターンがわかれば設問で問われやすい内容が見えてきます。以下の図を参考に，展開パターンを知ることから講義問題対策を始めましょう。

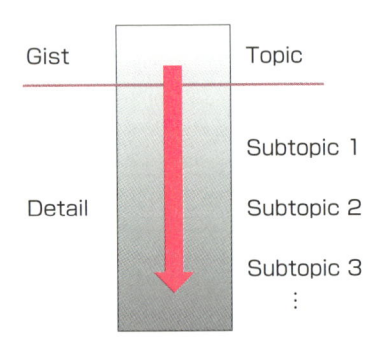

```
Gist          Topic

              Subtopic 1

Detail        Subtopic 2

              Subtopic 3
                ⋮
```

(1) 冒頭で Gist (大意) をつかむ

　講義問題でも，冒頭で Gist を把握することが必須です。通常，最初の30秒～1分程度で講義の大意や主旨が理解できるよう，音声は構成されています。講義問題では，この時間帯に以下の情報を必ず聞き取るよう心がけてください。

- （登場人物） 教授の一人語りか，それとも教授と学生のディスカッション形式か？
- （講義トピック） どんな学問の，どういった内容に関する話か？
- （目的） なぜその内容を学ぶのか？

まず登場人物ですが，**教授１人のみが登場し，一方的に講義し続ける形式**と，**学生（複数人の場合あり）も登場し，教授が学生とやり取りをしながら講義を進める形式**の，２つがあります。「教授は男性か，女性か」，「学生は男性か，女性か，１人ずつ いるのか」などをイメージしましょう。本試験では，パソコンの画面上に講義風景の写真が現れますから，イメージ作りに役立ててください。

そして，自分も同じ教室に座って講義に参加している学生のつもりで，講義を聞きましょう。そうすることで，**情報を「文字」ではなく「映像」として処理できる**ようになりますし，その後の講義内容の理解が深まります。

次に講義トピックですが，「どんな学問の講義なのか」を理解することはもちろん，「その学問の何についての講義なのか」をできるだけ具体的に聞き取るよう，心がけましょう。「生物学」を例に取ると，「生物学の講義→哺乳類についての講義→哺乳類の動物が体温調節する方法についての講義」といった具合に，講義トピックをどんどん「かみ砕いて」理解していきます。

講義トピックを聞き取ることは非常に重要です。Gist でこれができなければ，その後で教授が一体何を語っているのか，全く理解できなくなる可能性があるからです。また，講義問題の最初の設問はトピックの内容をズバリ問うことが非常に多いのです。**冒頭から集中して聞きましょうね！**

なお通常は，講義が始まる前に，Listen to part of a lecture in a X class.「X のクラスにおける講義の一部を聞きなさい」といったナレーションが流れます。この X には biology（生物学）のような学問名が入ります。まずはこれを聞き取って，幸先の良いスタートを切りましょう。

そして最後の「目的」ですが，これは言い換えると**「なぜその講義内容を学ぶのか」，「なぜ今日の講義は大切なのか」**といった情報です。例えば，「今日の授業内容は来週の試験に出るよ！」と教授が告知する場面を想像してください。このような情報が講義冒頭で語られることが時々あります。もし語られたら設問で問われる可能性がありますので，注意して聞きましょう。

(2) Detail（詳細情報）を理解する

Gist の内容が理解できたら，次は Detail です。講義問題で語られる詳細情報とはズバリ，**講義トピックをさらに小分けにして，説明や具体例を加えた「サブト

ピック」だと考えてください。例えば，先ほどの「哺乳動物が体温調節する方法」という講義トピックに対する典型的なサブトピックは，以下のようなものです。

> **講義トピック**：哺乳動物が体温調節する方法
> 　**サブトピック１**：夏に哺乳動物が行う体温調節の方法
> 　　**説明①**：汗をかいて体温を下げる
> 　　　　→具体例：ヒト
> 　　**説明②**：口を開けてハアハアと息をし，熱を逃がす
> 　　　　→具体例：イヌ
> 　**サブトピック２**：冬に哺乳動物が行う体温調節の方法
> 　　**説明①**：分厚い脂肪で，熱を逃がさない
> 　　　　→具体例：クジラ
> 　　**説明②**：冬眠して，寒い季節を乗り切る
> 　　　　→具体例：クマ

　このように，講義問題では１つの講義トピックを複数のサブトピックに小分けし，それぞれに対して説明や具体例を加えていくことで，Gist を深く掘り下げて解説していくわけです。通常，講義問題ではこのようなサブトピックが３つ程度登場します。

　この例からもわかる通り，TOEFL iBT の講義音声はたかだか３〜５分の長さですが，その内容は「盛りだくさん」です。これらを一言一句すべて理解し，記憶するのは至難の業ですね。でも，もちろんその必要はありません。

　詳細情報を聞く上で皆さんがまず目指すべきは，**講義トピックとの関連を意識しながら，情報を整理しつつ，大まかに内容を理解する**ことです。例えば，この「哺乳動物の体温調節」の講義を聞きながら，「『夏の体温調節』の１つに『発汗』があり，『ヒト』はその具体例なんだな…」と情報整理しつつ聞くことが第１目標です。まずは**全体的な構造**を意識し，「**大きく聞く**」ことを大切にしてください。

　このように「大きく聞く」だけで対応できる問題もあります。例えば講義問題では，「教授は何の説明のために，具体例○○を持ち出したのですか？」と問う設問がよく登場します。「哺乳動物の体温調節」の講義で言うと，「教授は何の説明のために，ヒトの話をしましたか？」といった設問ですね。正解は当然，「哺乳動物が汗をかいて体温調節する方法を説明するため」です。「『ヒト』は『発汗』の具体例」という大きな構造が整理できず，頭の中で情報がゴチャゴチャになっていたら，正解を選べませんね。

　ここまでお話ししてきたように，講義問題でも「Gist → Detail」という展開パ

ターンを追いながら，内容を「**大きく聞く**」ことが重要です。対策を積んでいくと，講義を聞きながら「この情報は設問で問われそうだな！」と先回りして設問内容を予想できるようになります。会話問題同様，このような「**積極的な聞き方**」ができれば理想的です。

2 講義問題攻略法その②
サインワード・強調表現を知る

設問に確信を持って答えられるようにするためには，展開パターンを念頭に「大きく聞く」だけでなく，設問で問われやすい情報をピンポイントで聞き取ることも大切です。重要情報に狙いを定めて「**小さく聞く**」ために，講義問題でも「**サインワード**」と「**強調表現**」を利用しましょう。

(1) サインワード

会話問題同様，講義問題でも「**設問で問われやすい情報が登場する予兆（サイン）**」**となる表現**をサインワードと呼びます。講義問題でも，話し手が重要情報を語る直前にサインワードが使われることが多く，大切なヒントになります。

講義問題で最もわかりやすいサインワードの例は，講義トピックを語る予兆としての，以下のような表現です。

- Let's discuss X today. 「今日は X について論じましょう。」
- Today I'd like to focus on Y. 「今日は Y に焦点を当てたいと思います。」
- Today I'll talk about Z. 「今日は Z について話しましょう。」

教授が講義冒頭でこのようなせりふを語ったら，講義トピックをそこで語ることが予想されますね。先述の通り，講義トピックは冒頭部分での最重要情報ですから，サインワードをヒントにして確実に聞き取りましょう。別冊 p.52 の表を参考に，どのような表現がサインワードになりうるのか再確認してください。

(2) 強調表現

講義問題でも，強調表現を利用して重要情報を聞き取りましょう。会話問題で紹介した X is very important. や Y is the key to Z. などの表現を，講義中の教授も使います。**教授自身が「重要！」だといった情報は間違いなく重要**ですから，設問で問われる可能性があると注意してください。

加えて，こちらも会話問題でお話しした well などの「もったいをつける」表現も，講義で頻出します。この well は，重要情報を切り出す前に用いる「あのう…」，

「ところで…」,「さて…」といったニュアンスの表現でしたね。同様の役割を果たす well 以外の言葉には,以下のようなものがあります。

- OK 「よし…」,「いいですか…」
- Now 「さて…」,「では…」
- Then 「そういうわけで…」,「それで…」,「それにしても…」
- So 「そういうわけで…」,「それで…」

これらはすべて,**大切な話題へ話を切り替える時や,伝えたいポイントを語る前触れ**として使われます。これらの後には重要な情報が現れる可能性が高いので気をつけましょう。こちらも,別冊 p.52 の表を再確認してください。

3 講義問題攻略法その③
論理マーカーをヒントに,論理展開を意識して聞く

　講義問題では,**論理展開を理解しながら講義を聞き進めていくことが重要**です。とりわけ,**講義全体の構造を意識しながら情報を整理しつつ「大きく聞く」**際に,論理展開が役立ちます。したがって,論理マーカーに注意を払う姿勢が,会話問題以上に必要となります。

　ここでは対比の論理マーカーを使って,論理展開を意識しつつ「大きく聞く」例を示したいと思います。例えば,先ほどの「哺乳動物が体温調節する方法」という講義を思い出してください。この講義で,教授がサブトピック1の「夏の体温調節の方法」を説明したとしましょう。ヒトやイヌの例を使って,哺乳動物が夏に体温を下げる方法を論じます。その後で,教授が以下のように発言したとします。

- Professor : On the other hand, in winter ...
  教授:一方,冬には…

　出だしの On the other hand を聞いた瞬間に,それが対比の論理マーカーであることを理解しましょう。その前と後では,話の内容が反対になるはずです。勘のよい人なら,この表現を聞いただけで,その後には「冬に哺乳動物が体温を上げる(もしくは保つ)方法」が語られるのだろうと予測できるはずです。

　このように,on the other hand をヒントに頭の中で「夏⇔冬」,「体温を下げる⇔体温を上げる・保つ」といった対比構造が思い浮かべば,それがそのまま講義全体の構造理解につながります。

　そしてそれは,情報を整理しながら講義を聞く上でも役立つでしょう。例えばこの後,教授が「クジラの分厚い脂肪」や「クマの冬眠」のお話をしても,on the other hand を境に頭の中が「冬」に切り替わっていれば，それ以前の「夏」のお話と情報がゴチャゴチャにはなりませんね？　これが，論理展開を意識しながら情報を整理しつつ「大きく聞く」ということなのです。

　講義問題では，このような論理展開が必ずと言ってよいほど使われます。また，**論理展開が絡む情報は設問で問われやすい傾向にあります。論理マーカーの重要性が**わかりますよね！

　ここでお話しした「対比」の他に，講義問題で頻出する論理展開には以下があります。

- **抽象→具体**：抽象的な概念や専門用語が登場した後に，それを具体的に説明する
- **因果**：原因・理由と結果という関係性を示す
- **時系列**：ある物事の変化を，時間を追って順番に説明する
- **同種・類似・並列・列挙**：同じ（あるいは似通った）ものを複数並べる

　別冊 p.51〜52 の表も必ず一読し，これらの論理展開に関わる代表的な論理マーカーを確認しておきましょう。

4　講義問題攻略法その④
質問表現，繰り返される表現に注意する

　ここまでお話しした攻略法①〜③は，会話問題にも共通する内容でした。ここから説明する④と⑤は，講義問題に特有の攻略法です。

　④では，既に説明した「サインワード」と同様に，「**質問表現**」や「**繰り返し表現**」に注目すると，ピンポイントで重要情報をつかめることをお話しします。講義を「**小さく聞く**」うえで重要ですから，以下でそれぞれ詳しく説明します。

(1)　質問表現

　講義問題では，教授と学生のやり取りが入るディスカッション形式はもちろんのこと，教授が一人語りをする形式でも，「質問→答え」という流れがしばしば登場します。「教授１人だけしかいないのに，質疑応答があるの!?」と驚かれるかもしれませんね。例えば以下のようなセリフを想像してください。

- Professor：Why is it that these two totally different approaches led to similar results? Well, the answer is in X.
  教授：どうしてこれら２つの全く異なるアプローチが，似通った結果をもたらしたのでしょう？　さて，答えは X の中にあります。

ここでは，教授が自分で投げかけた質問に，自ら答えていますね。講義問題では，このような教授の「自問自答」が頻繁に出てきます。これはレトリカル・クエスチョン(修辞疑問)と呼ばれるもので，「質問の形をしてはいるが，実際には質問の答えを求めているわけではない」表現です。難しいことはさておき，講義問題でこれが出てきた場合，「教授は質問の形式をとることで，伝えたいメッセージを強調しているのだ」と理解してください。あえて質問を投げかけることで，教授は学生の注意を引いていると考えてもよいでしょう。

　つまり，「**教授が自問したら，重要情報が語られるサイン**」だということです。設問で問われる内容かもしれませんから，集中力を一段高めて，**自問に対する「自答」の中身も必ず理解**する必要があります。

　なおディスカッション形式の音声では，教授と学生が「質問と答え」を実際にやり取りする場面も出てきます。これも重要情報が語られる前触れだと考えて，やはり「質問と答え」を両方聞き取るように心がけましょう。

(2) 繰り返される表現

　講義問題では，**教授は重要情報を「繰り返し述べる」**，あるいは同じ内容を別の表現で「**言い換える**」ことがよくあります。質問表現同様，こちらも注意して聞くと，設問で問われやすい情報を予測できます。教授が同じことを，あまり間をおかずに2度，3度と繰り返したら，集中してその内容を理解しましょう。

　逆の視点で考えれば，「**設問で問われる重要情報は，たとえ1度聞き逃したとしても，教授が再度語ってくれる可能性が高い**」ということですね。「しまった，聞き逃した！」と思ってもパニックにならず，落ち着いて次の情報を聞きましょう。2度目のチャンスが訪れるかもしれませんよ！

5　講義問題攻略法その⑤
専門用語の後の説明に注目する

　講義問題では，**専門用語**が必ずと言ってよいほど登場します。英語圏の大学で行われる一般教養科目の講義を想定した音声ですから，専門的な言葉が出てくるのは当然のことですね。この専門用語を理解できるかどうかが，講義全体の理解にも大きく影響を与えます。

　例えば次の単語を知っていますか？　上述の「哺乳動物の体温調節」の講義で登場しうる専門用語です。

◾ blubber

　blubberは，クジラやアザラシの全身を包む分厚い「皮下脂肪」を指す専門用語です。この脂肪の層には血管が通っていて，その血管からエネルギーが供給されるため，氷水の中で生活しても体温が保持される仕組みだそうです。

　このような専門用語を聞くだけで，講義問題に嫌気がさしてしまう方も多いでしょう。では，専門用語を知っていなければ，講義問題は「お手上げ」なのでしょうか？

　もちろんそんなことはありません。「専門用語を初めから知っている」ことを前提に，問題が作成されているわけではないからです。例えばこのblubberという単語も，生物学専攻の人でもない限り，ネイティブ・スピーカーでも意味を知っている人はそう多くないでしょう。

　専門用語は「知らなくて当然」という前提のもとに，講義中にその定義が必ず説明されます。この説明内容を理解できる英語力があるかどうかを，講義問題は問うています。例えば，blubberには以下のような説明がなされるでしょう。

◾ Professor : Whales and seals have blubber to keep them warm in cold water. This blubber is a special layer of body fat that contains blood vessels, which help provide energy and maintain their body temperature when they swim in the ocean.

　教授：クジラやアザラシは，冷たい水中で自分たちを温かく保つために，blubberを持っています。このblubberは，血管を含んだ体脂肪の特別な層で，(その血管が)エネルギーを供給し，海で泳ぐ際に体温を維持するのに役立ちます。

　この説明が英語で理解できれば，blubberという単語を知らなくても，その意味がわかりますよね？

　実は講義問題では，専門用語の名前そのものをズバリ問うてくる設問は，ほとんど出てきません。代わりに**専門用語の定義や，定義を説明する際に使われた具体例の理解を問う問題が登場します**。したがって，専門用語が語られたらその用語自体ではなく，むしろその後の説明に注目してください。設問で問われる可能性ありです。

　ちなみにこの「用語→定義」という流れは，先ほど論理展開の重要性を説明した際に触れた「抽象→具体」の論理そのものですね。blubberという曖昧模糊とした専門用語の後に，より具体的で理解しやすい定義が続いています。「論理展開が行われる場所の情報は，設問で問われやすい」ことの一例だと認識しましょう。

Lesson 8 講義問題解説

さあここからは、演習問題の解説です。会話問題と同様、講義を区切りながら解説を加えます。講義内容を大筋で理解しつつ、聞き取るべき重要情報を確認していきましょう。CDで該当箇所を聞きながら、読み進めてください。

なお、スクリプトに入っている印は以下の通りです。

下線	：サインワード
波線	：解答の根拠、または設問に答える上での重要情報
□	：強調表現、論理マーカー

1 Gistをつかもう！

まずは講義の冒頭部分でGistを理解しましょう。**講義トピック**をできるだけ「かみ砕いて」理解することが重要でしたね！ 登場人物と（もし語られたら）講義の目的も併せて確認しましょう。

17 CD

Narrator ①： Listen to part of a lecture in a business class:

Professor ②： It's important to remember that not that long ago, most people worked with their hands doing physical labor. Office work was called "white collar" and physical labor was called "blue collar." At the beginning of the 20th century, only 18% of workers did white collar office jobs. By the year 2000, 60% of workers in the United States work in offices, um, basically at a desk every day. That's a huge shift in how humans spend their time, and so there have been a lot of different ideas over the years about how that time can be spent best — how the office should be organized to be more efficient and pleasant to work in. Let's discuss some of these ideas.

⑴　登場人物を理解する

　　まず登場人物ですが，ここまで聞いた段階では教授しか登場していませんね。このように，冒頭部分を聞き終えても教授しか出てこない場合，多くは「ディスカッション形式」ではなく「教授の一人語り」形式です。もちろんこの後で学生が登場する可能性は否めませんが，いったん頭の中で「学生は登場しなさそうだ」と想定しましょう。実際，この講義では教授が最後まで1人で語り続けます。

　　教授の一人語りだと判断したら，大切なことを2点思い出してください。1つ目は，**講義風景を「イメージ」する**こと。自分も教室でこの教授の授業を受けているつもりで，情報を「映像化」しながら，残りの講義を聞き進めてください。

　　そして2つ目は，**重要情報が教授の「自問自答」で提示される可能性が，ディスカッション形式以上に高い**こと。ディスカッション形式では，重要情報が語られる際や新しいサブトピックに話が移行する際に，教授と学生の質疑応答が入る場合が多いです。教授とは別の人物の声が入るわけですから，重要な「その瞬間」に気づきやすいですね。

　　これに比べ，教授による一人語りでは学生とのやり取りはなく，ずっと同じ人物の声を聞くわけですから，重要な瞬間に気づきにくいと言えます。集中し，**教授が自問自答する場面は特に聞き逃さない**ようにしましょう。ディスカッション形式でも教授が自問自答することはもちろんありますが，教授の一人語りではそれがさらに重要になります。

⑵　講義トピックを理解する

　　次に講義トピックを把握しましょう。まず講義が始まる前のナレーション①から，今回の学問分野は「ビジネス」だとわかります。

　　では，ビジネスの何に関する講義なのでしょうか？　具体的に理解していきます。まずは教授の第一声に注目。It's important to remember といきなり強調表現が登場です。「…を思い出すことは重要です」と教授が強調していますから，その後の情報に注目しましょう。not that long ago, most people worked with their hands doing physical labor. と語ります。「さほど昔ではない」こととして教授は，「たいていの人が自分たちの手を使って働いて，肉体労働をしていた」と説明しているわけです。ということは，「肉体労働」が今回の講義トピックなのでしょうか…？

　　次の波線部分を聞き取れた方は，そうでないことがおわかりですね？　ここで教授は By the year 2000, 60% of workers in the United States work in offices と話します。「2000年までには，アメリカの60パーセントの労働者はオフィスで働く」ようになったという内容ですから，話題は肉体労働ではなくオフィスでの労働へ移りそうです。講義トピックはどうやら後者のようですね。

　　これを決定づけるのが次のせりふです。That's a huge shift in how humans spend

127

their time，「人が時間をどう過ごすかという点で，それは大転換でした」と教授は語ります。この「転換」とは，もちろん肉体労働から頭脳労働への転換です。教授が第一声で，大半の人が肉体労働に従事していた時代を強調して語ったのは，この重要な「転換」へ話をつなぐための大切な前置きだったのだと，この段階でわかりますね。

　　教授はこの「転換」を huge という形容詞で強調していますから，こちらも重要情報。講義トピックはこれに何らかの形で関わっていそうです。

　　そして次の部分で，いよいよ講義トピックの核心部分に入ります。and so there have been a lot of different ideas over the years about how that time can be spent best と教授が語りますね。すなわち，「その時間（＝オフィスで働く時間）をどう最適に過ごせるかに関する，数多くの異なるアイデア」が何年もかけて生まれたわけです。

　　これは，さらに次の箇所で how the office should be organized to be more efficient and pleasant to work in と言い換えられています。「より効率的で働きやすいようにオフィスがどう構成される（配置される）べきか」ということですね。同じ内容を別の表現で，さらに具体的に説明しなおしています。教授が間髪入れずに繰り返した情報ですから，これは間違いなく重要ですね。このオフィス構成の方法が講義トピックであると考えてよさそうです。

　　決定的なのは次の一言。Let's discuss some of these ideas. の下線部は講義トピックを語るサインワードですね。やはりこの「オフィスで働く時間を最適に過ごす方法」，「効率的で働きやすいオフィスの構成方法」に関するアイデアが，今回の Gist でした。some となっていますから，この後このような「アイデア」が複数語られるのだろうと予想できますね。

(3) Gist の取り方　まとめ

　　ここまでの流れを復習してみましょう。「ビジネスの講義→オフィスでの労働→効率的で働きやすいオフィス構成のアイデア」といった具合に，**「抽象→具体」の流れで講義トピックが語られていましたね**。会話問題の Gist と同様，講義問題でもこの論理展開を予想し，落ち着いて冒頭部分を聞きましょう。講義の出だしで「一体この教授は何を語ろうとしているんだろう？」と不安になったとしても，徐々に具体的な講義内容が見えてくるはずです。

　　なお，「2000」や「60パーセント」といった数字が挙がっていましたが，**このような細かい情報をズバリ答えさせる設問は，リスニング・セクションでは全くと言ってよいほど出題されません**。したがって，**音声を聞きながらこれらの数字を必死にメモに書き残す必要もありません**。

　　このような細かい情報に集中しすぎることなく，講義トピックを大掴みに把握していくことを大切にしてください。「設問で問われやすい重要情報を探しながら聞

く」ことに集中しましょう。この冒頭部分でも，極論を言えば，That's a huge shift 以降だけでも聞き取れていれば，最初の設問に答えられていたはずなのです。

　ちなみに今回は講義の「目的」は語られませんでした。これは決して珍しいことではありませんから，気にせず Detail の内容に集中しましょう。

2　Detail をつかもう！

　それでは Detail の解説に進みましょう。ここでは，講義トピックである「**効率的で働きやすいオフィスの構成方法**」やその「**アイデア**」が複数紹介されるはずです。その内容を大まかに理解しながら聞き進めていくことが重要ですね。また，Gist 部分で教授は何年もかけてそれらのアイデアは生まれてきたと言っていましたから，**時間の経過とともにそれらがどのように変化していったのかも**，情報を整理しながら把握しましょう。

(1)　Detail 1　サブトピック 1 を理解する

　会話問題と同様，講義問題も Detail 部分が長いので，ここからはサブトピックごとに講義を区切って重要情報を確認していきます。まずは短い以下の部分を聞き直しましょう。最初のサブトピックです。

> Professor ③：In the year 1900, most offices still looked like factories with desks. If you look at old pictures, you'll see that the desks are all lined up in long rows in huge open rooms. Office workers all did their jobs in the same space, just like factory laborers all worked on the same assembly lines.

　出だしで教授が「1900年」と年数を挙げています。Gist でお話しした通り，この数字自体を覚える必要はありません。ただし，**講義の中でこのような年数や年代の情報が出てきたら，「新しいサブトピックの始まり」である可能性が高い**ことは覚えておきましょう。「効率的で働きやすいオフィス構成のアイデア」の変化を，時代を追って確認していくことが重要ですから，アイデアの中身を時代ごとに整理しながら聞く必要があります。新しい年数・年代が出てきたら，「新しいアイデアの話が出てくるのかも…！」と考えて，**講義全体の大きな構造を理解するヒント**としましょう。

　では，ここで語られるオフィス構成とはどのようなものだったのでしょうか？

年数の後で，教授が most offices still looked like factories with desks と語っていますから，それはどうやら「机がある工場」に見えたようです。しかし，これだけでは抽象的すぎて，どのようなオフィスだったのかイメージが湧かないですね？　このあと教授はこの内容をより具体的に言い換えて，説明してくれます。

　次の文を見ましょう。the desks are all lined up in long rows in huge open rooms とあります。これは「だだっ広くて仕切りのない部屋に，机がすべて長い列になって並び続いている」という，当時のオフィスの描写です。

　さらにその後，Office workers all did their jobs in the same space, just like factory laborers all worked on the same assembly lines という説明が続きます。当時のオフィススワーカーは「同じ空間」，すなわち上述のような部屋で「全員が仕事をしていた」というわけです。その後の just like は「ちょうど～と同じように」という「類似」を表す論理マーカーですね。オフィスワーカーが全員同じ空間で働く様子を，「工場労働者が全員，同じ組み立てラインで働く」様子になぞらえているわけです。

　これが「机がある工場」のようなオフィスの説明です。「抽象→具体」の流れで，同じ内容を教授が2度言い換えて説明したことがわかりましたか？　教授が言い換える情報は設問で問われやすいので，この内容は大掴みに理解しておきましょう。細かいことはさておき，この時代のオフィスワーカーは「だだっ広い工場のようなオフィスで，全員で働いていたんだな」と覚えていた人は，2番目の設問に答えられたはずです。以上がサブトピック1でした。

(2) Detail 2　サブトピック2を理解する

　引き続き，サブトピック2の内容を把握しましょう。やや長めの内容ですが，がんばって重要情報を確認していきましょう！

19 CD

Professor ④ :	But in 1911, a man named Frederick Taylor noticed that this style of work resulted in a lot of wasted time and effort. Taylor thought that different people should focus on different tasks and that workers doing similar work should work together in teams. Once workers were split into groups, it seemed natural that each group should occupy a separate space, its own room. And each team needed a leader. Taylor basically invented the job of manager, and his ideas led to the office design that many of your grandparents probably experienced.
⑤	There were some problems with Taylor's office plan, however.

Since each job was now physically separated, workers lost their connection with the company as a whole. In other words, once people were divided from each other, their work also became divided from what the company was actually doing. And managers often did not share their knowledge of projects with their workers, so workers often felt they were doing their jobs without really knowing why.

④冒頭の But in 1911, を聞いた瞬間，ここから新しいサブトピックが始まること，そしてその内容は③と異なることを予測しましょう。続いて a man named Frederick Taylor 「フレデリック・テイラーという男性」と人名が語られますから，サブトピック2はこの人物が考案したオフィス構成のアイデアだと予測できますね。人名をズバリ答えさせる設問は出てきませんので，ここでは「テイラー」という名字がぼんやりとでも頭の中に残っていればOKです。

では，テイラーのオフィスに対する考え方を理解していきましょう。次の波線部分は Taylor thought that different people should focus on different tasks and that workers doing similar work should work together in teams となっています。「人（＝オフィスワーカー）は皆それぞれ違う仕事に集中すべきで，似通った仕事をしている労働者はチームで一緒に働くべき」だと彼は考えたわけですね。そしてその後には each group should occupy a separate space, its own room とありますから，「それぞれのグループ（＝チーム）は別々の空間，すなわち独自の部屋を使用するべき」だという考えにテイラーは達したようです。これが，彼の考える「効率的で働きやすいオフィス」の姿ですね。大まかに「同種の仕事をするチームごとに部屋が分かれているオフィス」だと覚えておきましょう。確かにこれは，だだっ広い部屋に労働者全員が机を並べていた，以前の工場のようなオフィスとは大きく異なりますね。

教授はさらに each team needed a leader. と続けます。先に述べた「同種の仕事をするチーム」それぞれにリーダーが必要だと，テイラーは考えたわけです。その後の Taylor basically invented the job of manager から，この「リーダー」とは現在の「管理職」にあたるものだとわかります。現代の会社では当たり前に存在している仕事ですが，テイラーが考案する100年ほど前までは，実は存在していなかったのですね！　ここまでがサブトピック2の 説明① にあたる部分でした。

では，このテイラーのオフィスはうまく機能したのでしょうか？　⑤の第1文で教授は There were some problems with Taylor's office plan, however. と述べています。「いくつかの問題があった」ということですから，当然この後はテイラーのアイデアに対するネガティブな情報ですね。however を使って対比の論理展開が行われ

ていますから，講義の大きな構造を意識し，サブトピック2の 説明② に話が移ったのだと感じ取ってください。

ではその「問題」の中身を取っていきますが，ここではその次の1文が理解できればOKです。Since each job was now physically separated, workers lost their connection with the company as a whole. という部分ですね。「因果」の論理マーカー Since に注意しましょう。「それぞれの仕事が今や物理的に分け隔てられてしまったので，労働者たちは会社全体とのつながりを失ってしまった」となります。チームごとに別々の部屋で仕事することによる弊害ですね。これがサブトピック2 説明② の重要情報でした。

次のせりふは，In other words, で始まります。「言い換えれば」という意味の「抽象→具体」の論理マーカーですから，教授はこの後，この弊害をより具体的に，別の言葉で再び説明することが予想できます。教授が繰り返す内容は重要ですから，「テイラー式オフィスのせいで，オフィスワーカーは会社全体とのつながりを失ってしまった」という点が，何らかの形で設問に関わる可能性を意識しておきましょう。

なお，この点が理解できた人は，In other words, 以降を必死になって聞き取る必要はありません。In other words, の前と後は，「抽象」と「具体」の違いこそあれ，基本的には同じ内容のはずだからです。リスニング・セクションでは「大まかな理解」で重要情報を追っていくことが大切ですから，**すべてを「一言一句まんべんなく」聞くのではなく，時にはこのように「緩急をつけて」聞くことも必要**です。

(3) Detail 3　サブトピック3を理解する

それでは3つ目のサブトピックに移りましょう。ここではどのような「オフィス構成のアイデア」が語られるのでしょうか？

20 CD

Professor ⑥： Then in the 1960s, a different idea of the office emerged called the "action office." Robert Propst, an engineer, thought that workers should move during the work day — you know, just for health reasons — and he also thought that workers needed to have privacy sometimes. Propst felt that workers would be more productive if they were active, but could also shut out the other activity around them when they needed to. He put small walls within the office and created open areas where workers could gather to work together. Sound familiar? Uh-huh, well, it should, because that's the kind of office many of your parents are working in, and we see in most American companies today. Propst wanted to create a dynamic workspace, but he accidentally invented the cubicle, the individual desk surrounded by short walls. Same problem as before: actually, workers may feel even more separated and divided.

　それでは⑥冒頭から確認していきましょう。Then in the 1960s,「それから，1960年代には…」と始まっていますから，ここから新しいサブトピックに入るのだとわかりますね。年代の登場はもちろんのこと，Then「それから，その後で」という「時系列」の論理マーカーも，講義の構造を把握するうえでヒントにしてください。

　続いて教授は a different idea of the office emerged called the "action office." と語っています。「オフィスの異なるアイデアが現れた」ということですから，サブトピック2のテイラーのオフィスとは違うアイデアでしょう。called the "action office." から，このアイデアは「アクション・オフィス」と呼ばれるものだとわかります。

　different はとても簡単な形容詞ですが，「対比」の論理関係を含む重要な表現です。「アクション・オフィス」がどのようなものかはまだわかりませんが，「テイラーのオフィス⇔アクション・オフィス」という対比関係を思い浮かべ，情報を整理していきましょう。論理展開が行われる箇所は，設問で問われやすいですよ！

　では，この「アクション・オフィス」とは一体何なのでしょうか？　これは専門用語ですから，この後の説明をしっかり理解しましょう。Robert Propst, … thought that workers should move during the work day … just for health reasons「ロバート・プロープストは，単に健康上の理由から，労働者たちは就業時間中に体を動かすべきだと考えた」と教授は話します。ここではアクション・オフィスが「プロープスト」という人物のアイデアであること，そしてこのオフィスは労働者の健康を考慮していることが理解できれば OK です。

　次の波線部分に移りましょう。and he also thought that workers needed to have privacy sometimes.「そして彼はまた，労働者は時にプライバシーを持つことも必要だと考えた」とあります。and や also は「並列・列挙」を表す論理マーカーですから，アクション・オフィスの説明がもう1つ挙げられるとわかりますね。これで，「健康のために体を動かすこと」と「労働者がプライバシーを持つこと」が，プロープスト式オフィスの特徴だとわかります。ここまでがサブトピック3の 説明① です。

　では，この2つの特徴を出すために，プロープストは実際にどのようなオフィスを作ったのでしょうか？　次の波線部分で，それが明らかになります。He put small walls within the office and created open areas where workers could gather to work together. とあります。「彼はオフィスの中に小さな壁を設置し，労働者たちが寄り集まって一緒に仕事できる仕切りのないエリアを作った」ということですね。どうやら「小さな壁」でプライバシーを確保し，同時に「仕切りのないエリア」では他の労働者と共に仕事をすることで，オフィスに動きを出そうということのようです。後者の説明はまだしも，前者の「オフィスの中に小さな壁を設置」するという光景はイメージが湧きにくいかもしれません。

　実は次の波線部分を見ると，その内容がさらに具体的に説明されています。Propst wanted to create a dynamic workspace, but he accidentally invented the cubicle, the individual desk surrounded by short walls. という部分ですね。対比の接続詞 but がありますから，教授がより重要だと考えているのはそれ以降の情報です。これを訳してみると，「彼は偶然にもキュービクル，すなわち低い壁に囲まれた個々の机を発明した」となります。cubicle とは「仕切りのある小部屋」のことですが，知らなかった人も cubicle = the individual desk surrounded by short walls という同格関係から，その意味を理解しましょう。プロープストは動的な労働スペースを作りたかったが，同時にプライバシーも尊重しようと考えたために，キュービクルを作る結果となったわけです。

　ではなぜ，教授は「キュービクルの発明」が重要だと考えているのでしょうか？それはこの次の文でわかります。Same problem as before : actually, workers may feel even more separated and divided. 「以前と同じ問題（が生じた）。実際，労働者はより一層分離され，分割されていると感じるかもしれない。」これがキュービクルを作った結果生じた問題ですね。そしてそれは「以前と同じ問題」，つまりテイラー式オフィスと同じ問題だったのです。

　同種・類似の論理マーカー Same には注意を払いましょう。この段階で，テイラーとプロープストのオフィス構成のアイデアは異なる（すなわち「対比」関係にある）が，その結果生まれた問題は同じである（すなわち「類似」関係にある）という，二重の論理関係が理解できていたかが非常に重要でした。いずれの論理関係も設問に関わる部分で，しっかり情報が整理できていないと2つの設問で間違ってしまう危険性があったのです。以上がサブトピック3の 説明② となります。

(4)　Detail 4　サブトピック4とまとめを理解する

　いよいよ講義は終盤戦。サブトピック4と講義のまとめ部分です。もうひと頑張りして解説を読み進めてください！

21 CD

Professor ⑦：　Why is it that these two totally different approaches to organizing an office led to similar results? Well, the answer may be in the work itself. All office work involves assignments and projects to be completed within a certain period of time. Maybe it doesn't matter where you do it or how much freedom you have while doing it. The nature of modern office work may be so consistent that it will always result in similar problems, no matter how you organize the workers or the space they are working in.

⑧ And what about the future — the kinds of places you'll probably work? You've probably seen some new styles of offices, like at big tech companies, where workers decide how they work and who they work with. Some of these organizations are leaderless — "flat" — with gyms and even rooms to take a nap in. Will this make us happier, more efficient workers? Maybe, but it could be that the lesson to be learned from all the attempts to improve office life is that you have to find your happiness outside the office.

　⑦冒頭で，Why is it that these two totally different approaches to organizing an office led to similar results? と教授が自問しますね。質問表現は重要情報が語られるサインですから，質問と答えを両方聞き取りましょう。この質問を「因果」の論理を表す led to に注意しつつ訳してみると，次のような意味になります。「どうしてオフィス構成に対するこれら２つの全く異なるアプローチが，似通った結果をもたらしたのでしょう？」ここでの「２つのアプローチ」とは，テイラーとプロープストのアイデアを指していますね。

　これに対する教授の答えは Well, the answer may be in the work itself. です。「さて，その答えは仕事そのものの中にあるのかもしれません」と訳せます。教授が the answer とわかりやすく述べてくれたことや，重要情報を切り出す際の強調表現 Well, が直前に入っていたことも，この自答部分を聞き逃さない手助けとなったはずです。重要情報をピンポイントで聞き取る，すなわち講義を「**小さく聞く**」方法でしたね。

　さてこの自問自答から，講義は「テイラーとプロープストの異なるアイデアが，似通った結果をもたらした理由」という新しい話題へ移ったとわかります。これに関する情報は新しい「サブトピック４」として整理しましょう。こちらは講義全体の構成を意識し，「**大きく聞く**」方法でした。

　では教授の答えに戻りましょう。２つの異なるアイデアが似通った結果をもたらした理由は「仕事そのもの」にあるとのことですが，これは一体どういう意味なのでしょうか？　まだ漠然としていてわかりにくいですね。しかしこれは重要情報で

すから，例にもれず「抽象→具体」の流れで繰り返し説明してくれます。

⑦の最後の1文を見ましょう。The nature of modern office work may be so consistent that it will always result in similar problems, no matter how you organize the workers or the space they are working in. 「現代オフィスワークの本質は一貫して変わらないだろうから，どのように労働者たちや，あるいは彼らが働いている（オフィスの）空間を構成しようとも，いつも似通った問題を結果的にもたらすのです。」オフィス構成が変わっても，そこで行われるオフィスワークの本質が変わらないので，生じる問題は同じだと教授は指摘しているわけです。これが先ほどの自答部分の言い換えですね。「因果」を表す so ... that ～ や result in，「類似」を表す similar などから，論理関係を理解できましたか？

ちなみに，この「オフィスワークの本質」とは⑦の3文目の内容を指していると考えられます。「（割り当てられた）業務やプロジェクト」を「ある特定の期間内に完了」することがそれに当たるわけですが，ここまで詳しい内容が聞き取れていなくても，設問には正しく答えられたはずです。

それではいよいよ講義のまとめに入りましょう。⑧冒頭でも，教授は質問を投げかけます。what about the future — the kinds of places you'll probably work? がそれですね。学生に向かって，「将来，すなわち皆さんがおそらく働くであろう類の場所についてはどうなのでしょうか？」と問いかけています。しかし，今回も教授は学生からの答えを求めているわけではありませんでした。この後聞き進めていくと，教授の自問自答であることがわかります。

教授はこの後，新しいオフィススタイルについての話を出した後，もう一度 Will this make us happier, more efficient workers? と自問します。「これ（新しいオフィススタイル）は私たちをより幸せで，より効率的な労働者にするのでしょうか？」この質問に対する答えを理解しなければなりませんね。

教授の答えは Maybe, but it could be that the lesson to be learned from all the attempts to improve office life is that you have to find your happiness outside the office. というものでした。重要なのは but 以下ですから，「オフィスでの生活をより良いものにするあらゆる試みから学ばれる教訓は，幸せはオフィス外で見つけなければならない，ということもあり得ますね」という部分が教授の伝えたいメッセージ。結局，オフィス構成をどう変えようとも，そこでの問題はなくならないと暗示しているのでしょう。

まとめの情報は，今回の設問では全く問われていません。しかし教授の自問自答で示された情報は大切ですから，最後の教授のメッセージは，設問で問われてもおかしくない内容です。本番の試験では大掴みに理解し，記憶に留めておくべきですね。

(5) Detail の取り方　まとめ

では，ここまでの流れをおさらいしましょう。この講義の構造をまとめると，以下のようになります。

　　講義トピック：効率的で働きやすいオフィスの構成方法
　　　　サブトピック１：「机がある工場」のようなオフィス
　　　　サブトピック２：テイラーのオフィス
　　　　　説明①：アイデア
　　　　　　　　→同種の仕事をするチームごとに部屋を分ける
　　　　　　　　→チームごとにリーダーがいる
　　　　　説明②：問題
　　　　　　　　→会社全体とのつながりを失う
　　　　サブトピック３：プロープストのアクション・オフィス
　　　　　説明①：アイデア
　　　　　　　　→健康のために体を動かす
　　　　　　　　→プライバシーを持つ
　　　　　説明②：問題
　　　　　　　　→より一層分離されたように感じる
　　　　サブトピック４：似通った問題が起きた理由
　　　　　　　　→変わらないオフィスワークの本質が理由
　　　　まとめ：将来のオフィスは？
　　　　　　　　→オフィス構成を変えても，問題はなくならない

以上のような構造を意識し，内容を整理しながら大まかに理解できていれば，講義を「**大きく聞く**」ことができたと言えます。

また，大きな論理展開も改めて確認しておきましょう。この講義では，特に以下の３点が重要でしたね。

- 時系列：サブトピック１が最も初期のオフィス。サブトピック２，３と進むにつれ，より最近のアイデアに。
- 対比：テイラー式オフィスのアイデア⇔プロープスト式オフィスのアイデア
- 類似：テイラー式オフィスの問題点≒プロープスト式オフィスの問題点

このような論理展開を把握しつつ，サインワード，強調表現，質問表現，繰り返される表現，そして用語説明などをヒントに重要情報をピンポイントで「**小さく聞く**」ことができれば完璧です。慣れないうちは難しいことですが，ぜひこのような聞き取りのポイントやコツを学んで，講義問題を攻略しましょう！

Lesson 9

演習問題 4（講義問題）

それでは同じ講義問題をもう一度聞き直し，設問に答え直しましょう。解説内容を思い出しながら，設問で問われやすい情報を確認しつつ音声を聞いてくださいね！

1 演習問題の進め方

問題の進め方は，演習問題3と同じです。以下を参考にしてください。

① まずはCDのトラック3を再生し，講義を聞いてください。途中で音声を止めずに，最後まで通して聞きましょう。メモ取りはOKですが，設問はまだ見てはいけません。
② 講義が終了したらCDを一旦停止します。そしてp.139を用意しましょう。CDトラック4を再生し，各設問に解答してください。解答時間は35秒に設定されています。
③ 全設問が終了したらCDを停止してください。

それでは，がんばってください！

2 Questions

Q1. What is the talk mainly about?

   (A) how managers can make workers more productive

   (B) different types of office organization

   (C) why people do white collar jobs now more than they did before

   (D) problems found in today's offices that did not exist before

Q2. In what way were offices before Taylor's like factories?

   (A) There were no managers.

   (B) Workers worked with their hands.

   (C) Children often worked with their grandparents.

   (D) Workers were all together in large rooms.

Q3. What are two differences between the Taylor-style office and the Propst-style office?
Choose two answers.

   [A] The Propst-style office could hold more workers.

   [B] In a Taylor-style office, workers doing similar work were in the same room.

   [C] Workers in the Taylor-style office had better relationships with their managers.

   [D] The Propst-style office was intended to make workers healthier.

Q4. According to the professor, why did Taylor's and Propst's office designs both lead to workers feeling separated?

   (A) If the work being done is similar, the office design may not matter.

   (B) Unlike in new tech offices, workers could not take naps.

   (C) Both office designs separated workers from their leaders.

   (D) Workers naturally want to do manual labor instead of office work.

Q5. Listen again to part of the lecture. Then answer the question.
Why did the professor say this?

   (A) to find out if students have already studied what he just said

   (B) to show surprise that the students don't know about Propst's "action office"

   (C) to point out that students have probably seen this type of office

   (D) to emphasize the similarity of all offices

3 演習問題4を終えて

いかがでしたか？ はじめてこの講義を聞いた時に比べて，内容を確実に理解しながら聞き進めることができましたか？ 講義全体の構造や論理展開を確認しながら「大きく」聞けましたか？ また，設問で問われやすい情報をピンポイントでキャッチすることで「小さく」聞けましたか？ 設問に解答する際は，確信を持って答えを選べたでしょうか？

この後は答え合わせです！ どれくらい正解できたか楽しみですね！

4 答え合わせ

それでは設問ごとに正答発表と解説をします。演習問題3と4の解答を両方用意し，それぞれ採点してみましょう。なお，間違えた問題は「なぜ間違えたか」も必ず考えてください！

Q1. What is the talk mainly about?
　　講義は主に何に関するものでしたか？

　　(A) how managers can make workers more productive
　　　　管理職が労働者たちをより生産的にできる方法
　　(B) different types of office organization
　　　　オフィス構成の異なるタイプ
　　(C) why people do white collar jobs now more than they did before
　　　　なぜ今では，以前よりも，人々はよりホワイトカラーの仕事をするのか
　　(D) problems found in today's offices that did not exist before
　　　　以前は存在しなかったが，現在のオフィスにはある問題

講義の大意を問うGist問題です。正解は**(B)**。
講義の冒頭部分から，講義トピックは「効率的で働きやすいオフィスの構成方法」であることがわかります。その後のDetailでは，このトピックについて異なるオフィス構成の考え方を複数挙げて，それぞれ具体的な説明を交えながら説明していました。この内容を抽象的に表しているのが(B)ですね。講義内では「アクション・オフィス」など具体的な名称が登場しましたが，Gist問題の選択肢にそのような具体名が盛り込まれることは稀です。会話問題同様，**大意の内容を抽象的に言い換えた選択肢が正解**

になる傾向が強いのです。

Q2. In what way were offices before Taylor's like factories?
テイラーの(オフィス)よりも前のオフィスは，どのように工場と似ていたのでしょうか？

(A) There were no managers.
管理職がいなかった。
(B) Workers worked with their hands.
労働者たちは手を使って働いていた。
(C) Children often worked with their grandparents.
子供たちが祖父母とともに働くことが多かった。
(D) Workers were all together in large rooms.
労働者たちは皆，大きな部屋で一緒だった。

講義の中で提示された詳細情報についての理解を問う問題です。正解は**(D)**。

この設問では，サブトピック1の「机がある工場」のようなオフィスに関する詳細が聞き取れたかが鍵でした。講義の中で教授は，このオフィスを「同じ空間で全員が仕事をしていた」と説明していました。しかもこのオフィスは「だだっ広くて仕切りのない部屋」でした。以上の情報を抽象的に言い換えた選択肢が正解になります。

この情報は，講義中に教授が2度言い換えて説明していたことを思い出しましょう。**教授が繰り返したり言い換えたりした情報は問われやすいことを，この設問を通してぜひ再認識してください。**

Q3. What are two differences between the Taylor-style office and the Propst-style office?
テイラー式オフィスとプロープスト式オフィスの2つの違いは何ですか？
Choose two answers.
答えを2つ選びなさい

[A] The Propst-style office could hold more workers.
プロープスト式オフィスは，より多くの労働者を収容できた。
[B] In a Taylor-style office, workers doing similar work were in the same room.
テイラー式オフィスでは，似通った仕事をしている労働者は同じ部屋にいた。
[C] Workers in the Taylor-style office had better relationships with their managers.
テイラー式オフィスの労働者は，管理職とより良い関係だった。

141

［D］　The Propst-style office was intended to make workers healthier.
　　　　　プロープスト式オフィスは，労働者をより健康にすることを目的としていた。

　こちらも講義中に語られた詳細情報への理解が問われている設問です。正解は［B］と［D］です。
　テイラー式オフィスについては，サブトピック2で「同種の仕事をするチームごとに部屋が分かれている」と説明がありました。また，プロープスト式オフィスは労働者の健康増進を目的にしていたことを，サブトピック3で確認しましたね。これらの主要情報を理解できていれば，迷うことなく正解を選べたはずです。
　設問文を見れば一目瞭然ですが，この設問は「テイラー式オフィス⇔プロープスト式オフィス」という「対比」関係をズバリ突いています。この論理展開を理解し，設問で問われる可能性を意識しながら，注意深く主要情報を聞き取れたかが勝負の分かれ道でした。
　このように**選択肢を2つ選ぶ問題がリスニング・セクションでは時々登場**します。正解が1つだけの問題に比べるとやや時間がかかりますが，落ち着いて取り組めば大丈夫ですよ！

Q4．According to the professor, why did Taylor's and Propst's office designs both lead to workers feeling separated?
　　　教授によると，なぜテイラーとプロープストのオフィス設計は，ともに労働者が分離されていると感じる結果になったのですか？

　　（A）**If the work being done is similar, the office design may not matter.**
　　　　　なされている仕事が似通っていると，オフィス設計はおそらく関係ない。
　　（B）Unlike in new tech offices, workers could not take naps.
　　　　　新しいテクノロジー（企業）のオフィスとは違って，労働者は仮眠を取れなかった。
　　（C）Both office designs separated workers from their leaders.
　　　　　両方のオフィス設計はともに，労働者をリーダーから分離した。
　　（D）Workers naturally want to do manual labor instead of office work.
　　　　　労働者はオフィスワークではなく肉体労働をすることを自然と望む。

　こちらも教授が語った詳細情報を理解できたかが問われる問題です。正解は（A）です。
　この設問では，2つの異なるオフィス設計でともに同じ問題が生じる結果となった，その「原因・理由」の中身を問われています。これはサブトピック4で説明されていましたね。オフィスワークの本質は一貫して変わらないので，オフィス構成の違いに

関わらず，同じ「労働者の分離」という問題を抱える結果となったわけです。選択肢（A）は，この内容を正しく抽象的に言い換えていますね。

　テイラーとプロープストのオフィス構成のアイデアは「対比」関係にあるが，そのアイデアから生じた結果は「類似」という二重の論理関係が理解できていないと，正解するのが難しかった設問です。Q3 同様，論理展開が絡んでいる情報は設問で問われやすいことが，ここでも実感できます。

Q5. Listen again to part of the lecture. Then answer the question.
　　講義の一部をもう一度聞きなさい。そして設問に答えなさい。

> *Professor: He put small walls within the office and created open areas where workers could gather to work together. Sound familiar? Uh-huh, well, it should.*
> 教授：彼はオフィスの中に小さな壁を設置し，労働者たちが寄り集まって一緒に仕事できる仕切りのないエリアを作ったのです。聞き覚えがありますか？　そうですよね，うん，そのはずです。

Why did the professor say this?
教授はなぜこう言ったのでしょうか？

> *Professor: Sound familiar? Uh-huh, well, it should.*
> 教授：聞き覚えがありますか？　そうですよね，うん，そのはずです。

（A）to find out if students have already studied what he just said
　　教授がつい今しがた述べたことを学生たちがすでに学習したことがあるかどうか，知るため
（B）to show surprise that the students don't know about Propst's "action office"
　　プロープストの「アクション・オフィス」について学生たちが知らないという驚きを表すため
（C）to point out that students have probably seen this type of office
　　学生たちはおそらくこのタイプのオフィスを見たことがあると指摘するため
（D）to emphasize the similarity of all offices
　　全てのオフィスの類似性を強調するため

　講義問題でも，音声の一部分が再生され，それを聞いて解答する問題が登場します。CD トラック 22 でもう一度聞いてみましょう。発話の「機能」，すなわち「聞き直したせりふを通して教授が何を伝えようとしているのか」を考える問題です。正解は

(**C**)ですね。

　該当箇所は，プロープストのアクション・オフィスを説明する中で教授が語ったせりふです。教授はアクション・オフィスを描写した後で，学生たちに向かって「聞き覚えがありますか？」と問いかけます。この講義は教授の一人語りですから，この問いかけに対する学生の反応は音声には入っていません。しかし，教授の Uh-huh「そうですよね」から，恐らく学生たちは「聞き覚えがある」という反応を示したのでしょう。教授は it should. と続けます。これは it should sound familiar. を一部省略したものです。「（学生たちはこのオフィスに）聞き覚えがあるはずだ」と言っているわけですね。特に口語英語では，何を言わんとしているかが文脈から明らかな場合，このように言葉を一部省略することがあります。

　この内容が理解できた人は，教授がこのせりふを通して何を伝えようとしていたかがわかりますね？　それは「学生たちは，この種のオフィスに馴染みがあるはずだ」ということです。これを言い表しているのが選択肢（C）です。「学生たちはこのオフィスに馴染みが合って当然だ」という教授のニュアンスが汲み取れたかが鍵でした。

　このように，音声が一部再生される設問の中には，聞き直したせりふの内容の詳細を正確に理解できたかを問うてくるものもあります。その場合，話者のニュアンスを感じ取りながら，メッセージの中身を慎重に考えることが重要です。

5　講義問題まとめ

　ここまでお話ししてきたように，講義問題攻略のためには展開パターンを頭に入れたうえで，講義全体の構造を意識しながら，情報を整理し理解することが大切です。その際，論理展開に特に注目しながら聞くと情報整理がしやすくなるとともに，設問で問われそうな情報が予測できるでしょう。

　一方で，サインワードや質問表現，繰り返し表現や専門用語説明に着目し，重要情報をピンポイントで聞き取っていくことも必要です。講義全体を「大きく聞く」アプローチと，重要情報に狙いを定めて「小さく聞く」アプローチの両面を鍛えることが，講義問題突破の鍵だと心得てくださいね！

Speaking Section
スピーキング・セクション

Lesson 1	スピーキング・セクションの全体像	146
Lesson 2	独立型タスク	152
Lesson 3	複合型タスク・タイプ1	164
Lesson 4	複合型タスク・タイプ2	186

Lesson 1 スピーキング・セクションの全体像

1 独立型タスクと複合型タスク（6つのタスク）

　初めに，スピーキング・セクションの全体像についてお話しします。スピーキングと言うと，ネイティブの試験官と1対1で英会話をすることをイメージするかもしれませんが，そうではありません。ヘッドホンに装備されているマイクに向かって1人で英語を話し，それが録音されて後日採点される仕組みです。テスト中はいつでもメモを取ってかまいません。

　このセクションの試験時間は合計約20分で，その間に全部で6つのタスク（設問）に取り組みます。つまり，6回英語を話すのだと理解してください。タスクの種類は大きく分けると**独立型タスク**（タスク1と2：スピーキングのみ）と**複合型タスク**（タスク3〜6：スピーキングの他にリーディングやリスニングを含む）の2種類です。下の表にそれぞれのタスクの出題形式をまとめてみます。

型	タスク	内容	①リーディング	②リスニング	③準備	④スピーキング
独立型	1	身近な話題	—	—	15秒	45秒
独立型	2	2つの選択肢	—	—	15秒	45秒
複合型（タイプ1）	3	会話	75〜100語を45〜50秒ほどで読む	150〜180語を60〜80秒で聞く	30秒	60秒
複合型（タイプ1）	4	講義	75〜100語を45〜50秒ほどで読む	150〜220語を60〜90秒で聞く	30秒	60秒
複合型（タイプ2）	5	会話	—	180〜220語を60〜90秒で聞く	20秒	60秒
複合型（タイプ2）	6	講義	—	230〜280語を90〜120秒で聞く	20秒	60秒

※それぞれのタスクを①〜④の順序で行います。

2　採点と素点

　6つのタスクそれぞれで皆さんが解答したものを，後日採点官が評価をします。採点官は1つ1つの解答に対して，上から4，3，2，1，0という5段階の素点で評価をします。その平均点を算出して，30点満点のスコアへと換算するのです。素点平均の最終スコアへの換算表は大体次のようなものです。あくまでも目安としてとらえてください。

素点平均	最終スコア
4.0	30
3.0	23
2.0	15
1.0	8
0	7以下

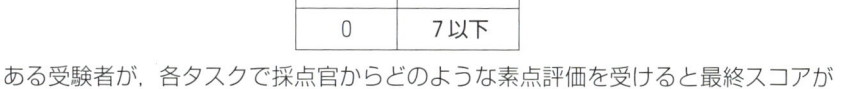

　ある受験者が，各タスクで採点官からどのような素点評価を受けると最終スコアが何点になるか，という例が次の表です。

受験者	タスク1	タスク2	タスク3	タスク4	タスク5	タスク6	素点平均	最終スコア
Aさん	3	3	2	2	2	2	2.33	18
Bさん	3	3	3	3	2	2	2.66	20

3　出題パターン

　それでは，6つのタスクのそれぞれで，一体どんな設問が出るのでしょうか？　また，それに対してどのように解答すればよいのでしょうか？　以下に簡単にまとめてみます。

タスク1

　身近な話題について話します。自分がなじみのある人・場所・出来事・もの・活動などについて描写することが求められます。たとえば，「自分にもっとも大きな影響を与えた人物は誰ですか？」という設問に対して，「父です」というように答えるものです。しかし必ず「なぜそう思うのか」，または，「父親が自分にどのような大きな影響を与えたのか」を，具体的な事例やエピソードなどを用いてわかりやすく語ります。

タスク2

　質問では2つの選択肢が与えられますので，そのどちらかを選んで話します。2つの対立する立場・行動・意見・考え方が示されますので，そのどちらに賛成するか，または，どちらを好むかを，その理由と共に答えます。たとえば，「映画は映画館で観るのを好みますか，それとも自宅でDVDなどで観るのを好みますか？」という設問に対して，「映画館の方を好みます」というように答えます。もちろん，その場合の利点や理由もできるだけわかりやすく詳しく述べます。

タスク3

　キャンパス・ライフに関する短い文章を読んで，次にそれに関する2人の会話を聞きます。その会話の一方の話者の意見とその理由をまとめて述べます。多くの場合，初めに読む英文は，キャンパスや大学内の規則や方針の変更を告知するか提案するものです。その後の会話では，男女の学生がそれについての是非を語ります。どちらか一方の話者がより強い主張を持って会話の中でより重要な役割を果たしますので，その話者の意見と理由をまとめて語ることが求められます。

タスク4

　アカデミックな題材の短い文章を読み，次にそれに関する講義を聞き，その両方の内容を関連付けてまとめて話します。多くの場合，初めに読む英文は，学問的な抽象概念を説明したり，学術用語を定義したりするものです。その後の講義では，教授がその概念や用語を，具体例を引き合いに出してわかりやすく説明します。これらの情報の関連性を語ることが求められます。

タスク5

　キャンパス・ライフに関する2人の会話を聞いて，その内容について自分の意見を含めて語ります。会話は男女2人の間のもので，そのどちらか一方が問題を抱えています。会話が流れるにしたがって2つの解決策が示されます。これらの内容と，自分ならどちらの解決策の方がより良いと思うかと，その理由をまとめて語ることが求められます。

タスク6

　アカデミックな題材の講義の一部を聞き，その内容について話します。講義では，教授が学術的な用語・概念・現象などを定義したり，説明したりします。また，それをよりわかりやすくするために，具体的な事例も2つ述べます。これらの重要なポイントをまとめて語ることが求められます。

上記の出題パターンをざっと知り，いかがですか？　トピックという観点では，身近な物事，キャンパス・ライフ，学問というように，結構幅広い分野にまたがっていますね。解答に求められるスキルはと言えば，独立型タスクでは，物事を描写できたり，自分の意見をわかりやすくはっきり述べたりできることです。複合型タスクでは，リーディングやリスニングの重要ポイントを理解した上で，それらを関連づけたり，まとめて話したり，または，自分の意見も織り交ぜて話すことなどが求められます。すべてのタスクにおいて，具体例や理由を用いて，ある程度論理的にわかりやすく英語で話ができることが求められます。実はこれらは，正規留学が始まると日常的に必要となるスキルばかりなのです。この点で，TOEFL のスピーキング・セクションは本当によくできた試験だと言えます。

4　評価基準

(1)　話し方

　ネイティブ・スピーカーのように完璧な英語を話す必要は，まったくありません。そもそも TOEFL は世界各国のノン・ネイティブ（英語を母語としない者）を対象とした試験です。当然ながら，受験者には実にさまざまな「なまり」がありますし，また，採点官もその「なまり」に慣れています。しかし，言っている内容がはっきりと伝わらなければなりません。自分が伝えたいメッセージがしっかりと通じる（communicable）ように話すことが大切です。要するに，**試験官にとって「聞き取りやすいか否か」という全体的な印象で評価される**のです。

① 発音

　具体的には，まず，**基本的に発音が正しくなければ通じません**。一般に，日本人の英語学習者には，l と r を区別して発音できなかったり（もしくは，頭では知っているけれど，発話中には，つい，それをしなかったり），th の音を s や z の音に置き換えて発音してしまう人が，いまだに多々見受けられます。また，f と v の発音や，母音（日本語の母音よりも種類が多い）のそれぞれを正しく発音できない人もたくさんいます。TOEFL は，英語母語圏でネイティブたちに混じって一緒に勉強していくだけの実践的な英語力があるかどうかを測る試験です。よって，**ネイティブに確実に通じる発音力**がなければなりません。英語の音をすべてカタカナに置き換えて覚えていたり発音したりしているようでは，いつまでたっても，通じる発音力は身につきませんし，また，TOEFL でも高得点は取れません。
　この際ですから，発音記号をまだ習得していない人はマスターしてしまうことをお勧めします。書店には，「英語の発音が身につく本」のようなタイトルを掲げ

た，CD付きの英語発音矯正本が何種類も売られています。発音記号のそれぞれとその音の出し方が，口の開け方や唇の形を写した写真，舌の位置を示すイラスト，その音自体とそれを含む単語の発音（ネイティブが吹き込んだ音声をCD化したもの）などと共に，わかりやすく説明しているものがあります。自分に合った1冊を購入して，集中して勉強すれば，比較的短期間で発音記号と正しい発音の基礎の両方が習得できます。当てはまる人はぜひこの機会に学習しておきましょう！

② **イントネーション，ストレス，リズム**

　ネイティブたちに言わせると，一般に日本人の多くが話す英語は，一本調子で平坦に聞こえる(monotonous)のでわかりづらいそうです。要するに，抑揚(intonation)が少なく，強弱(stress)のメリハリも少なく，全体的にリズム(rhythm)が乏しいので，言っていることが伝わりづらいのです。日本語と英語では，これらの音声特徴が非常に異なりますので，**英語らしい発声の仕方を練習する必要があります。**

　ここではこれらについて詳しく語ることができませんが，一例として，ストレス（強勢）を例にとってお話しします。たとえば，日本語では声の「高低」（ピッチ・アクセント）が特に大事な役割を果たします。箸（はし）と橋（はし）や，雨（あめ）と飴（アメ）では，標準語ではこのように声の「高い」位置が異なりますよね。これに対して英語では，声の「高低」よりもむしろ「強弱」（ストレス・アクセント）がより大切です。たとえば，informationという単語は，informátionというように，「á」の部分を一番**強く**（「高く」ではありません）発音します。声の「強弱」を表すと，全体として，「●●●●」（●が大きいほど強く少し長めに発音する）のようになり，カタカナで表せば「インフォメェーイション」のように聞こえます。

　本書にはCDが付いていますが，その中に，ネイティブ・スピーカーたちがスピーキングの模範解答やリスニング・スクリプトを吹き込んだ音声が入っています。この音声を何度も真似て発話し，より自然な英語の音声を習得してください。

③ **流暢さと自信の表れ**

　決して速く話す必要はありません。自分に合った速さで，しかし，そのペースを一定に保って，最後まで話し続けます。途中で長いポーズを何度も入れないようにします。次に何を話そうかと考えて長いポーズを頻繁に入れてしまうと，必ずスコア・ダウンにつながってしまいます。

　また，小さな声で曖昧（あいまい）に話さず，ある程度大きな声で明瞭に話します。**自信を持っていきいきと話すように心がけましょう。**

(2) 言語の使い方

　文法や語法の基本的なミスを繰り返さないように気をつけましょう。たとえば，数えられる名詞には，表す意味によって，〈不定冠詞の a/an〉か〈複数の s〉，文脈によっては〈定冠詞の the〉などが付きますが，これらがまったくないという間違いが何度も繰り返されるのは考えものです。また，〈三単現の s〉も繰り返し落としがちです。She say she often take trip to America. ではなく，She say**s** she often take**s *a*** trip to America. としなければなりません。

　また，日本語と違い**英語は，繰り返し同じ表現を使うことを嫌います**。よって，同じ単語ばかりを繰り返したり同じ構文ばかりを使って話したりすると，スコア・アップは望めません。逆に言うと，使える語彙・表現・構文にある程度の幅（多様さ）が求められるのです。しかし，あまり背伸びをしすぎてもいけません。前に述べたものと同じ内容を表現する際には，簡単でよいので，自信を持って使える他の単語や他の構文で言い換えるようにしましょう。

(3) 内容と論理展開

　まず，解答の内容が的確であるかが問われます。つまり，設問で問われていることと関係のないことをだらだらと話してはいけません。**設問で問われていることに対して真正面から直接的に解答し，必要な情報をすべて盛り込んで，答え切ることが大切です。**

　また，解答がある程度論理的な流れになっていて，話の展開の仕方がわかりやすいかどうかも問われます。主張ポイントを述べたら，それを裏付ける理由や具体的な事例を詳しく語り，一貫性を保ちながら，話を掘り下げます。論理マーカー（p.29〜35；別冊 p.51〜52 を参照）を上手に駆使し，情報と情報のつながりや話の移り変わりなどを明確にしながら語りましょう。

Lesson 2 独立型タスク

ここからは，独立型タスクに絞ったお話をします。

1 独立型タスクの概要

前述のように，タスク1と2がこの型に当てはまります。リーディングやリスニングを含まないスピーキングのみのタスクで，設問に対して自分の意見を述べます。どのような（または二者択一の場合は，設問にある2つの立場でどちらの）答えが内容的に正しいとか間違っている，ということはありません。また，さまざまに出題される設問は，話題という観点では一見すると多岐にわたるように思えますが，実はほとんどが次の分野のどれかに当てはまるものです。

- 仕事・職場
- 学習・学校生活
- 住む場所・訪れる場所
- 大衆文化（映画・音楽・テレビ・スポーツなど）
- 生活・ライフスタイル
- 旅行・観光
- 行事・身近な経験や行動

いかがですか？　結構身近な話題ですよね？　実はこれらは，**ライティングの独立型タスクで出題される話題とかなり似たものでもあります**(p.210を参照)。したがって，**ライティングの独立型タスクでさまざまな話題についてエッセイを書いて練習することは，これすなわち，スピーキングの独立型タスクのための非常に良い準備にもなる**，というわけです。自分が過去に書いたことがある英文は（ましてや，それを音読練習していれば），口をついて出てきやすいものです。また，あるトピックに対して内容的にどんなことを盛り込めばよいのかがあらかじめわかっていると，解答するのがとても楽になりますよね。このように，**ライティングとスピーキングはどちらも英語をアウトプットするものですから，両方の学習は大いに相乗効果があると断言できます**！　どうでしょう，ますますやる気が湧いてきましたか？

2　演習問題1：まずはとにかく話してみよう！

　それでは，自分には現在どれだけの実力があるのかを確認してみましょう。本試験とまったく同じ形式の設問に解答することによって，出題内容がどれくらい難しいものか，自分には今どれくらいの力があるのか，また，今後どういう点に力を入れて学習すべきか，などが見えてきます。ここでは**タスク1**にチャレンジします！

　まずは準備をします。次のものを用意してください。

- メモ用紙と筆記具
- 本書に添付されたCDとCDプレーヤー

準備は整いましたか？　この演習問題は，次の①〜③の手順で取り組みます。

※以下はすべてCDトラック5を流し続けて，指示文を聞き，かつ，それをタイマー代わりにして進めてください。

① 設問文を読む

　　次のページの枠内に示す設問文を読みます。音声でも同じものが流れます。この間，メモを取ってもかまいません。

② 15秒で準備

　　"Start preparing your response after the beep."（ビーという音の後で解答の準備を始めてください）という指示に続いてビーという音が鳴ります。その後15秒間の空白がありますので，この間にどういう解答をするのかを考えます。この間，メモを取ってもかまいませんが，原稿を書く時間はまったくありませんので注意してください。

③ 45秒で解答

　　15秒間の空白の準備時間が終わると，"Please begin your response after the beep."（ビーという音の後で解答を始めなさい）という指示に続いてビーという音が鳴ります。その後45秒間の空白がありますので，この間に解答をしてください。この間にメモを見てもかまいません。45秒経過したら再度ビーという音が鳴りますので，その時点で解答をやめてください。音声をここで停止してください。

それでは，実際に演習問題を開始します！　CD トラック 5 を流してください。

設問文

Many people spend part of their free time doing volunteer activities. If you could do one volunteer activity, which activity would you choose? Give specific reasons or examples to support your choice.

多くの人々は自分の自由時間の一部を，ボランティア活動を行うのに費やします。もし1つのボランティア活動を行えるとしたら，あなたはどの活動を選びますか？　あなたの選択を裏付ける具体的な理由か例を述べてください。

Preparation Time: 15 seconds
準備時間：15 秒
Response Time: 45 seconds
解答時間：45 秒

　いかがでしたか？　まずは設問に対しての自分なりの答え，つまり「どんなボランティア活動をしたいのか」という考えが浮かんできましたか？　こんなことはふだんから考えたことがないからアイデアが浮かばなかった，という人も多いかもしれませんね。また，45秒間，長いポーズを入れたり沈黙したりすることなしに最後まで英語を話し続けることができましたか？　実際に話してみると「意外と45秒って長い！まだ時間が残ってるの？」と思ったかもしれませんね。このように戸惑った人も多いと思いますが，これからお話しする攻略法をしっかりと理解して，練習を積んでいけば，「意外と話せるかも！」と感じるようになります。一緒にがんばっていきましょう！

3　ステップバイステップ攻略法

　ここからは，わかりやすいように，ステップごとに攻略法を説明していきます。手法を身につけるために，私と一緒に解答用の原稿を作成することを体験してもらいますので，コンピューターなど入力できるものを準備してください。

次の順番（ステップ）で攻略法を学び，作業をしていきます。

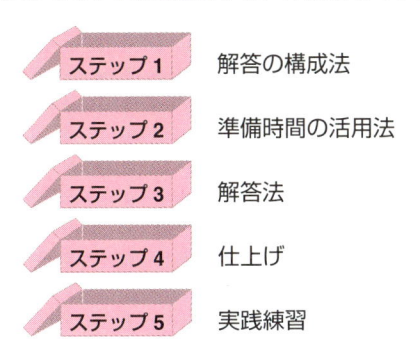

- **ステップ1** 解答の構成法
- **ステップ2** 準備時間の活用法
- **ステップ3** 解答法
- **ステップ4** 仕上げ
- **ステップ5** 実践練習

まずは私のマネをすることによって，実践を通して習得してください。

ステップ1　解答の構成法

まずは，自分の解答をわかりやすく構成する必要があります。構成の仕方としては，次のようにすることをお勧めします。

① 答え
② 理由1
③ 例または詳細1
④ 理由2
⑤ 例または詳細2

　まず，①では自分が思いついた答えを端的に述べます。今回の問題の場合では，「どんなボランティア活動をするのか」を端的に述べます。次に，②でその活動を選んだ理由を簡単に述べます。次の③では，②の理由を裏付ける例か，それをより具体的に語る詳細情報を述べます。次に，④では，前述の答えを選んだもう1つの理由を簡単に述べます。最後のパーツである⑤では，④の理由を裏付ける例か，それをより具体的に語る詳細情報のどちらかを述べます。「理由+例または詳細」を1セットとして，それが2つある構成です。2セットも語るわけは，その方が「話をある程度掘り下げている」という印象を与えることができ，かつ，内容的に説得力が高まるからです。

また，1セットだけでは時間が余ってしまう可能性が高く，危険です。45秒間の解答時間は最後にビープが鳴るまで目いっぱい話し続けてください。ビープが鳴る前に話を完結させる必要はありません。むしろ，話の途中で制限時間となり，**「時間さえ許せば，まだまだ話し続ける力があるんだ」**という印象を残すようにするのがコツです。

ステップ2　準備時間の活用法

準備時間はわずか15秒しかありませんが，この短い時間を賢く使いましょう。この間にすばやく，(1)**答え**1つと，**理由と例**を2組考え，(2)簡単なメモを取ります。

(1) 答えと理由と例を考える

わずか45秒の解答時間とは言え，実際に話してみて実感したと思いますが，それだけのあいだ英語で話し続けることは結構大変です。まず初めに，時間いっぱい話し続けられるだけの**アイデア**が，いくつか出てこなければなりません。そして，次にそれらを伝えるための**英語表現を知っていて，文法的にも正しい構文**を用いて話さねばなりません。ましてや，**論理的にわかりやすく**，かつ，**一貫性を保った話し方**をするとなると，しっかりとした戦略が必要になりますよね。「時間が余ってしまったので，同じことを繰り返し話して沈黙を埋めてしまった」という事態は避けなければなりません。それではスコア・アップは望めないからです。

したがって，まず，解答の内容を考える上でもっとも大事なことは，**45秒間，今ある自分の英語力だけで話し続けられる答えを選ぶこと**です。決してやってはならないことは，採点官の印象を良くしようとして，可能な限り「理想的な答え」を選択しようとすることです。答えの良し悪しで評価されるわけではありませんので，そんなことで時間を浪費してはいけません。また，必ずしも本心を語る必要もありません。採点官には，あなたが嘘を語っているのかどうかはわかりません。むしろ，本心を語ろうとしたら「話し始めてみたら複雑な内容なので，かえって英語が出てこなくて失敗した」という結果になることもよくあります。たとえば，今回の設問に対して，自分の本心から湧き出る答えが「地震の被災地でのボランティア活動」だとします。これはこれでとても崇高で立派な答えです。しかし，考えてみてください。この答えに続けて，45秒間英語でできるだけ詳しく，かつ，わかりやすく，しかも，よどみなく話し続けることができるでしょうか？　「被災地」「救援物資」「炊き出し」「がれきの撤去」などは英語ですんなりと表現できたり，説明できたりしますか？　現実にはかなり難しいですよね。よって，**時間との勝負であるこの試験の賢い対策法としては，たとえ本心ではなくとも，自分が英語で話しやすい答えで話し続けることです。**また，解答には「自分の答えを裏付ける理由」と「具体例

か詳細」を1セットとして，それを2組盛り込まねばなりません。このような**アイデアが容易に思い浮かび，英語でより話しやすい答えを選ぶことが，成功への鍵**となります。

　また，抽象的だったり漠然とした答えではなく，具体的で明確な答えを選ぶようにします。たとえば，今回の設問の場合，「社会福祉に役立つボランティア活動をしたい」と抽象的に答えるよりは，「お年寄りと一緒に過ごしたい」と答えた方が，ぐっと話しやすくなるし，聞き手にとってもわかりやすくなります。

　では，「お年寄りと一緒に過ごすこと」を答えに選ぶとします。次にそれを選んだ理由と例を2セット，素早く考えます。考える時間が限られているので，すぐに頭に浮かんでくる簡単なもので構いません。自分がよく知っていることや，自ら経験した事柄は語りやすいものです。また，どうしても2セット思いつかなければ，2セット目は創作でもかまいません。

(2) メモを作成する

　では，浮かんできたアイデアを簡単なメモにします。解答時間にはこのメモを見ながら話すことになります。自分にさえわかればよいので，極力端的でよいのですが，なぐり書きではなくきちんと自分で読めるメモにしてください。

A	elderly
R1	many old live alone — sad ・home visit
R2	interest. to talk ・great grandma

A＝Answer(答え)，R1＝Reason 1(理由と具体例1)，
R2＝Reason 2(理由と具体例2)

　ここではあえてわかりやすくするために，メモを枠組みに入れて，さらに単語も詳しめに書いてあります。実際の受験時にここまできれいで詳しいメモを取る時間は，残念ながらありません。**略字や記号などを駆使して，また，枠組みも含めて省略できるものは可能な限り省略してください。**

　上記のメモの内容は次のようなものです。まず，**答え(A)**は「お年寄り(*elderly*)の手助けをするボランティア活動」にしました。**理由**と**具体例**の1つ目(**R1**)では，「日本には一人暮らしのお年寄りが多く(**many old live alone**)，孤独でかわいそう(**sad**)」なので，「家庭訪問(**home visit**)」をして話し相手になることを語ることに

157

します。そして，**理由**と**具体例**の２つ目(**R2**)では，「お年寄りとお話しすることはおもしろい(**interest. to talk**)」ことと，自分の「ひいおばあちゃん(**great-grandma**)」から聞いたお話が興味深かったことを具体例として挙げることにします。

なお，**具体例**は無理にすべてをメモする必要はありません。メモはあくまでも記憶や話の流れを助けるものにすぎません。頭の中にアイデアがしっかり入っていれば，メモは完璧にする必要がなく，内容の一部だけを書いたものでも対処できます。

ステップ３　解答法

さて，簡単でよいのでメモができたら，次は実際の解答です。メモの流れに沿って英語で話していくわけですが，いったいどんな英語表現で話せばよいのでしょうか？１から独力で英語の構文を作って話していくことはとても大変です。そこで，タスク１の解答に使い回しが利くテンプレートを用いながら，話していくことにします。このテンプレートは，タスク１のさまざまな設問にも利用できるので，非常に便利です。**以下に示す英文で太字になっているところがテンプレート**です。ぜひ暗記して何度も口頭練習をしておき，本番で口からすらすら出てくるようにしておいてください。

⑴　**答え**

解答の冒頭では，設問に対しての答えを端的に述べます。設問文は，If you could do one volunteer activity, which activity would you choose?(もし１つのボランティア活動を行えるとしたら，あなたはどの活動を選びますか？)というものでしたね。この設問文中の英語表現で使えるものはそのまま使った方が楽です。以下に示すいくつかの例文とこの設問文を見比べてみてください。設問文の中にある表現をそのまま使用している部分が多々あります。

答えの文としては以下のようなもののうち，どれかにすればよいでしょう。

・ **If I could do one** volunteer activity, **I would** spend time with the elderly.
(もし１つのボランティア活動を行えるとしたら，私はお年寄りと一緒に時間を過ごすことでしょう。)
・ **One** volunteer activity **I would do** is to spend time with the elderly.
(私が行ってもよい１つのボランティア活動は，お年寄りと一緒に時間を過ごすことです。)
・ Spending time with the elderly **is the** volunteer activity **I would do**.
(お年寄りと一緒に時間を過ごすことが，私が行ってもよいボランティア活動です。)

- **There are many** volunteer activities **I could do, but I would say that I would** spend time with the elderly.
（私が行えるボランティア活動はたくさんありますが，あえて言うなら，お年寄りと一緒に時間を過ごそうと思います。）

ここでは1番目の **If I could do one**... の文を採用することにします。この文をコンピューターなどに入力してください。

(2) 理由1

では次に**理由1**の文を作成します。全部で2つある理由のうちの最初ですから，**First, …** などの表現で始めます。いくつかの例を挙げてみます。

- **First of all,** there are a lot of old people who live alone in Japan. I think it's very sad.
（初めに，日本には一人暮らしのお年寄りがたくさんいます。それはとても気の毒なことだと思います。）
- **First and foremost,** there are a lot of old people who live alone in Japan. I think it's very sad.
（何よりもまず，日本には一人暮らしのお年寄りがたくさんいます。それはとても気の毒なことだと思います。）
- **For one thing,** there are a lot of old people who live alone in Japan. I think it's very sad.
（1つには，日本には一人暮らしのお年寄りがたくさんいます。それはとても気の毒なことだと思います。）
- **My first reason is that** there are a lot of old people who live alone in Japan. I think it's very sad.
（私が挙げる最初の理由は，日本には一人暮らしのお年寄りがたくさんいる，ということです。それはとても気の毒なことだと思います。）
- **One reason is that** there are a lot of old people who live alone in Japan. I think it's very sad.
（1つの理由は，日本には一人暮らしのお年寄りがたくさんいる，ということです。それはとても気の毒なことだと思います。）

ここでは1番目の **First of all,** … の文を採用します。これを，先ほど入力した答えの下に入力してください。

(3) **詳細1**

理由を述べた後には，その理由を裏付ける具体例を挙げたり，理由を説明するための詳細情報を加えたりします。ここでは詳細情報を述べることにします。「独居老人がどんな状況にあり」，そして「自分には何ができるのか」を語ります。たとえば，次のように述べるとよいでしょう。

Many of them are still energetic, but they don't have many people to talk to. There are some organizations in my town that do home visits, and I'd like to join one of them after I graduate.
（彼らの多くは今でも元気なのですが，話し相手は多くはいません。私の町には（老人宅の）家庭訪問を行ういくつかの組織があるので，卒業したら私はそれらの１つに加わりたいと思います。）

それでは，これらの文を**理由1**の後に続けて入力してください。

(4) **理由2**

次に**理由2**の文を作りましょう。２つ目の理由なので，**In addition**，などの「追加」を表す論理マーカーで始めます。

- **Secondly,** I think it would be interesting to talk to old people.
  （第２に，お年寄りとお話しするのは面白いだろうと思います。）
- **In addition,** I think it would be interesting to talk to old people.
  （さらには，お年寄りとお話しするのは面白いだろうと思います。）
- **Also,** I think it would be interesting to talk to old people.
  （また，お年寄りとお話しするのは面白いだろうと思います。）
- **My second reason is that** I think it would be interesting to talk to old people.
  （私の２つ目の理由は，お年寄りとお話しするのは面白いだろうと思っていることです。）
- **Another reason is that** I think it would be interesting to talk to old people.
  （もう１つの理由は，お年寄りとお話しするのは面白いだろうと思っていることです。）

ここでは一番簡単な３番目の文 **Also,** ... を入力してください。

(5) 例2

　　理由2を裏付ける具体的な事例を思いつくことができるならば，それをなるべく詳しく話しましょう。そのような実体験がない場合は，創作することになります。ここでは，自分がひいおばあちゃんと実際にお話をした過去の経験を語ることにします。たとえば，次のようになります。

> Elderly people have had a lot of experiences. For example, while she was alive, my great-grandmother told me a lot about what Japan was like long ago. When she was a girl, there were no phones, cars or trains in her town, so her family had to walk two hours to the nearest big town if they wanted to shop or hear any news.
> (お年寄りはたくさんの経験をしてきました。たとえば，私のひいおばあちゃんが生きている間，彼女は私に，日本が昔どうだったのかについて多くのことを話してくれました。彼女が少女だった頃，彼女の町には電話も車も電車もなかったので，もし彼女の家族が買い物をしたかったり，ニュースを聞きたかったりしたら，最寄りの大きな町まで2時間歩かなければならなかったということです。)

　　まず，「お年寄りは経験豊富である」という一般論を述べます。そして，**For example**，という，これから具体例を話すことを示す論理マーカーを挟んで，この後，自分のひいおばあちゃんの話になります。昔の日本がどんなだったのか，彼女から聞いた話で覚えていることの細部を語ります。このように語っていくと，描写がいきいきとしていき，とてもわかりやすい解答になりますね。また，量も豊富になるので，時間いっぱい語ることができますよね。

　　では，これらの文を**理由2**の後に続けて入力してください。

ステップ4　仕上げ

完成した原稿は以下の通りになっているはずです。これと一言一句同じになっているかを，丁寧に確認してください。

タスク1：モデル解答の原稿

> ①If I could do one volunteer activity, I would spend time with the elderly.
>
> ②First of all, there are a lot of old people who live alone in Japan. ③I think it's very sad. ④Many of them are still energetic, but they don't have many people to talk to. ⑤There are some organizations in my town that do home visits, and I'd like to join one of them after I graduate.
>
> ⑥Also, I think it would be interesting to talk to old people. ⑦Elderly people have had a lot of experiences. ⑧For example, while she was alive, my great-grandmother told me a lot about what Japan was like long ago. ⑨When she was a girl, there were no phones, cars or trains in her town, so her family had to walk two hours to the nearest big town if they wanted to shop or hear any news.

（*この全訳と語注は別冊 p.30 に掲載されています。）

　実はこのモデル解答には，ある程度以上のスコアを獲得するために，ちょっとした工夫がなされています。まず，①では the elderly となっていたものが，②では old people と言い換えられています。⑥と⑦でも隣り合う箇所で，old people と Elderly people というように，同じ内容であっても意図的に異なる表現を使用しています。また，これらの表現を they や them という代名詞を用いて，あちこちで言い換えてあります。このように**単語や表現を言い換えると，スコアの向上につながります**。

　それでは，この原稿を声に出して何度も音読練習してください。その際には，CDトラック6を流して，ネイティブの発音やリズム，イントネーションなどをできるだけ真似するようにしましょう。これを何度も繰り返せば，だんだん自然な英語の音声が身についていきます！

ステップ5　実践練習

　それでは，タスク1の訓練の締めくくりを行います。最後に，同じ設問に，今度は独力で挑戦してみてください。

　演習問題1を行った時と同じもの(メモ用紙など)を準備します。また，手順もまったく同じです。ただし，今度は**答え**を必ずしも「お年寄りと一緒に過ごすこと」にしなくとも構いません。自分でやってみたい他のボランティア活動を選んで話しても結構です。

　では，始めます。CDトラック5を流してください。

設問文

Many people spend part of their free time doing volunteer activities. If you could do one volunteer activity, which activity would you choose? Give specific reasons or examples to support your choice.

多くの人々は自分の自由時間の一部を，ボランティア活動を行うのに費やします。もし1つのボランティア活動を行えるとしたら，あなたはどの活動を選びますか？　あなたの選択を裏付ける具体的な理由か例を述べてください。

Preparation Time: 15 seconds
準備時間：15秒
Response Time: 45 seconds
解答時間：45秒

　いかがでしたか？　最初に演習問題に取り組んだ時よりはだいぶ話せるようになりましたか？　このような練習を繰り返せば，タスク1にも対処できるようになることがわかったと思います。しっかりと攻略法を復習し，練習を重ねてください。

Lesson 3 　複合型タスク・タイプ1

1　複合型タスク・タイプ1の概要

　複合型タスクには大きく分けて2つのタイプがあります。(1)リーディングとリスニングの後にスピーキングをするもの(「タイプ1」と呼ぶことにします)と，(2)リーディングがなくリスニングだけの後でスピーキングをするもの(「タイプ2」と呼ぶことにします)です。このレッスンではタイプ1だけに絞ったお話をします。

　タイプ1にはタスク3と4の両方が含まれます。前述したように(詳しくはp.146～148を参照)，タスク3はキャンパス・ライフ，タスク4はアカデミックな内容に関するリーディングとリスニングです。本講義では一例として**タスク4**に挑戦します。設問に対して，ステップごとに一緒に取り組んでいきましょう！

2　演習問題2：まずはとにかく話してみよう！

　それでは，2つ目の演習問題をやってみましょう。まずは準備をします。次のものを用意してください。

- ●メモ用紙と筆記具
- ●本書に添付されたCDとCDプレーヤー

準備は整いましたか？　この演習問題は次の①～④の手順で取り組みます。

※以下はすべてCDトラック7を流し続けて，指示文を聞き，空白時間にリーディングやスピーキングを行います。音声をタイマー代わりにして進めてください。

① リーディング

　　CDトラック7を流すと，英文パッセージを読むように指示が流れて，ビーという音が鳴ります。この後50秒間の空白がありますので，次のページの枠内の英文を読みます。この間メモを取ってもかまいません。50秒経ったら再度ビーという音が鳴りますから，たとえ途中であってもパッセージを読むのをやめてください。本試験では，この制限時間が終わったらパッセージはコンピューター画面から消えてしまって二度と現れません。よって，このようにきちんと時間を守って練習をしておくことが大切です。

② リスニング

次に音声で「講義の一部を聞いてください」というような内容の指示が英語で流れます。そのすぐ後で講義を聞きます。この間にメモをとってもかまいません。

③ スピーキング（30秒で準備）

次に音声で，リーディングとリスニングの内容を統合してまとめて話すように指示が流れます。"Start preparing your response after the beep." という指示がありビーという音が鳴ったら30秒の空白がありますので，この間に解答の準備をします。この間にメモをとってもかまいません。

④ スピーキング（60秒で解答）

30秒の準備時間が終わると，"Please begin your response after the beep." という指示に続いてビーという音が鳴ります。その後60秒間の空白がありますので，この間に解答をしてください。この間にメモを見てもかまいません。60秒経過したら再度ビーという音が鳴りますので，その時点で解答をやめてください。音声をここで停止してください。

では，準備はよろしいですか？ 演習問題2を開始します。CDトラック7を流して，問題に取りかかってください。

① リーディング

Read the passage from a sociology textbook.

Members of societies and organizations make transitions from one level to another, and these groups have developed ceremonies and rituals to mark the changes in status of their members. Sociologists refer to these as rites of passage. Rites of passage are not only formalities, however. Those who participate are intended to feel a clear separation from their previous role within the group and a deep attachment to their new status. In other words, rites of passage are not only ceremonies; they are designed to create a psychological effect that prepares the participant to take on the duties required in a completely different role within the society or organization.

(* この全訳と語注は別冊 p.31 に掲載されています。)

② リスニング

③＋④ スピーキング

> **設問文**
>
> Using the examples of the vision quest and the white coat ceremony, explain the concept of "a rite of passage."
>
> ビジョン・クエストと白衣授与式の例を用いて，「通過儀礼」という概念を説明しなさい。
>
> **Preparation Time: 30 seconds**
> 準備時間：**30 秒**
> **Response Time: 60 seconds**
> 解答時間：**60 秒**

　いかがでしたか？　まずは，50秒で英文パッセージをすべて読めましたか？　次に講義の内容は聞き取れましたか？　そして30秒の準備時間の後で，それらの内容を60秒間でうまくまとめて話すことができましたか？　このタスクは，リーディングとリスニングの作業も含まれていて，それもアカデミックな内容なので，決してやさしくはなかったはずです。それでは，この後，一緒にステップごとに攻略していきましょう！

3 ステップバイステップ攻略法

独立型タスクのタスク1の時と同じように，ここからはステップごとに攻略法を説明していきます。コンピューターなど入力できるものとメモ用紙を準備してください。次の順番(ステップ)で攻略法を習得し，作業をしていきます。

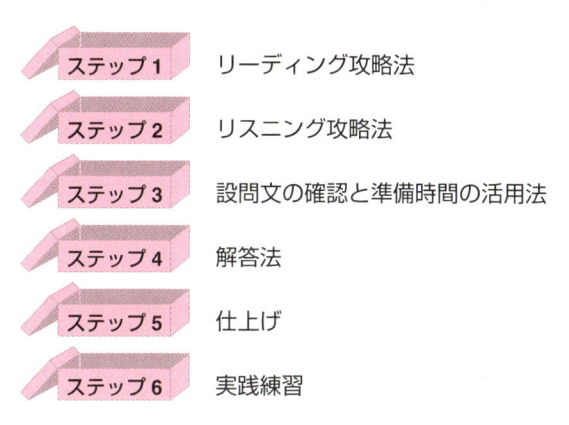

- **ステップ1** リーディング攻略法
- **ステップ2** リスニング攻略法
- **ステップ3** 設問文の確認と準備時間の活用法
- **ステップ4** 解答法
- **ステップ5** 仕上げ
- **ステップ6** 実践練習

では，始めます！

ステップ1　リーディング攻略法

演習問題2を解いている間，英文パッセージを読んでみて，何が言いたいことなのか，何が重要ポイントかがわかりましたか？　実はタスク4では，リーディングとリスニングで筆者や話者が言いたい大切なポイントが何かを把握して，その例証をしっかり理解しているかどうかも試されているのです。よって，攻略法として，まずはリーディング・パッセージの読み方とメモの取り方を中心にお話しします。

(1) メモフレーム

まずはメモ取りの準備をします。タスク4では，リーディングとリスニングをしている間にいかに効率のよいメモが取れるかによって，結果の良し悪しが大きく左右されます。そこでメモ用紙に次のようなメモフレームを書いてください。

T		Ex1	
MT		P	
P1		Ex2	
P2		P	

　このメモフレームの記入項目について説明します。まず，左半分がリーディング用，右半分がリスニング用です。左欄の上から順にそれぞれ，**T**＝Title(タイトル)，**MT**＝Main Topic(主題)，**P1**＝Point 1(ポイント1)，**P2**＝Point 2(ポイント2)を表します。では次に右欄です。上から順に，**Ex1**＝Example 1(例1)，**P**＝Points(そのポイント)，**Ex2**＝Example 2(例2)，**P**＝Points(そのポイント)を表します。リーディング・パッセージとリスニング(講義)ともそれぞれに，これらすべての情報が含まれている場合もあれば，初めからどれかが抜けている場合もありますので，後者の場合は抜けている項目の書き込み欄は空けておくことになります。

(2) リーディング・パッセージの読み方

では，次にリーディング・パッセージの読み方についてお話しします。
なお，スクリプトには次のような表示がなされています。

赤字部分：キーワード
下線部　：重要情報
□　　　：特に大事な論理マーカー

Read the passage from a sociology textbook.

①Members of societies and organizations make transitions from one level to another, and these groups have developed ceremonies and rituals to mark the changes in status of their members. ②Sociologists refer to these as rites of passage. ③Rites of passage are not only formalities, however. ④Those who participate are intended to feel a clear separation from their previous role within the group and a deep attachment to their new status. ⑤In other words, rites of passage are not only ceremonies; they are designed to create a psychological effect that prepares the participant to take on the duties required in a completely different role within the society or organization.

(＊この全訳と語注は別冊 p.31に掲載されています。)

まずは第1行目にa sociology textbookとあるので「社会学」の教科書からの抜粋であることがわかります。もちろん、このことも大きなヒントとなります。タスク4に出てくるリーディング・パッセージは、通常、このように一般教養科目の教科書からの一節です。しかも、学問的なある抽象概念や考え方を説明したり、学術用語を定義したりする場合がほとんどです。**この指示文を見ただけでも、この英文は社会学のある概念を説明するのか、用語を定義するものだろう、と想像できます。**なお、どの分野にせよ、高度に専門的な内容ではなく、大学生向けにわかりやすく説明してある内容なので、事前に知識を備えておく必要はまったくありません。

さて、今回のパッセージにはたまたまタイトルがありません。タイトルがついている場合には、すぐにパッセージ全体で言わんとしていることが大体わかります。また、本文で語られる主題(Main Topic)は通常、タイトルを言い換えたものです。

では、パッセージの本文を読んでいきますが、ふつう、繰り返し出てくる語句がキーワードですよね。この場合は赤字にしたrites of passage(通過儀礼)です。しかし、たとえこの言葉の日本語訳がわからなくとも大丈夫です。TOEFLでは日本語に訳す必要はないですし、難しい用語は必ずパッセージ内で定義づけられて意味がわかるようにしてあるからです。この場合は、①の最初の下線部 make transitions(次の段階へと移行する)がヒントとなり、2つ目の下線部 ceremonies and rituals to mark the changes in status of their members(社会や組織の構成員の立場が変化したことを記念する儀式やしきたり)が rites of passage の意味することだとわかります。

また、論理マーカーや大事な意味を表す表現に注目しながら、論理展開をしっかりと把握します。　　で囲んだものが今回特に重要な論理マーカーなどです。まず、②の **refer to A as B** は **call A B** とほとんど同じ意味で「**A**を**B**と呼ぶ」ですね。よって、ここまで読んだだけでも、**Bが学術用語であり、このパッセージ全体のテーマであることをわかってください。**

また、⑤の冒頭に **In other words** という「言い換え」を表す論理マーカーがあるので、その前後は同じことを言い換えたものであることがわかります。よって、これらの一方に書かれてある内容がよく理解できなくとも、他方がわかればどうにかなる、と安心してください。この場合は前後どちらも rites of passage の説明です。そして、この前後それぞれで、not only A but also B「単に**A**だけでなく**B**も」の変形が出てきていますね。「変形」と言ったのは、前の方では but also の代わりにhowever がその役目を果たしており、後の方では「;(セミコロン)」がその役目を果たしているからです。どちらにせよ、この表現では、**Aはさほど大事ではない情報で、Bがより大事な情報(筆者が本当に言いたいこと)**ですよね。まず、④までで、rites of passage が単に formalities(形式的なこと)でなく、a clear separation(明確な分離)を実感するものである、と説明しています。そして、⑤ではそれを言い換えて、単に ceremonies(儀式)だけでなく、a psychological effect(心理的効果)をもたら

169

すものでもある，と述べています。最低でも，これらの言い換えのどちらかの内容を把握しておけば大丈夫です。

(3) リーディング・パッセージのメモ取り

では，上記のリーディング・パッセージで下線が引かれたこれらの重要情報の中でも特に大事なものを，メモフレームの左欄に簡単にメモをします。たとえば，次のように書くとよいでしょう。

T		Ex1	
MT	rites of passage	P	
P1	△ formali ○ clear separate	Ex2	
P2	△ ceremo ○ psycho effect	P	

本試験では丁寧なメモを書いている暇はありません。メモは自分にだけわかればよいので，略語や記号などを駆使して自分なりに簡略化の工夫をしてください。

まず，今回のリーディング・パッセージにはタイトルがないので，「T」の欄は空けておきます。何度も出てきた rites of passage が主題ですから，「MT」の欄にはそれを書きます。パッセージの3文目以降が「通過儀礼の説明」であり，In other words の前までを1つ目のポイント，それ以降を2つ目のポイントととらえます。それぞれの内容を，「P1」と「P2」の欄にメモします。前者は，「通過儀礼が単に formalities ではなく，clear separation でもある」という内容を表すメモです。後者は，「通過儀礼が単に ceremonies ではなく，psychological effect をもたらすものである」という内容を表しています。

さて，いざ解答する段になると，リスニングのメモの方がより重要になってきます。では，なぜリーディングのメモも取らねばならないのでしょうか？ 実は，**このようにリーディングのメモもある程度しっかり取ることによって，一度しか聞けない講義の理解を助けることができるからなのです。**つまり，講義でたとえ内容を多少聞き逃したとしても，リーディングのメモが大きなヒントとなって，リスニングの内容を想像できたり，話すべき内容が浮かんできやすくなったりするのです。また，リーディングの内容をしっかり理解してメモを取っておけば，次のリスニングで出てくる例がより想像しやすくなります。具体的にどんな例が出てくるのかまではわからずとも，今回の場合だと，少なくとも，「通過儀礼の例として，形式的な

ことも行うものの，人生の画期となるような儀式（つまり，形だけの儀式ではなく，ちゃんと中身も伴う儀式）の具体例が述べられるのではないか」というところまでは想像できます。このような意味で，リーディング・パッセージのメモ取りは大切な役目を果たすのです。

ステップ2　リスニング攻略法

では次にリスニングの攻略法です。日本人の英語学習者にはリスニングを大の苦手とする人がたくさんいます。ましては，このタスクのように，アカデミックな内容の講義を，それも一度しか聞けない，となると難しさはさらに増してきます。そこで，きちんとした対策が必要になるのです。

(1) 講義の内容

まず，リスニングの一般的な講義内容について知っておいてください。先述したように，**このタスクで聞く講義内容は，リーディング・パッセージで説明されていた抽象概念や考え方などを，その具体的な証拠となる実例を用いてわかりやすく説明するもの**，と相場がほぼ決まっています。それも通常は**実例が2つ**，それぞれほぼ同じ割合で講義の中で語られ，ほとんどの場合，1つ目は講義の前半で，2つ目は後半で語られます。（まれに実例が1つという場合もありますが，この件については後で触れることにします。）

(2) リスニング攻略ポイント

タスク4で流れる講義は，どのような内容のものであっても，構造的に一定のパターンがあります。ということは，前もって対策を講じ易いということになります。以下に，**タスク4の講義を聞く際の大事な攻略ポイント**をまとめます。

① 冒頭から集中する！

しばしば，教授が何の前置きや事前の説明もせずに，いきなり実例を語り始める場合があります。実は今回の講義もこのパターンでしたね。ですから，**冒頭からしっかり集中して聞き，同時にメモも取り始めなければなりません。**「最初はきっと導入部だろうから楽に構えていよう」と思っていたら裏切られることがありますので，気をつけましょう！

② 論理マーカーや切り替わりの表現に注目！

　大きく捉えると，1つ目の例を語る冒頭部分では，「ここから1つ目の例を語りますよ」というような表現が用いられます。また，2つ目の例を語り始める際にも同様に何らかの表現や論理マーカーによって，話題が切り替わったことをわかりやすく述べます。よって，このような**論理マーカーや切り替わりの表現に注目して聞いてください**。

③ 繰り返しや言い換え部分に注目！

　教授は，大切な情報を学生にしっかりと伝えたい時，その情報を繰り返したり，言い換えたりします。よって，そのような部分は必ずメモを取るようにしましょう。

④ 強調表現や声のトーンの変化に注意！

　教授は大事なことを語るとき，しばしば強調的な表現を用います。たとえば，This is interesting [important].（これは興味深い [重要な] ことです）や Can you guess what happened?（何が起こったのか想像できますか？）などの表現の後に，自問自答で重要な発見や事柄を語ることがよくあります。また，講義の途中で声のトーンが強くなることもあります。つまり，**トーンの違いだけで大切なポイントが判別できる場合もあるのです**。このような部分も必要に応じてメモを取ってください。

⑤ まとめに注目！

　大切な事柄は最後にまとめてもう一度述べる，ということもよくあります。In summary（要約すると），To make a long story short（かいつまんで話せば），In a nutshell（要するに），(Taken) as a whole（総括して），All in all（概して）などの語句が聞こえたら，その直後は要約です。しっかりと聞き取ってください。

⑥ リーディング・パッセージとのつながりに注目！

　解答で求められるのは，単に講義だけをまとめることではありません。求められるのは，リーディング・パッセージの主題やポイントと，**講義で語られる具体例とが，どのように関連しているのかを把握した上で，それぞれの例をまとめて話す**ことです。今回の演習問題の講義はこのような関連性がわかりやすいものになっていますが，問題によっては必ずしもそうではありません。よって，そのような関連性を見極めるように聞いてください。

⑦ 例が1つの場合に注意！

　まれに例が1つしか語られない講義もあります。しかしその場合であっても，例で語られる情報は，ふつう2つのセクションに分けることが可能です。必ず2つの詳細情報を聞き取って，大切な部分をメモしてください。

　タスク4の講義を聞く際には，これらの攻略ポイントをしっかり念頭に置きながら，聞きましょう！

(3) **もう一度講義を聞いてみる**

　それでは，上記のリスニング攻略ポイントに注意しながら，もう一度講義を聞いてみましょう。今回は2回目ですから，その点でもだいぶ聞きやすくなるはずです。講義中には，必ずメモフレームの右欄（リスニング欄）を見ながら，実例2つのそれぞれと，その具体的な説明ポイントを聞き取るようにしてください。ただし，今回はメモは取らずに，リスニングだけに集中してください。それでは，CDトラック23を流して聞いてください。

(4) 講義内容の確認

では今度は，講義の音声内容をスクリプト（文字）で確認していきます。
なお，スクリプトには，以下のような表示がされています。

赤字部分：キーワード
下線部　：重要情報
☐　　　：特に大事な論理マーカー

Narrator: Now listen to part of a lecture on the same topic in a sociology class.

Professor:
①One example is the vision quest performed by many North American Indian tribes since ancient times. ②When a boy becomes a teenager, he is taken to a very hot room, where he stays for several days to prepare for his vision quest. ③When the leader of the ritual decides the boy is ready, he's told where to go for his quest. ④This usually involves walking far into the wild, away from all other people, where the boy spends several days without food or sleep. ⑤During that time, he is supposed to find a dream or vision that will guide him for the rest of his life. ⑥Afterwards, he returns to his people. ⑦In their eyes, he is a completely different person: no longer a boy, but now a man.

①But not all rites of passage started long ago. ②Organizations are still making new ones. ③For example, in the last 50 years, many medical schools have introduced "the White Coat Ceremony." ④Of course, white coats are what doctors wear when seeing patients and doing research. ⑤The giving of these coats is now a ceremony. ⑥It's performed after students have finished their basic science courses, so it's a celebration of all the hard work they've done. ⑦But it also clearly divides their time as students from their future as clinical workers. ⑧After the white coat ceremony, medical students are supposed to think of themselves as health care professionals, ready to meet patients and obey the strict ethics of the medical profession.

（＊この全訳と語注は別冊 p.32〜33 に掲載されています。）

　まず，この講義は前置きがないパターンですね。冒頭でいきなり One example is …で始まっていることからそれがわかります。もうここからしっかり集中して聞くべきところです。この表現が含まれる①で，「北米インディアンの多くの部族によっ

て古代から行われているビジョン・クエスト(という儀式)」が1例目であることがわかります。第1段落で「vision quest」という言葉が2度繰り返されますので，1度聞きのがしても大丈夫です。また，どうしても単語のスペルがわからなければ，カタカナでもよいので書いておきましょう。後で設問文を見たら，これが何のことか，また，どんなスペルかがわかる場合もあります。②以降では，ビジョン・クエストという儀式がどのように行われるのかについて，詳細が語られています。この詳細については，5W1H(「いつ(When)，どこで(Where)，だれが(Who)，なにを(What)，なぜ(Why)，どのように(How)」)の観点で，これらのすべてではなくともできるかぎり多くの情報を覚えておくか，メモに書き取ります。この場合は本文中の下記のような情報から，自分なりに必要なものを簡略化してメモを取ることになります。

When：When ... becomes a teenager
Where：a hot room (to prepare); far into the wild, away from other people
Who：boys in many North American Indian tribes
What & How：several days in a hot room (to prepare); several days in the wild without food or sleep
Why：to find a dream or vision that will guide him for the rest of his life

---

スクリプトの第1段落最後の⑦では，「ビジョン・クエストを終えた少年が，今や，成人男性として部族に受け入れられる」ということが述べられています。この文にあるコロン(「：」)は，「つまり，すなわち(「＝」)」という意味で用いられていますね。「完全に別の人格(a completely different person)」＝「もはや少年ではなく，今や成人男性(no longer a boy, but now a man)」ということですね。この文全体の内容は，リーディング・パッセージのポイントの1つである，「通過儀礼は，明確な分離(a clear separation)を記念するものである」という点を証明しています。

次に第2段落を見てみましょう。「第2段落」と言いましたが，音声を聞いている間は，どこからが新しい段落かを目で確認できないので，聞いている表現や論理マーカーで判断しなければなりませんね。「お！ ここから2つ目の具体例を話し始めたぞ」と判断する材料は，話を切り替える表現だったり，そのような論理関係を表す論理マーカーだったりします。ここでは，1つ目の例が「古代から」行われている通過儀礼だったのに相対して，2つ目の例は「現代」行われている通過儀礼のことだと，〈対比〉がわかりやすいように話を導入していますね。①で，But not all rites of passage started long ago. とあります。まず，**But** は〈切り返し〉の意味の論

理マーカーですから，〈対比〉を表すのではないかと察しがつきます。次に，not all rites of passage started long ago ですが，not all で「すべてが～とは限らない」という〈部分否定〉を表しますよね。「すべての通過儀礼が**昔始まったものだとは限らない**」という意味ですから，ここから「昔始まったものではない通過儀礼」=「現代の通過儀礼」に話が切り替わり，2つ目の例に移行したことが，音声だけを聞いていてもわかります。この①でピンとこなかった人もあきらめないでください。②で Organizations are still making new ones.（さまざまな組織が今でも新しい通過儀礼を創り出している）と言い換えてくれていますから，ここで現代の例なのだと理解できます。

その後で，**For example** という例を述べる**論理マーカー**がありますから，ここから2つ目の具体例の詳細が語られることがわかります。ここからは「白衣授与式」の例ですね。第2段落で，the white coat ceremony という言葉が2度出てきますから，これがキーワードだとわかります。この儀式の詳細については，1例目の場合と同じように5W1Hの観点で捉えるだけの情報を拾っておきましょう。下記のような情報を取捨選択してメモに残すか，覚えておくことになります。

When：in the last 50 years; after students have finished their basic science courses
Where：medical schools
Who：medical students
What：the white coat ceremony
Why：・celebration of all the hard work;
　　　・also clearly divides their time as students from their future as clinical workers;
　　　・(get) ready to meet patients and obey the strict ethics of the medical profession
How：give white coats = ceremony

スクリプトの第2段落の⑥と⑦では，白衣授与式が単なる「基本課程を終えたという祝典（celebration）」だけでなく，「学生時代と，医療従事者としての未来との間の線引きをする（it ... clearly divides their time as students from their future as clinical workers）」ものでもあることが述べられています。次の⑧はそれをよりわかりやすく言い換えたものです。このあたりは，リーディング・パッセージの2つのポイント，つまり，「通過儀礼は，明確な分離（a clear separation）を記念するものである」と「心理的効果をもたらすものでもある」という点を証明していますね。

(5) リスニングのメモ取り

では，上記の第1段落と第2段落それぞれの5W1Hの情報の中でも特に大事なものを，メモフレームの右欄に簡単にメモをします。おおむね，次のように書くと良いでしょう。

T		Ex1	vision quest
MT	rites of passage	P	teen boy / North Ame Ind. wild — away fr others ・several days ・no sleep & eat → × boy ○ man
P1	△ formali ○ clear separate	Ex2	white coat cere
P2	△ ceremo ○ psycho effect	P	med schools ・after basic courses ・give white coat → ○ pro. & obey ethics

重要な情報を端的にまとめたメモになっています。実際の本試験では時間が限られていますので，ここまで詳しいメモは取れないかもしれません。略字や記号などを用いて情報の簡略化方法を各自で工夫してみてください。

ステップ3　設問文の確認と準備時間の活用法

講義が終わったら，設問文が流れて，解答の準備時間が始まります。わずか30秒という短い準備時間ではありますが，これをいかに効率よく利用するかが，成功の鍵を握ります。まずは，準備時間の前に流れる設問文から確認します。

(1) 設問文の確認

設問文の英文は，講義が終わった後に画面に出てきて，同時に音声でも流れ，それ以降も表示は消えずに残ります。そのため，準備時間中や解答時間中にも，設問で問われていることを目で何度も確認することができます。設問文では，解答で具体的に何を話すことが求められているのかを，しっかりと把握しましょう。

設問文は次のようなものでしたね。

> Using the examples of the vision quest and the white coat ceremony, explain the concept of "a rite of passage."
>
> ビジョン・クエストと白衣授与式の例を用いて、「通過儀礼」という概念を説明してください。

　ここで注目すべき点があります。この設問文にはまず第1に、リーディング・パッセージの主題(Main Topic)、つまり、"a rite of passage" がはっきりと書き出してあるではありませんか！　そして、第2に、講義で語られた実例2つの名称(the vision quest と the white coat ceremony)までも書いてありますよね！　「なぁ〜んだ！」と思った人も多いでしょう。そうなのです。多くの場合(絶対ではありません)、タスク4の設問文に関しては、解答に役立つヒントがこれだけ盛り込まれているのです。したがって、仮に、リーディング・パッセージで主題がはっきりと理解できなくとも、また、たとえ講義で語られた実例2つがよく聞き取れなくとも、設問を見れば、何のことだったのかがわかることもあるのです。講義の後に設問文を見て初めて、「な〜んだ、あの説明って、このことだったのか」と合点がいく場合も多々あるでしょう。これはとても助かりますよね！

(2) 話す内容を整理する

　準備時間は30秒しかありません。その間にできることはごく限られています。まず、60秒の解答時間で自分が話すべき内容を確認します。メモが完成しきっていない場合がしばしばありますから、その時はこの準備時間の一部を、記憶をたよりにメモを補強することに充てます。そして、解答時間内で目いっぱい話せる内容があるかどうかを考えます。講義で語られた情報の一部の理解が曖昧な場合、より一般的なことを話すことになります。たとえば、この講義で、vision quest では the boy spends several days without food or sleep (in the wild) ということでしたが、それが聞き取れなかったとします。そうであっても、大体「苦しい修行っぽいことをする」ことがわかれば、the boy goes through some hardships in the wild のように解答できれば、当たらずとも遠からずの解答になります。このようなことを考えていたら、あっという間に30秒の準備時間は終わってしまいます。

　ちなみに、解答でどの順番でどの情報を語るべきかに関しては、この間に心配する必要はまったくありません。上記のようなメモフレームにメモを記入していったならば、ほぼその順番で簡単に解答を組み立てることができるからです。次のステップでこのことを詳述します。

ステップ4　解答法

準備時間が終わるといよいよ解答時間となります。ここまで作成したメモがあれば，準備は万全です。あとは，ある程度メモの流れに沿って解答していくだけです。このステップでは，初めに解答の構成の仕方を確認して，その後で段階的に解答の原稿を作成していきます。

(1) 解答の構成法

初めに，解答の構成方法を考えてみます。もう一度，ここまで取ったメモを眺めてみましょう。

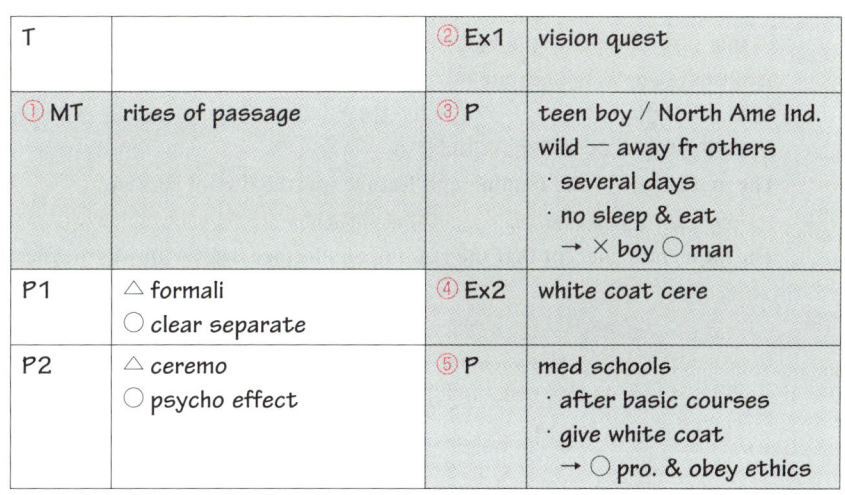

T		② Ex1	vision quest
① MT	rites of passage	③ P	teen boy / North Ame Ind. wild — away fr others ・several days ・no sleep & eat 　→ × boy ○ man
P1	△ formali ○ clear separate	④ Ex2	white coat cere
P2	△ ceremo ○ psycho effect	⑤ P	med schools ・after basic courses ・give white coat 　→ ○ pro. & obey ethics

上記のメモの網掛けになっている部分を，①～⑤の順序で話していけば，解答が仕上がりますよね。よって，解答の構成は基本的に次のようにします。

主題①
第1例②
そのポイント③
第2例④
そのポイント⑤

このタスクでも，他のタスクの場合と同じように，なるべく制限時間いっぱい話し続けるようにしてください。終わりの合図であるビープが鳴る前に話を完結させる必要は，必ずしもありません。

では次に段階的に解答の原稿を作成していきます。1から独力で英語の構文を作って話していくことは非常に大変ですから，テンプレートが使える部分はそれを利用します。ここから示していく文の太字部分はテンプレートです。タスク4ならば，別の問題でも，ほぼ必ずそのまま使い回しが利く便利なものですから，暗記と口慣らしをして使えるようにしておいてください。それでは，コンピューターなど，入力できるものを準備してください。

⑵ 主題

まず，解答の冒頭では，**主題**を端的に述べます。**主題**の文としては，以下のようなもののうち，どれかにすればよいでしょう。

- **In this task, the professor and the reading discussed** the rites of passage. **He used two examples to illustrate this**.
  （このタスクでは，教授とリーディングは通過儀礼について述べています。教授はそれを説明するのに2つの例を用いています。）
- **The main topic of the reading and lecture was** the rites of passage.
  （リーディングと講義の主たるトピックは通過儀礼です。）
- **The important concept that the reading and lecture dealt with was** the rites of passage.
  （リーディングと講義が扱った重要な概念は通過儀礼です。）

ここでは1番目の **In this task, ... を採用**することにします。この文をコンピューターなどに入力してください。

⑶ 第1例

次に**第1例**の文を作成します。全部で2つある例のうちの最初のものですから，以下のような表現にします。

- **The first example the professor gave was** the vision quest.
  （教授が述べた最初の例はビジョン・クエストでした。）
- **The first example the professor talked about was** the vision quest.
  （教授が語った最初の例はビジョン・クエストでした。）
- **First of all, the professor mentioned the example of** the vision quest.
  （最初に，教授はビジョン・クエストの例を挙げました。）

ここでは2番目の文を採用します。これを入力してください。

(4) 第1例のポイント

第1例の文に続けて，その具体的なポイントを書いていきます。メモを頼りにしますが，それはあくまでもベースとして自分の記憶をたどり，vision quest がどういう儀式なのかをなるべく詳しく述べるようにします。その際は，5W1H の情報を中心に思い出してまとめます。たとえば，次のようにします。

> Teenage boys in some Native American tribes go to a wild place away from the rest of the tribe for several days. During that time, they stay alone and don't sleep or eat. They are supposed to focus on their vision. When they come back to the tribe, they are considered to be men instead of boys, and they use the vision they had to guide their actions from then on.
> （一部のアメリカ先住民部族の10代の少年たちは，数日間部族の他の人たちから離れた原野に行きます。その間，彼らは1人でいて，眠ったり食事をしたりはしません。彼らは幻覚を見ることに集中することになっているのです。部族に戻ってくると，彼らは少年ではなく男性であるとみなされ，彼らが見た幻覚をその後の自分の行動に指針を与えるために用います。）

この英文には，実はいくつかの工夫があります。リスニングで取ったメモは，講義が流れると同時に語られるままの言葉を簡略化したものです。そのままの言葉を使って解答しても問題はありませんが，**できれば何か所かを言い換えて違う言葉を使ってみると，採点官の印象も良くなりがちです。**よって，メモにあった「**North Ame Ind.**」は North American Indian のことなのですが，同じ意味を表す Native American にあえて変えてあります。また，メモの「**away fr others**」は away from others または away from all other people のことですが，あえて away from the rest of the tribe というふうに表現を変えてあります。

それでは，これらの文を**第1例の文の後に続けて入力してください。**

(5) 第2例

次に**第2例**の文を作りましょう。2つ目の例なので次のような表現にします。

- **Next, the professor talked about** the white coat ceremony.
（次に，教授は白衣授与式について語りました。）
- **The professor's next example was** the white coat ceremony.
（教授の次の例は白衣授与式でした。）

- **Another example the professor mentioned was** the white coat ceremony.
  (教授が挙げたもう1つの例は白衣授与式でした。)
- **In addition, the professor mentioned another example, which was** the white coat ceremony.
  (さらには，教授はもう1つの例を挙げましたが，それは白衣授与式でした。)

ここでは<u>2番目の文を採用</u>します。これを入力してください。

(6) 第2例のポイント

第2例の文の後に，その具体的なポイントを述べていきます。**第1例のポイントを英文に書き起こした時と同じように，メモをベースとしながらも，5W1Hを中心に記憶を呼び起こしながらできるだけ詳しく書きましょう。**たとえば，次のようにまとめるとよいでしょう。

Many medical schools have a ceremony for students who finish their basic courses in which they are given a white coat. After that, they start doing higher-level work like seeing patients and doing research. The ceremony helps the students to understand that they are now medical professionals and have to follow the rules that doctors observe.
(多くの医学校には，白衣が授与される，基礎課程を修了した学生のための儀式があります。その後，彼らは患者を診たり研究をしたりなど，より高度な仕事をし始めます。この儀式は，自分たちが今や医療専門家であり，医師が順守する規則を守らねばならないということを学生が理解する上で役に立つのです。)

メモには，第2例のP(ポイント)欄の2行目に「***after basic courses***」とありますが，ここでは(who) finish their basic coursesと言い換えてあります。また，メモの最後にある「***obey ethics***」は，講義の obey the (strict) ethics (of the medical profession)にあたるのですが，あえて表現を変えて，follow the rules (that doctors observe)として工夫しています。

では，これらの文を，第2例の文に続けて入力してください。

ステップ5　仕上げ

　最後に仕上げをします。入力されて完成した原稿は以下のとおりになっているはずです。丁寧に確認して，間違いがあった場合は修正してください。

タスク4：モデル解答の原稿

In this task, the professor and the reading discussed the rites of passage. He used two examples to illustrate this.

The first example the professor talked about was the vision quest. Teenage boys in some Native American tribes go to a wild place away from the rest of the tribe for several days. During that time, they stay alone and don't sleep or eat. They are supposed to focus on their vision. When they come back to the tribe, they are considered to be men instead of boys, and they use the vision they had to guide their actions from then on.

The professor's next example was the white coat ceremony. Many medical schools have a ceremony for students who finish their basic courses in which they are given a white coat. After that, they start doing higher-level work like seeing patients and doing research. The ceremony helps the students to understand that they are now medical professionals and have to follow the rules that doctors observe.

(＊この全訳と語注は別冊 p.34 に掲載されています。)

　このような解答ができれば理想的ですよね。もちろん，実際の自分の解答では100パーセントこの通りでなくとも結構です。「これに近いような解答ができればよいな」と思いながら，自分でも使えそうな表現や構文は，部分的にでもよいのでぜひ覚えて自分のものにしておきましょう。そのためには音読練習は必須です。この原稿を何度も音読し，すらすら言えるようにしてください。その際には，CD トラック8を流して，ネイティブの発音，リズム，イントネーションを真似してください。これを何度も繰り返せば，ネイティブらしい自然な英語の音声が身につきます！

| ステップ6 | 実践練習 |

　では最後に，タスク4の締めの練習を行います。この設問に対する解答力がどのくらい身についたのかを確認します。同じ設問に，今度は独力で挑戦してもらいます。これまで学んだ攻略法とステップを思い出しながら取り組んでください。モデル解答を暗記してしまった人はそのまま話しても構いません。努力と練習を重ねた成果ですから，それも立派な実力です。（ただし本試験では，丸暗記した解答は減点対象となりますから，注意してください。）

　演習問題2を行った時と同じもの（メモ用紙やCDプレーヤーなど）を用意してください。また，手順（p.164〜165を参照）もまったく同じです。では，始めます。CDトラック7を流してください。

① リーディング

Read the passage from a sociology textbook.

Members of societies and organizations make transitions from one level to another, and these groups have developed ceremonies and rituals to mark the changes in status of their members. Sociologists refer to these as rites of passage. Rites of passage are not only formalities, however. Those who participate are intended to feel a clear separation from their previous role within the group and a deep attachment to their new status. In other words, rites of passage are not only ceremonies; they are designed to create a psychological effect that prepares the participant to take on the duties required in a completely different role within the society or organization.

② リスニング

③+④ スピーキング

> 設問文
>
> Using the examples of the vision quest and the white coat ceremony, explain the concept of "a rite of passage."
>
> | Preparation Time: 30 seconds |
> | Response Time: 60 seconds |

　いかがでしたか？　最初に演習問題2をやってみた時よりは完成度の高い解答ができましたか？　このレッスンで学んだ攻略法をマスターし，何度も練習を繰り返せば，「タスク4も何とかなるかも！」と自信がついてくるはずです。がんばってください！

Lesson 4 複合型タスク・タイプ2

1 複合型タスク・タイプ2の概要

　複合型タスクのタイプ2は，リーディングがなくリスニングだけの後でスピーキングをするものです。このレッスンではタイプ2だけに絞ったお話をします。
　タイプ2にはタスク5と6の両方があります。前述したように（詳しくはp.146〜148を参照），タスク5はキャンパス・ライフ，タスク6はアカデミックな内容に関するリスニングです。本講義では一例として**タスク5**に挑戦します。

2 演習問題3：まずはとにかく話してみよう！

　それでは3つ目の演習問題をやってみましょう。まずは準備をします。次のものを用意してください。

- メモ用紙と筆記具
- 本書に添付されたCDとCDプレーヤー

準備は整いましたか？　この演習問題は次の①〜③の手順で取り組みます。

※以下はすべてCDトラック9を流し続けて，指示文を聞き，空白時間にリスニングやスピーキングを行います。音声をタイマー代わりにして進めてください。

① リスニング
　　まず音声で「会話を聞いてください」というような内容の指示が英語で流れます。そのすぐ後で男女2人の会話を聞きます。この間にメモをとってもかまいません。

② スピーキング（20秒で準備）
　　次に，リスニングの内容と自分の意見をまとめて話すように，音声で指示が流れます。"Start preparing your response after the beep." という指示がありビーという音が鳴ったら20秒の空白がありますので，この間に解答の準備をします。この間にメモをとってもかまいません。

③ **スピーキング（60秒で解答）**

　20秒の準備時間が終わると，"Please begin your response after the beep."
という指示に続いてビーという音が鳴ります。その後60秒間の空白がありますの
で，この間に解答をしてください。この間にメモを見てもかまいません。60秒経
過したら再度ビーという音が鳴りますので，その時点で解答をやめてください。
音声をここで停止してください。

　では，準備はよろしいですか？　演習問題 3 を開始します。CD トラック 9 を流し
て，問題に取りかかってください。

① **リスニング**

②+③ スピーキング

> **設問文**
>
> The speakers are discussing two possible solutions to the woman's problem. Briefly summarize the problem. Then state which of the solutions you recommend, and why you recommend it.
>
> 話者たちは，女性の問題に対する2つの可能な解決策について話し合っています。手短にその問題をまとめてください。それから，あなたはどちらの解決策を勧めるのかとなぜそれを勧めるのかを述べてください。
>
> | Preparation Time: 20 seconds |
> | 準備時間：**20** 秒 |
> | Response Time: 60 seconds |
> | 解答時間：**60** 秒 |

　いかがでしたか？　まずは，男女2人がナチュラルスピードで話す会話の内容を理解できましたか？　そしてわずか20秒の準備時間の後で，その内容と自分の意見を60秒間でうまくまとめて話すことができましたか？　このタスクでは，ネイティブの自然な速さの会話を理解した上で自分の意見を織り交ぜて話さねばならないので，決してやさしくはなかったと思います。それでは，この後，一緒にステップごとに攻略していきましょう！

3 ステップバイステップ攻略法

これまで他のタスクを攻略した時と同じように，ここからはステップごとに攻略法を説明していきます。コンピューターなど入力できるものとメモ用紙を準備してください。次のような順番(ステップ)で攻略法を習得し，作業をしていきます。

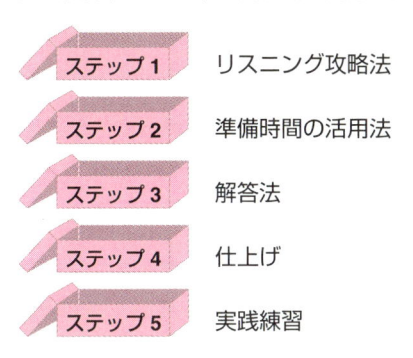

- **ステップ1** リスニング攻略法
- **ステップ2** 準備時間の活用法
- **ステップ3** 解答法
- **ステップ4** 仕上げ
- **ステップ5** 実践練習

では，始めましょう！

ステップ1　リスニング攻略法

まず，タスク5で求められていることを確認します。最初に聞く会話は男女2人の間のものです。学生同士か，あるいは，学生と教授との会話がふつうです。通常は，そのどちらか一方(学生と教授の場合は学生)がキャンパス・ライフに関する何らかの問題を抱えています。会話の初めの方でその問題が明かされます。会話が進むにつれて，それに対する解決策が2つ語られます。受験者は解答で，学生が抱えていた問題は何かを手短にまとめ，自分なら解決策のどちらを勧めるかとその理由を語ります。

このことからわかることは，会話を聞いている間にいかに効率のよいメモを取れるか否かが成功を大きく左右する，ということです。具体的には，男女2人のうちどちらが問題を抱えているのか，その問題とは何か，会話で語られる解決策2つとはそれぞれ何か，を瞬時に理解してメモを取る必要があります。

(1) **メモフレーム**

そこで，最初の大事な攻略法として，まずはメモ用紙に次のようなフレームと記号を書いてください。

P	M / W
S1	
S2	
C	
R1	
R2	

　このメモフレーム内の記号について説明します。左欄の上から順にそれぞれ，**P**＝Problem(問題点)，**S1**＝Solution 1(解決策1)，**S2**＝Solution 2(解決策2)，**C**＝Your Choice(自分の意見)，**R1**＝Reason 1(理由1)，**R2**＝Reason 2(理由2)を表します。

　会話が始まったら，右欄の上3段に会話の内容をメモすることになります。そして，会話の後の解答準備時間中に，下3段に受験者本人の意見をメモすることになります。右欄の1番上の段は，会話の登場人物の問題点をメモしますが，まず，男性か女性のどちらが問題を抱えているのかを，男性なら**M**に○を，女性なら**W**に○をして表すことになります。その右の空いた部分に問題点をメモしていきます。2段目と3段目は，会話を聞き進むにつれて明らかになる解決策を1つずつメモしていきます。

(2) リスニング攻略ポイント

　タスク5で聞く会話は，どのような内容であっても，構造的にある程度決まったパターンがあります。したがって，どうやって聞くべきか，どこに注意すべきか，などの対策が講じ易いのです。以下にタスク5の会話を聞く際の大事な攻略ポイントをまとめますので，しっかりと頭に入れてください。

① 会話の構造パターンに沿って聞き取る！

　このタスクの会話では，大体最初の20〜30秒以内に，男女のどちらが問題を抱えていて，その問題とは何かが語られます。場合によっては，その後でこの問題が言い換えられたりして，再度語られることもあります。そして，比較的わかりやすい表現(次ページの③を参照)と共に最初の解決策が語られます。その後，その解決策のメリットとデメリットが話し合われることもあります。次に，2つ目

の解決策が話されます。そのプラス面とマイナス面が話し合われる場合もあります。解決策がどちらの人物から提案されるかは決まっていません。会話の相手の方から解決策を提示してくる場合もあれば，問題を抱える本人自らが解決策を提示することもあります。どちらにせよ，**通常はこの順番（問題点→解決策１→解決策２）で語られますので，そのつもりで聞き取り，メモを取ってください。**

② 問題はどの分野におけるものか？

　一般に，会話は講義よりも話すスピードが速くなります。よって，具体的な問題点をしっかりとは聞き取れないということもあるかもしれません。しかしその場合であっても，**最低でも，キャンパス・ライフの中のどのような分野における問題なのかは把握する**ようにしてください。つまり，授業，勉強，寮生活，教授，友人など，どの分野に関わる悩みを抱えているのかを察知するのです。会話の最初の部分ではそれくらいの認識しかなくとも，その後で解決策が２つ語られそれらを理解するうちに，さかのぼって具体的な問題点が何だったのかが想像できる場合もあります。

　また，会話を最後まで聞いても問題点の詳細が把握できない場合もあるでしょう。その時は，解答では，問題点については漠然としたまとめ方（どの分野での悩みか）で解答し，その後の解決策と自分の意見やその理由などをより具体的にはっきり解答する，という手もあります。このような手立てでも，**肝心の自分の意見とその理由の部分さえしっかりしていれば，ある程度以上のスコアが取れます。**

③ 解決策を提示する際の表現に注意！

　会話の中で解決策が提示される際にはある程度決まった表現（サイン）が用いられます。そのような表現を聞いたら，その直後が解決策です！　問題を抱えている人に対して会話の相手側から提案される場合は，たとえば，次のような表現が用いられることがよくあります。

> Why don't you *do* ...?
> （…してはどうですか？）
> I think you should *do* ....
> （…すべきだと思います。）
> Have you thought about ...?
> （…は考えたことありますか？）
> If I were you, I would *do* ....
> （私があなたの立場だったら，…するでしょう。）
> Maybe you could *do* ....
> （たぶん，あなたは…することもできます。）

一方，問題を抱える本人自らが解決策を思いついたりした場合には，次のような表現を用いるでしょう。

> (Maybe) I should *do* ....
> ((たぶん)私は…すべきです。)
> (I guess) I could *do* ....
> (私は…することもできる(と思います)。)

これらの表現に注意して聞けば，解決策がぐっととらえやすくなります！

④ 動詞を聞き取る！
　解決策とは「○○するべき，○○した方がよい」などのように，「動詞」と共に表現される行動(上記の *do* にあたるもの)です。取るべき行動を表す動詞が聞き取れたら，必ずメモするようにしましょう！

⑤ 2つの解決策のうち，最低でも1つは聞き取る！
　実は最近の問題の傾向では，会話で述べられる2つの解決策の両方を，自分の解答に含める必要は必ずしもないのです。多くの場合，解答でまず男女どちらかが抱える問題を述べて，その後に解決策のどちらか一方だけを選んで，その理由と共に話せればよいのです。したがって，たとえ解決策の両方が聞き取れなかったとしても，慌てないでください。**解決策が1つしか聞き取れなかったら，それを選んだことにしてしまい解答を完成させることが可能なのです！**

⑥ メモは必要最低限にする！
　聞き取れたことすべてをメモする必要はありません。解答に必要なポイントだけを簡略化してメモを取ります。メモを書き過ぎると聞き逃してしまう情報が多くなりがちですので，注意しましょう。

(3) もう一度会話を聞いてみる

　それでは，上記のリスニング攻略ポイントをしっかり念頭に置きながら，もう一度会話を聞いてみましょう！　今度は2回目ですから，その点でもかなり聞きやすくなっているはずです。会話を聞く際には，メモフレームを見ながら，その上3段にあたる情報(問題，解決策1，解決策2)をできるだけすべて聞き取れるように，頑張ってみてください。ただし，今回はメモは取らずに，リスニングだけに集中してください。それでは，CDトラック24を流して聞いてください。

(4) 会話内容の確認

では今度は，会話の内容をスクリプトで確認していきます。そうすることで，文字なしの音声だけで聞き取った自分の理解が正しかったのかどうかを確認できます。また，どういう点に注意して聞けばよいのか，話の流れや聞きどころを，目で確認することができます。

なお，スクリプトには，以下のような表示がされています。

太字部分：「問題点」と「解決策」に関わる情報
赤字部分：「問題点」と「解決策」に関わる特に重要なもの
下線部　：「問題点」や「解決策」を語る際のサイン（兆候）
　□　　：特に大事な論理マーカー

※ M = man / W = woman

---

① M： Hey, Judy. **Wow! You have a lot of stuff there.**

② W： Yeah, **these are all the materials for my study group project. We have twenty members and there're over 100 pages for each member.**

③ M： **It looks heavy.**

④ W： **It is!** And I have to carry it all the way to the library for our meeting. It's in twenty minutes, and I don't think I can make it in time. It's really important too. We need to start on time.

⑤ M： Oh. I wish I could help you, but I have class in ten minutes, so …

⑥ W： No, no, I understand. I should have thought about this earlier.

⑦ M： **Why don't you call a cab? They would probably be here in time.**

⑧ W： **I thought about that,** but **it would cost me 20 dollars. They're** so **expensive!** And **I'm running low on money this week.**

⑨ M： They are expensive… But what else can you do?

⑩ W： **I could call one of the other group members and see if they are nearby. If one of them is around here, they could carry half of this, and we'd make it in time for sure.**

⑪ M： Do you have their numbers?

⑫ W： I have the numbers for three of them. They could already be waiting for me at the meeting, though!

⑬ M： Well, sorry again that I can't help. I hope it works out.

（* この全訳と語注は別冊 p.35 に掲載されています。）

TOEFL で聞く会話は，聞き間違いがないように，必ず男性と女性との間で繰り広げられます。同性間の会話はふつうありません。このタスクの会話で最初に聞き取るべきことは，男女のどちらがどんな問題を抱えているかです。この場合は，①で男性が，Wow! You have a lot of stuff there. と，目の前の女性がたくさんものを持っていることに対して驚いているので，女性の方が問題を抱えていることが，この段階で既にわかりますね。では，具体的にはどんな内容の問題なのでしょうか？①〜④のやりとりでわかることは，「女性がグループ研究課題用の非常に大量で重たい資料を運んでいて，20分後に図書館で行う予定のグループ・ミーティングには間に合いそうもない」ということです。これで問題点は把握できました。

　次は解決策を2つ把握します。まず，⑤から，男性には10分後に授業があるので，女性が資料を運ぶのを手伝えないことがわかります。そこで，⑦で，提案をする際の表現が出てきます。Why don't you call a cab? ですね。つまり，「タクシーを呼ぶ」が1つ目の解決策です。⑦のこの後から⑧で，タクシーを呼ぶことのメリットとデメリットが述べられています。つまり，「時間は正確だが，20ドルと高くつく（だろう）」という点ですね。

　次に⑨で男性が，But what else can you do?「でも，他に何ができる？（＝他にどんな策がある？）」と問いかけます。これは2つ目の解決策が出てくる前のサイン（兆候）です。それに答えて，女性自らがもう1つ可能な解決策を述べます。I could call one of the other group members and see if they are nearby. です。この I could は前述したとおり，問題を抱える本人自らが思いついたように解決策を述べる場合の表現です。この could は「（過去に）できた」という意味ではなく，「（今，やろうと思えば）できる」というように，〈言外に仮定の意味を含む〉ものです。また，ここの if は条件を表す「もし，仮に」という意味ではなく，whether と同じ「〜かどうか」という意味ですね。この後の文も読むと，「研究グループの誰かに電話をして資料を運ぶのを手伝ってもらう」ことが2つ目の可能な解決策だとわかります。これで，2つの解決策も理解できましたね。

(5) リスニングのメモ取り

　それでは，上記で把握できた大事なポイントをメモにとります。前掲のメモフレームの上の3段に，たとえば次のように書くとよいでしょう。

P	M /(W) materi. —too heavy to carry to meeting
S1	call a cab
S2	call one of membrs to help her carry
C	
R1	
R2	

　女性の方が問題を抱えていたので，まずは，1段目の W の方に〇をします。そして，続けて問題点の内容を簡単に書きます。**materi.** は materials の略です。1段目のメモ全体が表しているのは「女性には資料があまりにも重すぎて，それをミーティングに運んで行けない」ということです。2段目は1つ目の解決策である「タクシーを呼ぶこと」，3段目は2つ目の解決策の「グループの誰かに電話をして，運ぶのを手伝ってもらうこと」をメモしました。

　本番の試験では，会話を聞きながら同時に効率よくメモを取らなければなりません。これよりももっと簡略化しても構いませんが，この3つの情報はできるだけ漏らさず聞き取ってメモしましょう。

ステップ2　準備時間の活用法

　さて，会話を聞き終えると，設問文が流れて，次は準備時間です。準備時間はわずか20秒間ですが，この間に自分の意見をまとめます。2つの解決策のうち，自分ならどちらを勧めるのか，そして，その理由を2つ考えます。

　この際に，どちらの解決策を選んだら正しいのか間違っているのか，また，採点で有利になるのか不利になるのか，ということは一切ありません。どちらでもよいのです。また，自分の本心から勧めたい解決策を選ぶのではなく，自分が今持っている英語力で，ある程度の長さで話すことができる方の解決策を選ぶようにしてください。そのためには，**まずは，自分の意見を裏付ける2つの理由の方から考えてみましょう。**

瞬時に理由を2つ思いつくことができて，さらにそれらを英語で語ることができるかどうかを，まずは考えるのです。内容によっては，英語で語るには複雑すぎたり，言いたいことの英語表現がわからなかったりして，自分に既に備わっている英語力だけでは語れないものもあります。**より容易に語れそうな理由を2つ考えて，その解決策の方に賛成である，というふうに述べるのが得策です。**要するに，本心から思っていることを語るのではなく，英語で話しやすい方の意見を選んで解答するのです。要領よく取り組むことが必勝ポイントです！

　では，今回思いついた理由2つが，次のようなものだとします。

① 女性に20分という限られた時間しかなく，グループのメンバーに電話をしたところで，その短時間で手伝ってくれる人が見つかるとも限らない。
② グループには20人もメンバーがいるので，1人1ドルくらいはタクシー代として皆が負担してくれるだろう。

　これらを英語でなんとか語れるならば，「『タクシーを呼ぶ』という解決策1に賛成である」というスタンスにします。その際は，備忘録として，メモフレームの下3段に以下のようにメモするとよいでしょう。

P	M /Ⓦ materi. ―too heavy to carry to meeting
S1	call a cab
S2	call one of membrs to help her carry
C	cab
R1	only 20 min.
R2	other membrs ― will help her pay

　このようなメモができていれば，鬼に金棒です！　後は，このメモを見ながら情報を思い出し，この順番で解答していけばよいのです。

ステップ3　　解答法

　さて，次は実際の解答です。このタスクでは，解答をどんな構成にすべきか悩む必要はまったくありません。作成したメモの流れに沿って話していけばよいので，とても楽です。しかし，どんな英語表現で話せばよいのでしょうか？　ここでもテンプレートが使える部分はそれらを用いながら，話していくことにします。以下に示す英文で太字になっているところがテンプレートです。これらは，このタスクであれば，他の問題の解答でも使い回しが利く定型表現です。また，解答の骨格部分の出だしの表現ですから，これらを用いることによって，皆さんの解答が論理的にとても筋道立ったものに聞こえてきます。ぜひ暗記して何度も口頭練習をしておき，本番で口からすらすら出てくるようにしておいてください。

　それでは，コンピューターなど，入力できるものの準備はよいですか？　ステップごとに英文を作成して，解答の原稿を完成させていきます。

(1)　問題点

　解答の冒頭では，まず，**問題点**を1文で述べます。以下がその文例です。

- **The woman's problem is that** the materials for her meeting are so heavy that she will be late if she has to carry them by herself.
（女性の問題は，ミーティング用の資料があまりにも重いので，もし彼女1人でそれらを運ばなければならないなら，（ミーティングに）遅れてしまうだろう，ということです。）
- **The problem the woman has is that** the materials for her meeting are so heavy that she will be late if she has to carry them by herself.
（女性が抱える問題は，ミーティング用の資料があまりにも重いので，もし彼女1人でそれらを運ばなければならないなら，（ミーティングに）遅れてしまうだろう，ということです。）
- **The problem of the woman is that** the materials for her meeting are so heavy that she will be late if she has to carry them by herself.
（女性の問題は，ミーティング用の資料があまりにも重いので，もし彼女1人でそれらを運ばなければならないなら，（ミーティングに）遅れてしまうだろう，ということです。）

　まず，太字のテンプレート部分を見てください。今回の会話では女性の方が問題を抱えていたので the woman としています。もし本試験の会話で男性の方が問題を抱えていたなら，当然ながら，the man としてください。その後は，she ではなく he

で受けることになります。

　次に，テンプレート以外の部分を見てください。メモでは「**materi. — too heavy to carry to meeting**」となっていたところです。これをこのまま英文にすれば，Her materials are too heavy (for her) to carry to the meeting.(彼女の資料はあまりにも重いので，（彼女が）ミーティングへと運ぶことができない）となります。もちろん，この英文でも構いません。しかし上記では，それをより詳しく，かつ，わかり易くして「ミーティング用の資料があまりにも重いので，もし彼女1人でそれらを運ばなければならないなら，（ミーティングに）遅れてしまうだろう」としてあります。また，〈**too ~ to ... 構文**〉でも構いませんが，〈**so ~ that ... 構文**〉を用いています。

　さて，上記では3パターンの言い方を示しましたが，ここではその中でももっとも言いやすそうな，1番目の **The woman's problem is that ...** の文を採用することにします。この文をコンピューターなどに入力してください。

(2)　解決策1

　では次に，会話で語られた1つ目の解決策です。全部で2つあるものの1つ目ですので，one や first などの表現を用いてわかり易くします。いくつか例を挙げてみます。

- **The first solution is to** call a cab.
  （最初の解決策はタクシーを呼ぶことです。）
- **One possible solution is to** call a cab.
  （1つの可能な解決策はタクシーを呼ぶことです。）
- **One of the solutions they mentioned is to** call a cab.
  （彼らが述べた解決策のうちの1つはタクシーを呼ぶことです。）

ここでは2番目の **One possible solution is to ...** の文を採用するとします。この文を入力してください。

(3)　解決策2

　次にすぐに2つ目の解決策を述べます。2つ目ですから，second や the other などの表現を使うとよいでしょう。たとえば，次のようなものです。

- **The second solution is to** call one of the group members to see if they can help her carry the materials.
  （2つ目の解決策は，グループのメンバーの1人に電話をかけて，彼女が資料を運ぶの

をその人が手伝えるかどうかを確かめることです。)
・**The second possible solution they discussed is to** call one of the group members to see if they can help her carry the materials.
(彼らが話し合っていた2つ目の可能な解決策は、グループのメンバーの1人に電話をかけて、彼女が資料を運ぶのをその人が手伝えるかどうかを確かめることです。)
・**The other is to** call one of the group members to see if they can help her carry the materials.
(もう1つの解決策は、グループのメンバーの1人に電話をかけて、彼女が資料を運ぶのをその人が手伝えるかどうかを確かめることです。)

ここでは一番簡単な3番目の **The other is to ...** の文を採用することにします。この文を入力してください。

(4) 自分の意見

ここまでで、会話の内容を一通り理解していることを、しっかりアピールできました。次に、受験者本人の意見です。これもわかりやすく単刀直入に語ります。以下のうちのどれかにすればよいでしょう。

・**Personally, I think she should** call a cab.
(個人的には、彼女はタクシーを呼ぶべきだと思います。)
・**In my opinion, she should** call a cab.
(私の意見では、彼女はタクシーを呼ぶべきです。)
・**I would say that she should** call a cab.
(彼女はタクシーを呼ぶべきだと、私なら言うでしょう。)

ここでは1番目の **Personally, I think she should ...** の文を採用するとします。この文をコンピューターなどに入力しましょう。

(5) 理由1

次に、**自分の意見**を裏付ける理由を2つ語りますが、その1つ目です。これより前は、それぞれのポイントを1文ずつで、とても端的に述べてきました。しかし、ここからは、2文以上で、なるべく詳しく語るようにします。自分の主張を論理的に裏付けて、説得力高く長く話せることをアピールすべきところだからです。

自分の意見は「タクシーを呼ぶこと(call a cab)」でしたが、その1つ目の理由は、メモに「**only 20 min**.」とあるように、「彼女にはわずか20分の時間しかないから」です。これを英語にすると次のようになります。

First of all, she only has 20 minutes before the meeting.
（初めに，ミーティングまで彼女には20分しかありません。）

冒頭の First of all，はテンプレートです。また，「before the meeting（ミーティングまでに）」という情報も加えました。

では，この文にさらに情報を加えます。自分の意見では選ばなかった方の解決策である「他のメンバーに電話をして，運ぶのを手伝いに来てもらう」のマイナス点を述べることもできますね。たとえば，次のように言うこともできます。

It's possible that none of the members can help her, so she may be wasting time calling them.
（メンバーのうちの誰も彼女を助けることができないということもあり得ます。よって，彼らに電話をかけることで彼女は時間を浪費するかもしれません。）

このように，「助けてくれる他のメンバーを探す」という行為は，限られた時間を考慮するとあてにならない策であることを述べます。その一方で，「タクシーを呼ぶという行為の方は，確実な策である」と述べるとします。たとえば，次のようにまとめることができます。

But a cab will definitely come if she calls, and she will make it on time to the meeting.
（しかし，タクシーは彼女が電話をすれば確実にやって来ますし，彼女はミーティングへ時間に間に合って行けるでしょう。）

論理マーカーの **But** で始めて，「対比・逆説」の論理をわかり易くしています。このように，2つの解決策を比較・検討することで，自分が選んだ方の解決策（＝自分の意見）の優位性が強調されます。説得力がぐんと高まりますよね。

これらをまとめると次のようになります。

- **First of all,** she only has 20 minutes before the meeting. It's possible that none of the members can help her, so she may be wasting time calling them. But a cab will definitely come if she calls, and she will make it on time to the meeting.
（まず，ミーティングまで彼女には20分しかありません。メンバーのうちの誰も彼女を助けることができないということもあり得ます。よって，彼らに電話をかけることで彼女は時間を浪費するかもしれません。しかし，タクシーは彼女が電話をすれば確実にやって来ますし，彼女はミーティングへ時間に間に合って行けるでしょう。）

それでは，これらの文を**自分の意見**の後に続けて入力してください。

(6) **理由2**

　最後に自分の意見を裏付ける2つ目の理由です。ここも，2文以上でなるべく詳しく語りましょう。

　自分が思いついた理由の2つ目が，メモに「*other membrs ― will help her pay*」とあるように，「他のメンバーがタクシー代の支払いを助けてくれるだろう」というものでした。次のように述べます。

Also, I think the other members will probably help her to pay for the cab,
（また，おそらく他のメンバーたちは彼女がタクシーの支払いをするのを助けてくれるだろうと思います。）

　これだけでも言いたいことは伝わりますが，さらに，「だから彼女は心配する必要はない」という考えも加えることにします。

so she shouldn't worry about the expense right now.
（だから，彼女は今，その費用について心配すべきではありません。）

　ここでも，論理マーカーの so で始めて，「順接・因果」の論理をわかり易くしています。このように，繋ぎの語句である接続詞や副詞などを適宜使用すると，文と文がスムーズにつながります。

　さて，上記の2文だけですと，個人的な見解や予測に過ぎません。もう少し説得性を高めたいところです。ビジネス・シーンのプレゼン（発表）などでも，自分のアイデアや主張は必ず「数値」という根拠で裏付けるものです。TOEFLのスピーキングはビジネス上のプレゼンとは異なりますが，論理力や説得力が重視される点は同じです。ここでは，会話でたまたま数値が出ていたのを思い出してください。「メンバーは全部で20名，タクシー代は20ドル」ということでした。よって，割り勘にすれば，「1人頭1ドル」で済みます。これを次のように表現します。

She said there are twenty members, so it will only cost about a dollar each.
（彼女は20名のメンバーがいると言っていましたから，1人につき1ドルほどしかかからないでしょう。）

　このように付け加えると，「きっと他のメンバーもたった1ドルの負担を嫌がらないだろうから，実行可能である」というニュアンスが伝わり，かつ，自分が述べた見解を，数値という確固たる（？　ちょっと大げさですが）根拠で裏付けることもできました。いつも必ずこのような手法を使えるわけではありませんが，このように**客観性や説得力を高める工夫は心がけたいものですね。**

　これらをまとめると次のようになります。

- **Also,** I think the other members will probably help her to pay for the cab, so she shouldn't worry about the expense right now. She said there are twenty members, so it will only cost about a dollar each.

(また，おそらく他のメンバーたちは彼女がタクシーの支払いをするのを助けてくれるだろうと思います。だから，彼女は今，その費用について心配すべきではありません。彼女は20名のメンバーがいると言っていましたから，1人につき1ドルほどしかかからないでしょう。)

それでは，これらの文を理由1の後に続けて入力してください。

ステップ4　仕上げ

最後に仕上げをしましょう。入力された完成原稿は以下の通りになっているはずです。一言一句間違いがないかどうか確認をしてください。間違いがあれば，この場で直しましょう。

タスク5：モデル解答の原稿

問題点	The woman's problem is that the materials for her meeting are so heavy that she will be late if she has to carry them by herself.
解決策1	One possible solution is to call a cab.
解決策2	The other is to call one of the group members to see if they can help her carry the materials.
自分の意見	Personally, I think she should call a cab.
理由1	First of all, she only has 20 minutes before the meeting. It's possible that none of the members can help her, so she may be wasting time calling them. But a cab will definitely come if she calls, and she will make it on time to the meeting.
理由2	Also, I think the other members will probably help her to pay for the cab, so she shouldn't worry about the expense right now. She said there are twenty members, so it will only cost about a dollar each.

(* この全訳と語注は別冊 p.36 に掲載されています。)

このような解答ができれば理想的です。論理の組み立て方，テンプレートを含めた構文，表現など，応用が利きそうなものは覚えて，別の設問でも使えるように練習しておいてください。なお，このモデル解答をネイティブが吹き込んだ音声があります。CD トラック 10 を流して，ネイティブの発音・リズム・イントネーションなどを参考にして，何度もそれを真似る音読練習をしてください。

ステップ5　実践練習

　では最後に，タスク 5 を締めくくる練習を行います。このタスクに対する解答力がどのくらい身についたのかを確認します。ここで同じ設問にもう一度挑戦してもらいます。これまで学んだ攻略法とステップを思い出しながら取り組んでください。モデル解答を暗記してしまった人はそのまま話しても構いません。努力と練習を重ねた成果ですから，それも立派な実力と言えます。（ただし本試験では，丸暗記した解答は減点対象となりますから，注意してください。）

　演習問題 3 を行った時と同じもの（メモ用紙や CD プレーヤーなど）を用意してください。また，手順（p.186〜187 を参照）もその時とまったく同じです。では，始めます。CD トラック 9 を流して始めてください。

① リスニング

②+③ スピーキング

設問文

The speakers are discussing two possible solutions to the woman's problem. Briefly summarize the problem. Then state which of the solutions you recommend, and why you recommend it.

> **Preparation Time: 20 seconds**
> **Response Time: 60 seconds**

　いかがでしたか？　何の攻略法もわからずに最初に演習問題3に挑戦した時よりは，はるかに良い解答ができたのではないでしょうか。このレッスンで覚えた攻略法を習得し何度も練習を積み重ねれば，タスク5にも太刀打ちできるようになります。今後は復習と実践練習に頑張ってください！

　これで，TOEFLのスピーキング・セクションに関する講義が終わりました。スピーキングの上達には，毎日少しでもよいから英語を話すことが大切です。日々の地道な努力を継続してください！

Writing Section
ライティング・セクション

Lesson 1	ライティング・セクションの全体像	206
Lesson 2	独立型タスクの概要	208
Lesson 3	演習問題1（独立型タスク）	214
Lesson 4	ステップバイステップ・独立型タスクエッセイ作成法	219
Lesson 5	自分で独立型タスクエッセイを書いてみよう！	235
Lesson 6	複合型タスクの概要	246
Lesson 7	演習問題3（複合型タスク）	250
Lesson 8	ステップバイステップ・複合型タスクエッセイ作成法	256

Lesson 1 ライティング・セクションの全体像

1 独立型タスクと複合型タスク

　初めに，ライティング・セクションの全体像についてお話しします。このセクションは，(1)**独立型タスク**(Independent Task)と(2)**複合型タスク**(Integrated Task)，という 2 つの問題で構成されています。どちらのタスクでもコンピューター画面上に英文を打ってエッセイ（小論文）を 1 本ずつ書きますので，合計 2 本書くことになります。

　簡単に言うと，独立型タスクはその場で与えられた質問（エッセイのテーマ）に対して，30分という制限時間で 1 本のエッセイを仕上げるというものです。複合型タスクでは，①まず英文を読んで，②次にそれに関する講義を聞いて，③最後にそれら両方の要点をまとめて20分で 1 本のエッセイを書く，というものです。下の表にそれぞれの出題形式をまとめてみます。

▶独立型タスク◀

時間	30分
エッセイの語数（目安）	300語以上

▶複合型タスク◀　※①〜③の順序で行います。

①リーディング	時間	3分
	読むパッセージの長さ	230－300語
②リスニング	時間	約2分
	聞く講義の原文の長さ	230－300語
③ライティング	時間	20分
	エッセイの語数（目安）	150－225語

※　①と②の間にメモを取って，③でそのメモを活用しながら書くことができます。

　実際の試験では，最初に複合型タスクに解答して，その後で独立型タスクに解答する，という順番になります。しかし，**本講義では難易度と取り組みやすさという観点から，逆の順番（独立型タスク→複合型タスク）で学んでいきます。**

2 採点官と素点

皆さんが書いた独立型タスクのエッセイと複合型タスクのエッセイそれぞれを，2人の採点官が評価をします。便宜的に「2人」と言いましたが，1人は人間の採点官ですが，実はもう1人は機械です。この両者それぞれが1本のエッセイに対して，上から5，4，3，2，1，0という6段階の素点で評価します。その平均点を算出して，30点満点のスコアへと換算するのです。素点平均の最終スコアへの換算表は大体次のようなものです。あくまでも目安としてとらえてください。

素点平均	最終スコア
5.0	30
4.0	25
3.0	20
2.0	14
1.0	8
0	7以下

受験者が各タスクで，それぞれの採点官からどのような素点評価を受ければ最終スコアが何点になる，という例が次の表です。

受験者	独立型タスク 採点官1（人間）	独立型タスク 採点官2（機械）	複合型タスク 採点官1（人間）	複合型タスク 採点官2（機械）	素点平均	最終スコア
Aさん	3.0	3.0	3.0	3.0	3.0	20
Bさん	3.0	4.0	3.0	4.0	3.5	22

なお，人間の採点官と機械の採点官では，採点する際に役割分担があると考えられます。人間の方は主にエッセイの**内容や構成面**を中心に評価し，機械の方は主にスペル・語法・文法の正しさ，語彙や構文のレベルや複雑さなどの**言語的特徴**を中心に評価しています。

Lesson 2 独立型タスクの概要

ここからは，Independent Task（独立型タスク）に絞ってお話しします。

1 出題パターン

独立型タスクでは，一体どんな質問がその場で出題されるのでしょうか？ 実は試験実施団体である ETS 自身が発表しているのですが，CBT/PBT（＝Computer-Based Test/Paper-Based Test。つまり，iBT 以前の形式）時代に公表していた185個の質問と非常によく似たものが iBT でも出題されるのです。185個の質問そのものについては，TOEFL の公式問題集や ETS のホームページに載っています。

さらに，最近の出題傾向を分析し質問形式を絞り込むと，おおむね次のようなものです。

> Do you agree or disagree with the following statement?
> With the help of technology, the world has become a better place to live.
> Use specific reasons and examples to support your answer.
>
> （以下の意見に賛成ですか反対ですか？ 科学技術のおかげで，世の中は住むのにより良い場所となった。あなたの答えを裏付ける具体的な理由と例を用いてください。）

このように，質問文の第１文目は「以下の意見に賛成ですか反対ですか？」という問いかけで，第２文目（赤字）にはさまざまな意見（ある論点を示す陳述）が入ります。最後の文は，表現が多少異なることもありますが，「あなたの答えを裏付ける具体的な理由と例を用いてください」というものです。また，この第２文目に入る意見には次の２つのパターンがあります。

▶パターン1：二者比較型

> Do you agree or disagree with the following statement?
> Face-to-face communication is better than other types of communication, such as letters, e-mail, or telephone calls.
> Use specific reasons and examples to support your answer.
>
> (以下の意見に賛成ですか反対ですか？　対面コミュニケーションは，手紙やEメールや電話などの他の種類のコミュニケーションよりも，より良い。あなたの答えを裏付ける具体的な理由と例を用いてください。)

この赤字部分では，「対面コミュニケーション」と「(手紙やEメールや電話などの)他の種類のコミュニケーション」の2つの手段が比較されています。この意見に対して，受験者が賛成か反対かのどちらかの立場に立ってエッセイを書きます。

▶パターン2：一者断定型

> Do you agree or disagree with the following statement?
> With the help of technology, the world has become a better place to live.
> Use specific reasons and examples to support your answer.
>
> (以下の意見に賛成ですか反対ですか？　科学技術のおかげで，世の中は住むのにより良い場所となった。あなたの答えを裏付ける具体的な理由と例を用いてください。)

この赤字部分は，「～世の中は住むのにより良い場所となった」と断定しています。この意見に対して，受験者が賛成か反対かのどちらかの立場に立ってエッセイを書きます。

　どのパターンでも最後の1文は，「自分の答えや意見を裏付ける具体的な理由や例を述べてください」などというものです。よって，皆さんが書くエッセイでは，質問内の意見に対する自分の答えや意見を述べるだけでなく，それを**裏付ける具体的な理由や例を必ず述べて**，説得力のある論を展開しなければならないのです。
　では，質問の話題という観点ではどうでしょうか？　ETSによって公表されている質問をざっと眺めてみると，話題は実にさまざまで多岐にわたるように思えます。しかし，話題の分野を大きくとらえてみると，実は，次の7つに分けることができるのです。

- 学習・学校生活
- 生活・ライフスタイル
- 人間関係・人の性格
- 仕事・職場
- 大衆文化(映画・テレビ・スポーツなど)
- IT・科学技術
- 住む場所・訪れる場所

　いかがですか？　結構身近な話題ですよね？　国際政治や経済など，もっと複雑な話題について書かされるものだと思っていましたか？　よく考えてみると，TOEFLは世界中の英語を母語としない人たちが受ける試験です。実際，世界135か国で実施されています。その中には発展途上国もあれば先進国もあります。宗教も違えば，政治・経済の形態も異なる国がたくさんあります。よって，出身の国や地域によって，考え方や価値観に大きな隔たりがあり，その内容いかんで，試験で有利・不利になるような質問を出題すると公平性に欠けることになりますよね。ましては，タスクの目的としては単に留学生活に必要な英作文力が測れればよいわけです。したがって，上記のような身近な分野について英語でエッセイを書かせるだけで，その人のそのような能力を十分に測ることができるわけです。

2　評価基準

　さて，それでは，書かれたエッセイに対して，採点官はどのような観点で評価をするのでしょうか。それは，大きく捉えるならば，(1)エッセイ構成力，(2)英語運用力，(3)語数の3つの観点です。次に，これらのそれぞれについてお話しします。

(1)　エッセイ構成力

　「essay」といえば，日本語で言う「随筆」や「自由作文」のことだと思っている人が多く見受けられます。徒然なるままに書いてゆく随筆や自由作文ならば，多くの場合，序論から書き始めて，本論をある程度書き進めながら同時に自分の考えを発展させていき，そして話を結論に持っていく，という手順となるでしょう。裏を返せば，本論まで書いてみないと結論がどうなるかがわからないので書けない，ということもあるかもしれません。

　しかし，TOEFLのライティングで求められるエッセイとは，このようなものとはまったく異なるものです。アカデミック・エッセイ(academic essay)に類するもので，少なくとも形式的には「(学問的な)小論文」のようなもの，ととらえてく

ださい。もちろん，わずか30分で作成するエッセイですから，高度に学問的な内容のものを書くことはできませんし，また，それも求められてはいません。しかし，形式的にはきちんと論理立てて書き，理路整然と自分の考えをまとめて書くことが求められます。つまりは，首尾一貫した論を展開すべきもので，序論で述べる自分の主張内容と結論で述べる内容は，まったく同じものでなければなりません。また，本論はいくつかの段落で構成されます。その段落のそれぞれが1つの点を証明し，それらが総じて，自分が述べる主張を証明するものでなければなりません。英文のエッセイ（小論文）では，これらの点はしっかり守らねばならないルールだと心得てください。

　次の図を見てください。

```
┌─────────────────────────┐
│          序論            │
└─────────────────────────┘

┌─────────────────────────┐
│                         │
│         本論1            │
│                         │
└─────────────────────────┘

┌─────────────────────────┐
│                         │
│         本論2            │
│                         │
└─────────────────────────┘

┌─────────────────────────┐
│          結論            │
└─────────────────────────┘
```

　大きな視点でとらえると，英文エッセイの基本構造はこのようになります。独立型タスクでは，このようなパラグラフ構成で書くことをお勧めします。序論と結論が1つずつあり，その間に本論がいくつかある構成です。長い文章ではこの本論がいくつも連なることになりますが，30分で書きあげるものとしては，本論は2つというのがちょうどいいでしょう。本論が1つだけだと，自分の主張に対する裏付けが不足してしまいます。逆に，本論を3つもしっかりとした内容で書き上げることは，30分という制限時間を考えれば現実的とは言えません。

　また，エッセイ構成力とは，上記に述べた主に形だけのことでもありません。出題された質問に対しての自分の答えや主張が明確であり，その根拠となる理由が的確であり，かつ，それを裏付ける具体例や詳細が適切で十分であることもエッセイ構成力に含まれます。言い換えれば，自分の主張をしっかりと証明できるだけの論

理力が必要なのです。これに効率的に対処していくための論理展開の方法については，後でより詳しくお話をします。

(2) 英語運用力

　実際に留学が始まると，さまざまなクラスでの単位認定要件の１つとして，学期末レポート(term paper)や研究論文(research paper)を10〜20ページ書いて提出することが課されます。その場合は，最低でも２，３週間かけて，まずテーマを決め，それを教授に承認してもらい，その後，図書館でリサーチをし，アウトラインを作成し，本文を書き始め，最後に清書する，という過程を経ることになります。しかし，TOEFLの独立型タスクではそんな手筈を踏むことはせず，いきなりその場で与えられた質問について，30分という限られたわずかな時間で１本のエッセイを仕上げなければなりません。当然ながら，リサーチをする時間がないので，自らが持つ知識や経験などをベースに自分の主張を裏付けることになります。また，辞書を使うことはできず，清書をする時間がないので，30分という範囲内で，自力の実力のみで，できる限り間違いが少ないものを完成させる，ということになります。よって，ETSとしても，「受験者が書いたエッセイを第１草稿(first draft)と見なす」と言っています。ですので，英語の間違いを多少含んでいても，内容がしっかりしてさえいれば，高スコアを出すことも可能です。

　しかしながら，**英語ができる人ならば絶対にしないような基礎的な英語のミスについては，極力少なくしなければなりません**。このためには，ふだんから基礎ミスを減らすよう注意をすることに加えて，自分が持つ知識としての**語法・文法力**を強化することが必要になります。たとえば，可算名詞に付く不定冠詞(a/an)か複数のs，動詞に付く三単現のsを繰り返し落としてしまいがちだという程度のミスならば，ちょっと注意をするか，きちんと見直しをすれば直ります。しかし，品詞の違い，自動詞と他動詞の違い，動詞の正しい用法などについては，ふだんから辞書の説明や用例を読んだり（筆者の「口癖」なのですが，辞書は引くだけのものではなく，読むものでもあります），文法書で調べたりして，積極的に知識を増やしていく努力を重ねる必要があります。

　また，書きたい内容やアイデアがあっても，日本語でなら書けるが，それを英語で書くことができない，という壁にもしばしばぶち当たることでしょう。英語の表現力は一朝一夕に成せるものではありませんから，ふだんから英語で日記やブログを書くことから始めて，自分が伝えたいことを英語で書けるための**単語力・表現力・構文力**を身につける必要があります。そのためには，さまざまな語句や構文を単に頭で覚えていくだけでは不十分で，それらを実際に駆使して英語を書いてみる練習が不可欠です。

さらには，TOEFLのライティング・セクション全般（独立型タスクと複合型タスクの両方）に関わることですが，ある程度以上の高スコア（特に素点4以上）を獲得したいならば，この点を心がけるとよいということがあります。それは，日本語の場合とは異なり，**英語では同じ構文や語句の繰り返しは嫌われる**，という点です。日本語では文章で語る内容の明確さや一貫性を保つために，あえて同じ言葉や表現を繰り返し使用することが一般的です。一方，英語でそのようにすると，単調でつまらない文章であると判断されがちです。よって，**似たような英語の構文や語句の繰り返しはできるだけ避け，同じ内容を表現したい場合には書き換えを心がけるとよい**でしょう。この点は日本語と大きく異なる点ですのでよく覚えておいてください。同じ構文や語句を繰り返しても減点となることはありませんが，逆に加点になることもありません。

(3)　**語数**

　ETSの発表によると，よいエッセイの条件の1つは「最低300語の長さであること」となっています。要するに，**最低でも300語は書かなければある程度以上のスコアは望めない**，ということです。実際，もしかなり高いスコアを目指すならば，350語以上書いてもよい，いや，むしろそうしなければなかなか高スコアは出せない，というのが現実です。

　実際にやってみるとわかるのですが，30分は長いようで短いものです。TOEFL初心者の場合は，30分では300語には到底およばない，という人もたくさんいます。皆さんとしては，**まずは300語のまとまりあるエッセイを30分で書けるようになりましょう**。これが第1ステップです。

Lesson 3　演習問題1（独立型タスク）

1　まずはとにかく書いてみよう！

　それでは，今，自分にどれだけの実力があるのかを確認してみましょう。本番とまったく同じ形式で設問に取り組むことによって，出題内容がどれくらい難しいものなのか，また，自分には今どれくらいの力があるのかがわかります。また，実際に書いてみることで初めて，自分が抱える問題点や今後の課題が明らかになります。要するに，今後どのような点に力を入れて学習すべきかが明らかになるのです。そのためにも，まずは，独立型タスクの練習問題に取り組んでみましょう！

　コンピューターなど入力できるものを準備しましょう。それがなければ紙かノートでも構いません。時間は30分ですので，きちんと計りましょう。質問は次のものです。

Question

Do you agree or disagree with the following statement? Students should be required to have physical education every school day. Use specific reasons and examples to support your answer.

以下の意見に賛成ですか反対ですか？　生徒たちは，毎授業日に体育の授業を受けることを義務付けられるべきである。あなたの答えを裏付ける具体的な理由と例を用いてください。

　準備はいいですか？　それではがんばって書いてみてください。スタート！

（30分）

2 演習問題1を終えて

いかがでしたか？ 実際に書いてみると30分があっという間に過ぎてしまうことが実感できたと思います。また，さまざまな課題が浮き彫りになったのではないでしょうか。「どんな内容をどうやって書いたらよいのかわからない」，「今後一体どんな対策をすればよいのかわからない」など，さまざまな懸念や疑問が生じたことでしょう。しかし，これから説明する攻略法をしっかりと理解し，それらに基づいて練習を重ねれば，「書き方がわかってきた！」，「意外と結構書けそうだ！」と感じることができるようになり，スコアアップに直結するエッセイ作成力を養成することができます。これから一緒にがんばっていきましょう！ それでは，独立型タスク対策の具体的な話に入ります。

(1) モデル・エッセイの確認

まずは，目指すべき目標点を確認しましょう。次にモデル・エッセイ（模範解答）を1つ示します。一通り読んで，どんな内容がどのような表現や展開で書かれてあるのかを，ざっと感じ取ってみてください。

独立型タスク：モデル・エッセイA

In Japan, where I live, some people believe that students should be required to have physical education every school day. *However, I believe that* physical education should not be mandatory on a daily basis *for the following reasons*.

To begin with, physical education classes waste students' time and energy. *For example*, when I was in my first year of high school in Kyoto, Japan, we had 100 minutes (two class periods in a row) of PE class, five days a week. I often felt so exhausted and sleepy after the long PE class that I had a hard time concentrating afterward in academic classes. I felt that I wasted a lot of my time and energy which I could have used for academic studies. In fact, when I went to cram school in my second year, I noticed that I was at a disadvantage compared with students who were attending more academically-oriented schools. If I had been attending a high school with a more academic focus, I could have made better use of my time and energy. *As this example illustrates*, physical education deprives students of time and energy that could be spent studying academic subjects.

In addition, students can engage in physical activity on their own, when and if they want to. *For instance*, I was a member of the basketball club in junior high school. I had at least two hours of practice almost every weeknight throughout the year, and we had games on one weekend every month. Many of my friends were not athletes, but they usually played soccer or baseball or rode their bicycles around town after school almost every day. In general, I think that the majority of the students at my school were active by choice, and would have had plenty of exercise without PE class. *The example above clearly indicates that* students can have plenty of exercise on their own without mandatory PE class.

In conclusion, I disagree with the idea that schools should require students to have physical education every school day.

(340 words)

(* この全訳と語注は別冊 p.38〜39 に掲載されています。)

　ちなみに，上記の**太字イタリック**の部分は，このエッセイに限らず他の質問のエッセイにもある程度使い回しが利く便利な表現（**テンプレート**）ですので，覚えておくと便利です。

(2) 心構え

モデル・エッセイを読んでみていかがでしたか？　仮定法の文があったり，あまり馴染みのない表現もいくつか使ってあったりして，「こんなにうまく書けないよ」を思った人も多いかもしれません。しかし，これはあくまでもモデル（模範）です。「このようなエッセイがいつか書けるようになるといいな」と思いながら目指すべき目標として捉えてください。**目標ですから，それを目指して頑張った結果，「その途中まではなんとかたどり着いた」という状態でもいいのです。以前よりもはるかに進歩した自分がそこにいればよいわけです！**

また，モデル・エッセイを読んで，「こんなに詳しく書かなければいけないの？」と思った人も多いでしょう。そうなんです。これくらいの量で，内容的にも結構詳しく掘り下げて書いていますよね。

日本人は英作文を書く際に，得てして抽象的な一般論に終始してしまいがちです。たとえば，上記の質問に対して受験者が，内容として，「体育授業を毎日の必須科目にする必要はない。なぜなら他に学ばなければならない科目がたくさんあるからだ」のように書いたとします。そこまではよいのですがこの後が続かない人が多いのです。たとえば，「具体的に他にどんな科目を学ぶ必要があり」，「それらは毎日の体育授業よりもどれくらい，また，なぜ，より重要なのか」，「毎日の体育授業を必須にしてそれらの科目を多少犠牲にした場合，どんな弊害があるのか」など，具体的な理由や根拠などが欠けていて，説得力に乏しいエッセイになりがちです。

ところが，TOEFL はもともとアメリカの試験です。アメリカ人（ひいては，英語を母語とする人々の多く）は一般に具体的でわかりやすい話は大好きですが，漠然として抽象的な話は嫌いです。わかりにくいし，言いたいことがはっきりと伝わってこないからです。ですから，たとえば，同じ「体育授業を毎日の必須科目にする必要はない」という立場であっても，モデル・エッセイの第2段落のように，その裏付けとして，「必須にした場合の弊害」について，自分の過去の実体験を用いてかなり具体的かつわかりやすく語ることが必要になってくるのです。

背景知識としてまずしっかりと理解してほしいことは，英語国民，特にアメリカ人と日本人のコミュニケーションの仕方には根本的な違いがある，ということです。日本人同士の男女の会話ならば，たとえば，私が「僕，アメリカ映画，大好きなんだ」と言ったら，相手の人も「私もよ！」と言ってくれたりします。その後で相手が，「いいわよね，アメリカの映画って。私もこの間，○○○を観たところなのよ。すっごく面白かった！」というふうに同調（日本人は和を重んじますから）しながら，徐々に具体的な話に入っていくかもしれませんね。ここで注目してもらいたい点は，この会話をしている人のどちらも，この段階では，「なぜアメリカ映画が好きなのか」や「アメリカ映画のどんな点が好きなのか」には，まったく触れていないところです。往々にして，これらの点にはまったく触れることなしに，「いいよね〜，ア

メリカ映画って。僕らってフィーリングが合うみたい」と，こんな感じで会話が終わってしまうこともしばしばです。

　ところが，アメリカ人と会話をしていると，こちらが「I like American films.」と言えば，十中八九その直後に，「Why?(どうして？)」か「For example?(たとえば？)」と聞かれるでしょう。それくらいアメリカ人は具体的な理由や例を知りたがるのです。むしろ，相手にそう問われる前に，「because many of them are action-oriented, and I find them really entertaining. (なぜなら，それらの多くはアクションがいっぱいで，とても面白いと思うからさ)」と自ら理由を述べてしまうと気の利いた発言になります。それが英語圏，特にアメリカ人の論理性(ロジック)だと言えます。だから，モデル・エッセイでも，具体的な実例をかなり詳しく描写しているのです。まずは，独立型タスクのエッセイを書く上での基本的な心構えとして，「かなり突っ込んで具体的に書く」ということを肝に銘じておいてください。

　それでは，次のレッスンから，より具体的なエッセイ作成手順をお話しします。

Lesson 4 ステップバイステップ・独立型タスクエッセイ作成法

　ここからは，私と一緒にステップごとにエッセイを書き進めていきましょう！　次の順番（ステップ）で作業をしていきます。

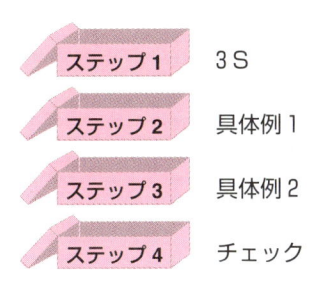

- ステップ1　3S
- ステップ2　具体例1
- ステップ3　具体例2
- ステップ4　チェック

　エッセイのそれぞれの構成部分にどういうことを書くべきかを順を追って伝授します。同時に，みなさんは実際に書きながら学習すると英語の書き方や攻略法が身につきやすいので，コンピューターなど入力できるものを準備してください。まずは私のマネをすることによって，実践を通して習得してください。

ステップ1　3Sにトライしよう！

1　3S（スリーエス）とは？

　TOEFLのライティングは，以前のCBT時代には紙の上に書くということがありました。しかし，iBTではコンピューター画面上にタイプしていきます。このことによって初めて可能になった画期的とも言える攻略法が，**初めにエッセイの枠組みから打ち込む**，というものです。まず初めに全体の骨格だけを固めて，論理的な話の展開をしている体裁だけを整えてしまうのです。その後でゆっくり，それ以外の中身を挿入してタイプし，行間やスペースなどを整えて，エッセイを完成させます。この手法を用いることによって，「頭から順番にエッセイを書き始めてみたら，あれっ，途中で話が逸れてしまったぞ！（汗）」という事態を未然に防ぐこともできます。要するに，書いているうちに話がずれてしまわないように，あらかじめ話の流れだけを固定してしまう，ということですね。また，こうして完成したエッセイに対して採点官の方で

は，「論理的に一貫性のあるエッセイだな～」と好印象を持つこと間違いなしです。

　このようにコンピューター上で書けるという利点を最大限に生かし，また，前述した英文エッセイの論理構造上のルール（たとえば，「序論と結論は必ず同じ内容にしなければならない」など）を逆手に取った攻略法が，次に具体的に述べる**3S(スリーエス)**というものです。

　まずは，次の図を見てください。

▶エッセイ基本構造◀		▶各パーツ（文の数）◀
序論	⇒	一般論（1文） / 答え（1文）
本論1	⇒	理由1（1文） / 具体例1（5文） / まとめ1（1文）
本論2	⇒	理由2（1文） / 具体例2（5文） / まとめ2（1文）
結論	⇒	結論（1文）

　左上の図は先述した英文エッセイの基本構造ですね（p.211を参照してください）。そして，**序論**・**本論1**・**本論2**・**結論**のそれぞれをより具体的にどんな構成にし，各パーツは最低どれくらいの長さにすべきかの目安（センテンス数）を示したものが，右上の図です。各パーツにあたる**一般論**・**答え**・**理由1**・**具体例1**などの構成に注目してください。また，ここに示したセンテンス数は，目安として最低でもこれくらいは書くとよい，というものです。

次に，エッセイを書く順番についてお話ししましょう。次の図を見てください。

```
① 一般論
② 答え

④ 理由1
具体例1
⑤ まとめ1

⑥ 理由2
具体例2
⑦ まとめ2

③ 結論
```

この図のハイライトされた部分はエッセイの骨格にあたる部分で，これを本講義では3S(スリーエス)と呼ぶことにします。Sはセンテンス(sentence)の略で，3Sとは「3つの主要センテンス・グループ」を意味します。攻略法として，まずはこの3Sを以下の順番で書いていきます。下の表内の①〜⑦は，上の図の①〜⑦を示します。

▶ 3S ◀

書く順番	センテンス・グループ	パーツ	方法と意義
1番	第1センテンス・グループ	①②と③	②と③は同じ内容を少し書き換えればすぐに完成する。初めにエッセイ全体の初めと終わりを統一させておき，一貫性を保つ
2番	第2センテンス・グループ	④と⑤	④と⑤は同じ内容を少し書き換えればすぐに完成する。本論1の中でもこの2文で論理に一貫性があることをアピールでき，かつ，論証点が明確になる。また⑤を加えることで語数を稼ぐことができる
3番	第3センテンス・グループ	⑥と⑦	⑥と⑦は同じ内容を少し書き換えればすぐに完成する。本論2の中でもこの2文で論理に一貫性があることをアピールでき，かつ，論証点が明確になる。また⑦を加えることで語数を稼ぐことができる

それでは，先ほどの演習問題１の質問に対してのモデル・エッセイAを使いながら，ステップごとに書いていきましょう！　コンピューターなどを用意してください。

2　3Sで書いていこう！

第1センテンス・グループ

(1) 序論を書く

エッセイの最初のパラグラフは**序論**です。どうしても時間が足りなくなりそうな場合は，問題に対する自分の**答え**（つまりは，**結論**と同じもの）を１文だけ書けばよい部分です。しかし，ここではスコアアップのために，あえて２文で書いてみたいと思います。

① 一般論

まずは，１文目で，「自分の意見とは逆の立場」に触れます。このパーツを本講義では「**一般論**」と呼ぶことにします。では，取り掛かりましょう。自分の意見が「体育の授業を毎授業日の必須科目にすべきではない」だとします。そうすると，１文目はその逆の視点で，「生徒たちは毎授業日に体育の授業を受けることを義務付けられるべきだ」ということになります。そのような意見の人も一部にはいる，という事実を書きます。

In Japan, where I live, some people believe that
（私が住む日本では，一部の人々は～と考えている）

まずはこのように始めるとよいでしょう。この後に相手方の意見を続けます。

students should be required to have physical education every school day.
（生徒たちは毎授業日に体育の授業を受けることを義務付けられるべきだ）

これで**一般論**は完成です。

さて，ここで何か気づきましたか？　実はこの文のthatの後は，そもそも質問文にあった表現をそのまま書いているのです。**序論**で質問文そのままの表現を一部用いることによって，「自分の解答全体が，質問に対して真正面から直截的に答えている」ことを初めの段階でアピールすることにもなります。

そして，「しかし（ながら）」という**論理マーカー**（「論理マーカー」についてはp.29～35を参照）でつなげて，次に「自分の意見」を書きます。こうすることによって，「**真逆である２つの見方を等しくとらえた上でも，やはり自分はこちらの意見である**」と述べることになり，１つの見方だけに偏ったものではないという

印象を与え，客観性があり説得力の高い書き方になります。
　では，この英文をコンピューターなどにタイプしてください。以下，同じように都度，入力をしてください。

② **答え**
　次に自分の意見を述べます。**一般論とは真逆の内容になるので**，However という「切り返しの言葉」で始めます。

However, I believe that physical education should not be mandatory on a daily basis
（しかしながら，私は，体育は毎日必須であるべきではないと思う）

　この I believe that の後に続ける内容は，**一般論の that の後とは真逆のものだからといって，それを単に否定文にするだけでは能がありません。ここでは構文や表現もあえて変えて，表現力の豊富さを採点官にアピールしています。**一般論では students が主語でしたが，ここでは physical education が主語です。また，be required to have 〜 は 〜 should ... be mandatory に，every school day は on a daily basis に変えてありますよね。**このような書き換えができると高スコアに結びつくのです！**
　そして，この文の最後に，for the following reasons．（以下の理由から）と続けて，本論への導入とします。

(2)　結論を書く
③ **結論**
　ふつう，序論を書いたら次は本論を書きたくなるだろうと思います。しかし，ここでは次に結論を書くことを勧めます。なぜなら，結論は序論で述べた自分の答えとまったく同じ内容です。それを多少言い換えるだけで完成するので，その方が時間的にも労力的にも効率がよいわけです！
　結論の冒頭には定型表現である In conclusion, を置くと，ここから結論だということがわかりやすくなります。この他，代わりに，Therefore, ／ Thus, などを用いてもよいでしょう。

In conclusion,
（結論として，）

　そして，質問で「agree（賛成する）か disagree（反対する）か？」と問われていたので，ここで「disagree（反対する）」ということを明確に述べます。

I disagree with the opinion that
（という考えに私は反対である）

この that はこの後に同格節を導く接続詞です。この後には質問の第2文の内容を続けます。質問文とまったく同じ表現でも減点はされませんが，ここではより高いスコアをねらうために，あえて表現を変えてみましょう。

schools should require students to have physical education every school day.
（学校は生徒たちに毎授業日に体育の授業を受けることを義務付けるべきだ）

質問の第2文では students が主語でしたが，ここでは schools を主語に取りました。また，**序論**の**答え**では physical education が主語でしたが，それとも異なっています。こうした文構造の書き換えが，スコアアップにつながる秘策なのです。

第2センテンス・グループ

④ 理由1

自分の**答え**（＝主張）を裏付ける**理由**は，説得性を持たせるために，1つではなく2つ書くことにします。このエッセイでは，「体育を毎日の必須科目にすべきではない」という自分の**答え**を裏付ける**理由**を2つ書きます。その1つ目が**本論1**の中の**理由1**です。英語の論文では概して，第2段落目以降の各段落で最初の文は「**トピックセンテンス**」と呼ばれ，その段落で言いたいことを端的に述べる重要な部分です。よって，シンプルかつクリアに述べるようにします。

To begin with, physical education classes waste students' time and energy.
（初めに，体育授業は生徒の時間と体力を浪費してしまう。）

まず，**理由1**は自分が述べる最初の理由ですから，To begin with,（初めに）などの表現で始めます。他に，First (of all), / In the first place, でもよいでしょう。ここでは，体育授業によるマイナス効果を端的に述べています。

⑤ まとめ1

次は**まとめ1**です。冒頭はテンプレートで，それまでの**具体例1**とのつながりを明らかにする部分です。As this example illustrates,（この例が説明しているように）と始めます。次に，**理由1**と同じ内容を書いて締めくくります。**理由1**と同じ表現でも構いませんが，ここでは少し工夫して書き換えてみます。

physical education deprives students of time and energy that could be spent studying academic subjects.
（体育は，学問的な科目を勉強するのに費やすことができる，時間と体力を生徒たちか

ら奪い取ってしまうのだ。)

　ちょっと高度な表現が入ってきましたね。まず，〈deprive(人)of(物)〉という構造は大丈夫ですか？ 〈(人)から(物)を奪う〉という意味ですね。「読んだらわかるけど自分では使えない表現だな」と思うかもしれません。この際ですから，実際に書いてみて，さらに口慣らしをして，習得してしまいましょう。

　次に，time and energy 以降の後半部分は，段階的に考えるとわかり易いかもしれません。最初に，次のような文があるものと考えます。

(1) they could spend time and energy studying academic subjects.
(彼ら[生徒たち]は学問的な科目を勉強するのに時間と体力を費やすことができる)

　ちなみに，ここの **could** は言外に仮定の意味が含まれている，仮定法過去の用法のものです。「if they tried to do so(もしそうしようとすれば)」などの意味が隠れています。つまりこの could は，「(もしそうしようとすれば，今)〜することができる」という意味です。can の過去形だから「(過去に)〜できた」という意味だと思う人が多いのですが，この文脈ではそうではありませんので注意してください。

　また，この(1)の文では〈spend(目的語)〜ing〉という表現を用いています。〈(目的語)を〜ing に費やす[使う]〉という意味ですね。

　では，この(1)の文を受動態にしてみると，次のようになります。

(2) time and energy could be spent (by them) studying academic subjects.
(時間と体力が，学問的な科目を勉強するのに(彼らによって)費やされることが可能である。)

　この下線部が先行詞となって前に出て，関係代名詞の that が加わったものが，まとめ1の後半部分となります。いかがですか？ この部分の構造がわかりましたか？

　さて，このように，**まとめ**は**理由**で述べたことと同じ内容をちょっと工夫して書き換えるだけです。**まとめ**を加えることによって<u>本論</u>を締めくくることができ，さらには短時間で語数を稼ぐこともできるので，とてもよい戦略だと言えます。

第3センテンス・グループ

⑥ **理由2**

　「体育を毎日の必須科目にすべきではない」と考える**理由**の2つ目を書きます。すでに**本論1**で理由を1つ述べた後ですから，In addition, (さらに)で始めます。他に，Additionally, / Second, / Next, / Furthermore, / Moreover, なども使えま

す。続けて**理由2**の内容を書きます。

> students can engage in physical activity on their own, when and if they want to.
> （生徒たちはしたいならしたい時に，自分たちで運動に携わることができるのだ）

要するに，「自分の意思でいつでも運動をすることができる」という内容で，体育の授業を毎日の必須とする必要がまったくないことを端的に述べています。**理由1**では「体育授業には弊害があるので毎日の必須科目にすべきではない」，**理由2**は「毎日の必須科目にしなくとも自分で運動はできる」となっています。このように，**理由1と2では異なるアイデアを述べてください。**

⑦ まとめ2

本論1と同じように，**本論2**でも，**具体例をサンドイッチにするように，まとめの文を1文加えます。**

最初はテンプレートで，The example above clearly indicates that（上記の例がはっきりと示しているのは，～ということである）などで始めるとよいでしょう。ちなみに，**本論1**のまとめでは，As this example illustrates, という表現で始めていましたが，ここではあえて表現を変えてあります。**使う構文にバラエティーがある方が，スコアが上がりやすい**からです。繰り返しますが，これは大事なポイントですよ！

どちらにせよ，この後，**理由2**と同じ内容を書き換えたものを続けます。

> students can have plenty of exercise on their own without mandatory PE class.
> （必須の体育授業がなくとも生徒たちは自分たちでたくさんの運動をすることができる）

これで，エッセイの枠組みにあたる3Sが完成しました。それでは次に，**具体例の書き方**を見ていきましょう。

ステップ2　具体例1で論理を展開しよう！

1　具体例とは？

3Sを書いてエッセイ全体の枠組みが確定したら，次は**具体例で内容を充実させます**。ここは，なるべく詳しく書いて語数を稼ぐパーツでもあります。**本論で初めに書**

いた**理由**(トピックセンテンス)を裏付ける根拠を述べます。通常の学問的な小論文では，自分の主張(**答え**)と**理由**の双方を裏付ける証拠を時間をかけて図書館で調べて，本に書いてある専門家の意見や統計数値などを引用することになります。しかし，TOEFLの本試験中にはそんな暇はありません(もっともそんなことは許されません)から，**自分や身の回りの人の体験談を語ることで，自分が書いた理由を証明します**。よく，「人は一生に一冊の本は書ける」と言いますが，その内容とは「自分の人生での出来事(＝体験談)」のことですよね。つまり，体験談なら，どんな人でも豊富にあるわけで，たくさんのことが書けるのです。それを英語で書く，と考えてください。

具体的には，**具体例**は以下のポイントに沿って書くことが大切です。

- ●**理由**(トピックセンテンス)で述べた事柄を証明しきる！
  理由に直結した例を出し，**理由**で述べたポイントのすべてを証明する
- ●より具体的に書く
  5W1H*の要素をできるだけたくさん入れて，鮮明に伝わるようにする

> ＊5W1H = When(いつ)，Where(どこで)，Who(誰が)，Why(なぜ)，What(何を)，How(どのように)したのか

- ●論理展開を意識して書く
  〈原因と結果〉〈抽象内容から具体内容へ〉〈時系列〉〈対比・比較〉など，論理展開パターンを意識して，わかりやすく論じる

2 具体例の構成：「情報追加型」

具体例の構成の仕方にはいくつかのパターンがあります。今回はその中でももっとも基本的だけれども汎用性の高い「情報追加型」というパターンを用います。

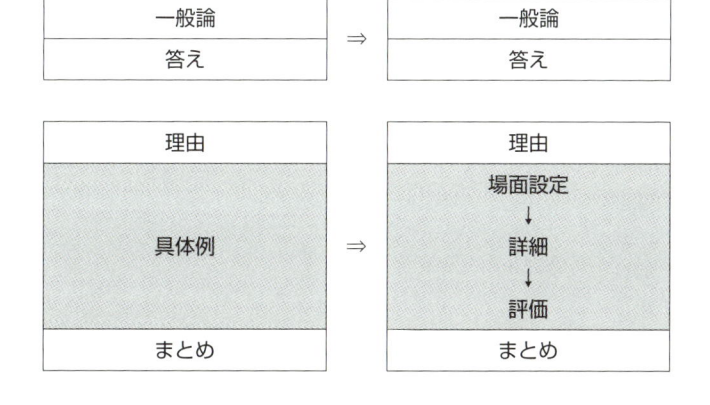

一般論
答え

⇒

一般論
答え

理由
具体例
まとめ

⇒

理由
場面設定 ↓ 詳細 ↓ 評価
まとめ

前ページの右の図のハイライトされている部分に注目してください。「場面設定」→「詳細」→「評価」という流れになっていますね。それぞれでどんなことを述べるのかと長さの目安（センテンスの数）を次の表にまとめてみます。

名称	何を書くのか？	センテンス数
場面設定	特定の状況や場面を設定する	1
詳細	その場面における具体的なエピソードの詳細	3以上
評価	そのエピソードがよかったのか悪かったのか	1

いかがですか？　それぞれの**具体例**はこのような構成で書いていけば、論理的で、とてもわかりやすいものが出来上がります。それでは、実際に1文1文を書いていきましょう。

3　具体例1を書く

(1)　理由1を確認

　具体例では、自分で書いた**理由**（トピックセンテンス）に直結した例を出し、そこにあるポイントを証明しきることが大切です。よって、**理由1**を今一度、確認・分析しましょう。

　To begin with, (ア)physical education classes (イ)waste (ウ)students' (イ)time and energy.
（初めに、体育授業は生徒たちの時間と体力を浪費してしまう。）

　このトピックセンテンスには、3つの証明すべき点があります。つまり、下線部です。まず、(ア)「体育の授業をいつどこで取っていた時のことか」、(イ)「時間と体力が浪費されてその結果どうなったのか」、(ウ)「生徒と言ってもどのレベルの学校（や学年）での話か」、という3つの点です。さらにもっと突っ込んで考えると、(イ)では、(イ-1)「時間」と(イ-2)「体力」のそれぞれが奪われてどうなったのかも書く必要がありますから、全部で4つの点とも考えられます。とにかく、これらの点に沿って話を掘り下げていけば、おのずから、**理由**に直結した論理性の高い**具体例**に仕上がるはずです。

(2) 場面設定1

　まず，**場面設定**の文から書いてみます。どのような場面や状況での**具体例**なのかの導入部です。5W1Hの中でも，「いつ」「どこで」「だれが（通常は自分が）」「何を」「どうした」にあたる情報を盛り込みます。たとえば，下記のようなものを書いてみます。

　　For example, when I was in my first year of high school in Kyoto, Japan, we had 100 minutes（two class periods in a row）of PE class, five days a week.
　　（たとえば，私が日本の京都にある高校での1年次には，週に5日，100分間（2時限続けて）体育の授業があった。）

　まずは，テンプレートである For example, から始めます。そして，「高校1年次に」「日本の京都で」「自分が」「体育の授業を」「週に5日，100分間（2時限続けて）受けた」という具体的な情報を盛り込むことによって，特定の場面が設定されました。ここでは体育大学付属高校に通っていた頃の自分の体験談の導入部になります。また，**理由1**の文に含まれていたポイント(ア)と(ウ)を掘り下げています。

(3) 詳細1

　次に，その場面で実際どんなことがあったのかを，最低3文で詳しく語ります。まずは1文目です。

　I often felt so exhausted and sleepy after the long PE class that I had a hard time concentrating afterward in academic classes.
　（その長い体育授業の後は，私はしばしば非常に疲れて眠く感じてしまい，その後，学問的な授業に集中するのに苦労したものだった。）

　前の文の**場面設定1**では，毎日100分ものあいだ体育の授業を受けたことが書いてあるので，その結果どうなったのかを述べます。**理由1**の文に含まれていたポイント(イ-2)「体力が奪われる」を詳述します。

　場面設定1の文とこの文との論理関係自体，そして，この文の前半と後半の論理関係のどちらも〈原因→結果〉になっていることに気づきましたか？　この文では，因果を表す〈so ... that 節〉の構文を用いて，〈あまりにも…なので(that 節)〉という内容を表現していますね。「（100分も続く体育の授業に参加したので，その後，）非常に疲れて眠くなることもしばしばだった（因果）」ことを語り，「その結果（因果）」，「その後で，学問的な内容の授業を受ける時には，集中するのが大変だった」という流れです。体育で自分の体力が消耗されたことが，まざまざと伝わるように描写します。

次の文では，〈時系列〉的には上記の後，つまり，高校2年になった時点から当時を振り返ります。

I felt that I wasted a lot of my time and energy which I could have used for academic studies.
(学問的な学習に使うことができたであろう自分の多くの時間と体力を浪費してしまったと，私は感じていた。)

ここでの〈could have p.p.〉は〈(過去にもし，しようと思えば)〜できただろう(に)〉という意味ですね。
また，トピックセンテンスに含まれていたポイント(イ-1)「時間が奪われる」にしっかり触れている点にも注目してください。これですべてのポイントに触れたことになるので，**理由1**を直接的にしっかり裏付ける**具体例**の流れが出来上がりました。
3文目では，さらにそれを裏付ける出来事を述べます。

In fact, when I went to cram school in my second year, I noticed that I was at a disadvantage compared with students who were attending more academically-oriented schools.
(事実，2年次に塾へ行った時，学問により力を入れる学校に通う生徒たちに比べて，自分が不利な立場にあることに気がついた。)

In fact．は前段で述べたことにより詳しい情報を加える時に用いる「論理マーカー」です。このような論理マーカーを効果的に使うことによって，論理の流れが読み手にわかりやすくなります。また，事実の列挙という観点では，〈時系列〉的に「高校1年→高校2年」へと流れています。「be at a disadvantage(不利な立場で)」「compared with 〜(〜と比べて)」「〜 -oriented(〜志向の)」などの表現も使えるようになりたいですね。
以上で**詳細1**は完成です。〈時系列〉と〈因果関係〉の論理展開を用いてまとめることができました。次に，それらの情報にもっと色合いをつけるために，**評価**を書きます。

(4)　評価1
評価では，これまでに述べてきた具体的な経験談が良かった(ポジティブ/プラス)のか，悪かった(ネガティブ/マイナス)のかを書きます。必ずしもどんな**具体例**にも**評価**を入れることができるとは限りませんが，あれば，**具体例**に色合いが付き，ぐっと光るものになります。

内容的には，これまでに「体育系高校の長い体育授業で時間と体力が消耗され，後で不利だと感じた」というネガティブな内容をつづってきたので，ネガティブ**評価**を書きます。その1つの手法が，以下のように，仮定法過去完了を使って述べるというものです。

> If I had been attending a high school with a more academic focus, I could have made better use of my time and energy.
> （もし私がもっと学問を重視する高校に通っていたならば，自分の時間と体力をより良く活用できていただろう。）

ちなみに，この文の「a high school with a more academic focus」は，**詳細1**の3文目の「more academically-oriented (high) schools」を書き換えたものです。書き換えはスコアアップの秘策でしたよね！

いかがでしょうか。「仮定法なんて難しい！」という人は，もっと簡単に〈因果〉の論理でまとめてみることもできます。次のようにしてもよいでしょう。

> ***Since*** I attended a high school with a far less academic focus, I could not make good use of my time and energy.
> （私は学問をはるかに重視しない高校に通っていたので，自分の時間と体力を上手く活用することができなかった。）

これでも後悔の念は十分に伝わってきますね（笑）。どちらにせよ，このように，**自分の体験が良かったのか悪かったのかの色合いがわかるように書きます。**

これで本論1は完成しました。本論1全体を読んで，今一度，論理の流れを確認してください。

ステップ3　具体例2で論理を展開しよう！

1　具体例2を書く

(1) 理由2を確認

　自分で書いた**理由2**に直結した**具体例2**を書くために，まずは**理由2**を再確認して証明すべきポイントを見極めます。

　　In addition, (ア)students (イ)can engage in physical activity on their own, (ウ)when and if they want to.
　　（その上，生徒たちはしたいならしたい時に，自分たちで運動に携わることができるのだ。）

　この**理由**の文には，下線部の3つの立証すべきポイントがあります。(ア)「生徒」，(イ)「自分で運動ができる」，(ウ)「したいならしたい時に」の3つです。これらに沿って話を掘り下げていきます。

(2) 場面設定2

　　For instance, I was a member of the basketball club in junior high school.
　　（たとえば，私は中学校ではバスケットボール部の一員だった。）

　まず，「たとえば」にあたる表現である For instance, から始めます。**具体例1**では，For example, から始めていましたが，ここではわざと言葉を変えることによって，表現力が豊かであることを採点官にアピールします。他に，To take an example, / To give an example, などの表現も使えます。

　立証ポイント(ア)の「生徒」については，ここで「中学生」であったことを具体的に書いています。さらに「自分がバスケットボール部の一員だった」と書き，特定の場面を設定しました。

(3) 詳細2

　そこで，より具体的にどんなことをしたのかを詳しく述べていきます。

　　I had at least two hours of practice almost every weeknight throughout the year, and we had games on one weekend every month.
　　（年間を通じて，平日の夕方はほぼ毎日最低2時間の練習があり，毎月1度は週末に試合があった。）

「一年中ほぼ毎日最低でも2時間の部活」と「月1回の試合(練習試合や本試合)」があり，体育の授業以外でも運動ができていたことを述べます。**理由2**の文に含まれていたポイント(イ)「自分で運動ができる」を証明し始めています。

自分1人の体験談だけでは書ける内容がまだ乏しいかなと感じる時は，自分の回りの人々のことを書くのも1つの有効な手です。自分以外に関する新たな情報を付け加えます。

> Many of my friends were not athletes, but they usually played soccer or baseball or rode their bicycles around town after school almost every day.
> (私の友人の多くは運動選手ではなかったが，ほぼ毎日，放課後はたいていサッカーや野球をしたり，町のあちこちで自転車を乗り回したりしていた。)

このように，クラブ活動以外でも，友人たちが放課後にさまざまな運動にいそしんでいたことを述べます。まさしく，立証ポイントの(イ)と(ウ)である「したいならしたい時に」「自分で運動ができる」ことが証明されました。

最後に，友人たちも自分も含めての総論です。

> In general, I think that the majority of the students at my school were active by choice, and would have had plenty of exercise without PE class.
> (概して，私の学校の大多数の生徒は好んで活動的だったし，体育の授業がなかったとしても，たくさんの運動をしていただろう。)

この文の後半部分では〈would have p.p.〉という，ちょっと高度な構造を用いています。これは，仮定のニュアンスが含まれていて，〈(過去に)〜していただろう〉という意味ですね。このように少しレベルの高い構文を交えることによって，スコアアップを目指します。

以上で，**具体例2**が完成です。こちらも**本論2**の全体を通して読み直し，論理の流れを今一度確認してみてください。

ステップ4　最終チェックをして完成させよう！

これでエッセイが1本完成しました！　最後に全体を通して読み，見直しをすることは欠かせません。p.216のモデル・エッセイAと一言一句同じになっているかを，丁寧に確認してください。

1　最後のチェック項目

今回は私と一緒に書いていき，ここに示す英文を写すという作業でしたので，ミスは少なかったと思います。しかし，本試験では，30分という限られた時間内で300語以上の論理的なエッセイをかかねばならない，それもすべて独力で，というプレッシャーの中での作業です。誰でもおのずからたくさんのミスを犯しがちです。よって，必ず最後の3～5分はチェックの時間とします。自分が書いたエッセイを客観的に見直し，間違いを見つけて修正します。この時は多少「自分に厳しくする」という気構えでないと，ミスが見つかりづらいものです。

その際には，以下の観点でチェックをするとよいでしょう。

1	スペルミスはないか？
2	「三単現のs」や「複数のs」は抜けていないか？
3	冠詞(a/an, the)は抜けていないか？　正しいか？
4	大文字・小文字の使い方は正しくなっているか？
5	カンマやピリオドの後には1スペースが入っているか？
6	時制は正しくなっているか？

これらは受験者の非常に多くが間違えやすいポイントです。ふだんから英文を書くときには，気をつける習慣をつけておきましょう。

Lesson 5 自分で独立型タスクエッセイを書いてみよう！

1 演習問題 2

　これまで一緒に順を追ってエッセイを書いてきました。エッセイのそれぞれのパーツを書く順番や，どのパーツでどのようなことを書けばよいのかが，理解できたと思います。それでは，ここまでの理解を基に，今度は自分の力でエッセイを1本書いてみましょう！

　コンピューターと，時間を計ることができるタイマーなどを用意してください。本番と同じ条件で辞書などは一切見ずに30分で書きましょう。なお，攻略法として，必ず，前レッスンの「ステップバイステップ作成法」で行った順番で書いてください。また，**それぞれの時間配分は下記を目安にしてください。**

```
1. 3S      : 7分
2. 具体例1 : 10分
3. 具体例2 : 10分
4. チェック : 3分
         計  30分
```

　質問自体は，先ほどの演習問題1で使用したものと同じです。しかし，今度は練習のために，先ほどのモデル・エッセイとは真逆の立場，つまり，**「毎日の学校生活において体育を必須にすべきだ」に賛成の意見**であることにして，1本のエッセイを書いてみようではありませんか！　このような，どちらの視点であっても論理を展開することができてエッセイを書けるようになる練習は，柔軟な思考力と論理力を磨き上げる上でとても有用です。完璧でなくとも構いません。とりあえずは，今持っている力を出し切ってみましょう！

　次の質問（演習問題1と同じ）を読んで，30分で，「体育を毎日の必須にすべし」に賛成のエッセイを展開し完成させてください。では始めてください。

> **Question**
> Do you agree or disagree with the following statement? Students should be required to have physical education every school day. Use specific reasons and examples to support your answer.
>
> 以下の意見に賛成ですか反対ですか？ 生徒たちは，毎授業日に体育の授業を受けることを義務付けられるべきである。あなたの答えを裏付ける具体的な理由と例を用いてください。

2 演習問題2を終えて：自己診断をする！

いかがでしたか？ まずは，きちんと30分の時間どおりに書いてみましたか？ まず，この段階での自分の完成度を測るために，30分ではどのくらい書けたのか，または，どのくらい書けなかったのか，を認識することが大切です。その際に，自己診断として，下記の項目のそれぞれについて客観的に評価をしてみましょう。○は「できた」，△は「まあまあ」，×は「できなかった」です。そして，△や×の項目を中心に，これまでの復習をしたり，モデル・エッセイを分析したり，練習をしたりして，実力を積み重ねてください。

自己診断チェックリスト

1	30分で300語以上書くことができた	○	△	×
2	「3S（7分）→具体例1（10分）→具体例2（10分）→チェック（3分）」の時間配分を守れた	○	△	×
3	4パラグラフ構成で，「序論・本論1・本論2・結論」の基本構造で書くことができた	○	△	×
4	それぞれの本論は，「理由・具体例・まとめ」の構成で書けた	○	△	×
5	具体例のそれぞれは，「場面設定→詳細→評価」の論理展開パターンで書くことができた			
6	答えと結論では表現を書き換えることができた	○	△	×
7	理由1とまとめ1，理由2とまとめ2ではそれぞれ表現を書き換えることができた	○	△	×
8	理由1と理由2のトピックセンテンスに含まれるすべてのポイントに触れたり証明したりした効果的な具体例が2つ書けた	○	△	×
9	基本的なミスの少ないエッセイに仕上げられた	○	△	×

3 モデル・エッセイ B

以下は演習問題 2 に対するモデル・エッセイです。一通り読んで，どのような内容を盛り込んでいるのかを参考にしてください。

独立型タスク：モデル・エッセイ B

In Japan, where I live, many people believe that students should not be required to have physical education every day. However, I strongly believe that physical education should be a required part of every school day for the following reasons.

First of all, physical exercise improves the mental function of students. For example, when I was in junior high school in Tokyo, Japan, we had a PE class every day. Almost all my academic classes were lectures, in which the teachers did all the talking and the students were not involved in active discussion. So I usually felt my concentration gradually decrease by the middle of the day. A period of vigorous activity always made me feel ready to get back to work for the rest of the day. If I had not had a PE class every day, I would not have been able to focus so well on academic studies. As the experience above shows, physical activity allows students to concentrate better.

Second, students can improve their health if they have a PE class every day. For instance, since the high school I went to in Japan put too much emphasis on academic achievement, we only had a couple of PE classes a week. During this time, I often felt weak and was prone to illness: I caught a cold several times a year. However, when I was an eleventh grader, I got a chance to study in America as an exchange student. This school required students to attend a PE class every day, and I enjoyed various kinds of sports and gymnastics. I found my health improving drastically and I no longer became ill so easily. Thanks to the mandatory physical education, I was healthier. This example clearly demonstrates that mandatory physical exercise in school enables students to improve their health.

Therefore, for the reasons given above, I definitely agree with the opinion that physical exercise should be a required element of a student's daily education.

(329 words)

(* この全訳と語注は別冊 p.40～41 に掲載されています。)

4 モデル・エッセイBの分析1 : "3S"

　次に，前ページのモデル・エッセイを，書く順番に沿って簡単に分析していきます。各パーツでどのような内容が盛り込まれ，どんな論理が展開され，どのような構文や表現が用いられているのかを，分析していきます。**モデル・エッセイAとあえて表現を変えてある部分もあります。皆さんが使うことのできる表現の幅を広げるのが目的です。**どちらにせよ，それぞれのパーツの書き方については，Lesson 4でモデル・エッセイAをステップバイステップで書いて詳しく習得しましたが，**今回はその復習でもあり，また，応用でもある，ととらえてください。**書く順番は，「3S→具体例1→具体例2」でしたから，この順番でざっと検討していきます。

(1) 一般論

　In Japan, where I live, many people believe that students should not be required to have physical education every day.
（私が住む日本では，多くの人々は，生徒たちは毎日体育の授業を受けることを義務付けられるべきではないと考えている。）

　まずは，1文目で「自分の意見とは逆の立場」に触れるのでしたね。モデル・エッセイAでは，In Japan, ～の始まりは同じでも，many people believe の部分が some people believe となっていました。「自分とは逆の意見の人たちが確かにいることをきちんと認識しているよ」というニュアンスになるので，どちらの表現でも大丈夫です。また上記の that 以下は，質問の第2文の that 以下にほんのわずか手を加えたものです。

(2) 答え

　However, I strongly believe that physical education should be a required part of every school day for the following reasons.
（しかしながら，私は以下の理由から，体育は学校で毎日必須とされる科目であるべきだと，堅く信じている。）

　However,（しかしながら）という切り返しの言葉の後で，自分の意見・立場を述べるのでしたね。モデル・エッセイAでは単に I believe that で始めていましたが，ここでは strongly という副詞を入れて，確信の強さを強調しています。また，ここの that の後は，**一般論**の that の後と内容が真逆であるのみならず，構文や表現もあえて変えてあります。このようにして書けば**序論**全体が出来上がります。

238

(3) 結論

結論では，答えで書いた内容を少し書き換えるのでしたね。もちろん，加えて，「ここから結論を述べるよ」ということがわかりやすい言葉で書き始めます。

Therefore, for the reasons given above, I definitely agree with the opinion that physical exercise should be a required element of a student's daily education.
(したがって上記に述べた理由により，体育は生徒が毎日受ける教育の必須科目であるべきだ，という意見に私は絶対に賛成である。)

初めの言葉は，モデル・エッセイAでは In conclusion, でしたが，ここでは Therefore, としてみました。また，その次に，for the reasons given above, (上記に挙げた理由により)という表現を挿入し，本論とのつながりがより引き立つようにも工夫してみました。

また，そもそも質問で「同意するか反対するか？」と問われていたので，ここではっきりと，I definitely agree with the opinion that ～と述べています。definitely(絶対に)という強調の副詞を入れて，自分の確信が強いことを表しています。

that 以下は，もともと答えで，physical education should be a required part of every school day となっていたので，それとまったく同じ内容ですが，表現を少し変えたものです。physical education が physical exercise に，a required part of every school day が a required element of a student's daily education に書き換えられていますね。このような書き換えがスコアアップにつながるのでしたね。

(4) 理由1

First of all, physical exercise improves the mental function of students.
(第1に，体育は生徒たちの精神機能を向上させる。)

理由1の文は，第2段落の最初に位置する文です。これをトピックセンテンスと呼ぶのでしたね。この文は，この段落で述べる内容を凝縮したものですから，できるだけシンプルかつクリアにするのでしたね。まさに端的な書き方になっています。

(5) まとめ1

As the experience above shows, physical activity allows students to concentrate better.
(上記の経験が示すように，運動をすることによって，生徒たちはより集中することができるのだ。)

冒頭の As the experience above shows, はテンプレートですね。その後は，**理由1** で述べたことの書き換えです。**理由1** では physical exercise となっていたものが，ここでは physical activity に変えてあります。また，この**まとめ**では，「allow（人）to do」（（人）が do することを可能にする）という，一般に難易度が高いと言われるワザである〈5文型〉を用いてレベルアップを図っています。

(6) 理由2

Second, students can improve their health if they have a PE class every day.
（第2に，毎日体育の授業があると，生徒たちは健康を増進することができる。）

理由1 では「運動によって精神面の役に立つ」ことを語ったので，**理由2** では「運動が健康を向上させる」としました。このように，**理由1** と**理由2** は内容が重ならないようにします。

(7) まとめ2

This example clearly demonstrates that mandatory physical exercise in school enables students to improve their health.
（この例がはっきりと証明していることは，学校での必須の運動によって，生徒たちは自分たちの健康を向上させることができる，ということである。）

冒頭の This example clearly demonstrates that はテンプレートです。その後は，〈enable（人）to do〉で〈（人）が do することを可能にする〉という，これもまた〈5文型〉でレベルアップを図りました。

5　モデル・エッセイBの分析2：具体例1

(1) 具体例の構成：「問題発生解決型」

以前，**具体例の構成**の仕方にはいくつかのパターンがあると言いましたね（p.227〜228を参照）。モデル・エッセイAの**具体例1** と2の場合は「**情報追加型**」というパターンで構成していました。一方，今回のモデル・エッセイBの**具体例1** と2は，「**問題発生解決型**」というもので構成しています。このパターンについて説明します。まず，次の図を見てください。

一般論
答え

⇒

一般論
答え

理由
具体例
まとめ

⇒

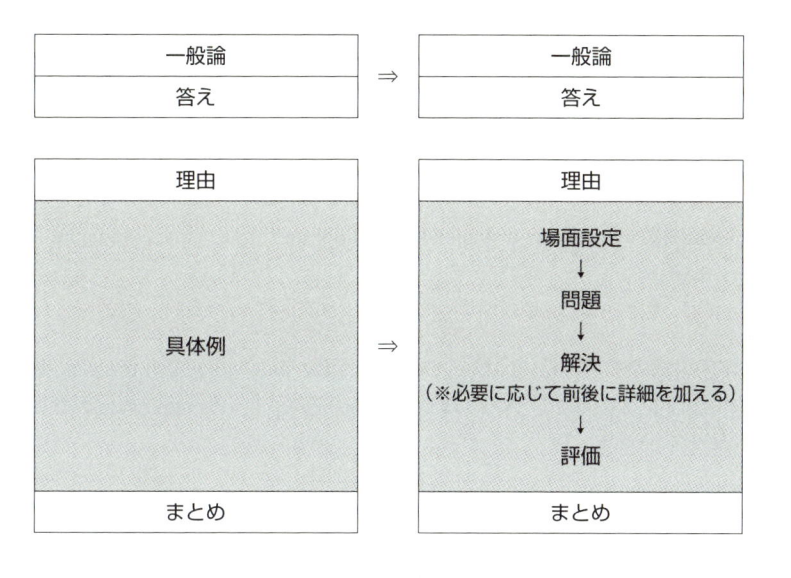

理由
場面設定 ↓ 問題 ↓ 解決 （※必要に応じて前後に詳細を加える） ↓ 評価
まとめ

　右上の図のハイライトされている部分に注目してください。「情報追加型」と比べてみて違いがわかりましたか？　そうです，「情報追加型」では「**場面設定→詳細→評価**」という流れでしたが，今回は「**場面設定→問題→解決→評価**」という流れになっていますね。要するに，「何らかの問題が発生して（困っていた）が」，その後，「何らかの方法で問題が解決して（よかった）」と話を展開していくのです。「**問題→解決**」という展開は，ドラマや小説などでよく使われる手法ですが，話がわかりやすく面白くなるという利点があります。では，この型のパーツそれぞれでどんなことを述べるのかと長さの目安（センテンス数）を次の表にまとめてみます。

名称	何を書くのか？	センテンス数
場面設定	特定の状況や場面を設定する	1
問題	どんな問題があったのか	1〜2
解決	どう解決されたのか	2〜3
評価	そのエピソードがよかったのか悪かったのか	1

　それでは，次に，**具体例1**の各パーツの分析に入ります。

(2)　**理由1を確認**

　　First of all, (ア)physical exercise (イ)improves (ウ)the mental function of students.
　　（第1に，体育は生徒たちの精神機能を向上させる。）

このトピックセンテンスに含まれる論証ポイントは，下線部の(ア)「体育」，(イ)「向上させる」，(ウ)「生徒たちの精神機能」です。これらをこの後の**具体例1**で必ず触れるか証明する必要があるのでしたね。

(3) 場面設定1

For example, when I was in junior high school in Tokyo, Japan, we had a PE class every day.
（たとえば，私が日本の東京で中学生だった頃，体育の授業が毎日あった。）

　「日本の東京の中学校時代の私」ということで，場面が特定されました。また，トピックセンテンスのポイント(ア)「運動」については，「体育授業が毎日あった」ことで触れ始めています。

(4) 問題1

Almost all my academic classes were lectures, in which the teachers did all the talking and the students were not involved in active discussion.
（学問的な授業のほぼすべてが講義であり，そのような授業では先生が話すばかりで，生徒たちが活発なディスカッションに参加することはなかった。）

So I usually felt my concentration gradually decrease by the middle of the day.
（だから1日の中ごろまでには，自分の集中力が徐々に衰えるのをいつも感じていた。）

　ここで問題発生です。1日の途中で集中力が衰えてきたことが語られました。

(5) 解決1

　そこで，毎日，体育の授業があったおかげでリフレッシュできたことを次に書きます。

A period of vigorous activity always made me feel ready to get back to work for the rest of the day.
（活発な活動を1時限行うと，いつも私は，1日の残りの間，学習に戻る心の準備ができたように感じたものだった。）

　問題が解決されてめでたしめでたし，といったところです。

(6) 評価1

If I had not had a PE class every day, I would not have been able to focus so well on academic studies.
（もし毎日体育の授業がなかったならば，学問的な学習にそれほどよく集中できなかったであろう。）

これまで述べてきたことが，「毎日，体育授業があって良かった」というプラスの内容ですので，ここでは，その評価として，「（逆に）毎日，体育授業がなかったならば，このような良い結果にはならなかっただろう」という内容を書きます。**過去の事実の逆を表す〈仮定法過去完了〉を用いて，構文的にレベルアップを図っています。**

内容的には，「集中力の衰えていたところ，脳がリフレッシュされてまた勉強に集中できるようになった」。そして，「もし，毎日，体育授業がなかったなら，これほどまでには勉強に集中できなかっただろう」と述べていますので，トピックセンテンスにあったポイントの(イ)と(ウ)，つまり，「生徒たちの精神機能」を「向上させる」ことを，自分の体験談をもってしっかりと証明したことになります。

6 モデル・エッセイBの分析3：具体例2

(1) 理由2を確認

Second, (ア)students (イ)can improve their health (ウ)if they have a PE class every day.
（第2に，毎日体育の授業があると，生徒たちは健康を増進することができる。）

このトピックセンテンスの立証ポイントは，下線部の(ア)「生徒たち」，(イ)「健康を増進することができる」，(ウ)「毎日体育の授業があると」の3つです。これらについて，この後の**場面設定2**以降で必ず触れるか証明するかします。

(2) 場面設定2

For instance, since the high school I went to in Japan put too much emphasis on academic achievement, we only had a couple of PE classes a week.
（たとえば，日本で私が通った高校は学業成績を重視しすぎていたので，1週間で体育の授業が2，3回しかなかった。）

場面設定1では中学校時代でしたが，ここでは高校時代，それも日本の高校時代です。トピックセンテンスのポイント(ア)「生徒たち」に触れ始めていて，さらに具体的に「高校生」としています。「その高校では体育授業が週に2，3回しかなかった」ということを書き，場面が特定されました。

(3) 問題２

この後の論理展開パターンも，先ほどの**問題１**と同じように，「問題発生解決型」です。

> During this time, I often felt weak and was prone to illness: I caught a cold several times a year.
> （この間，私はしばしば体が弱く感じ，病気がちだった。たとえば，１年に風邪をひくことが数度あったりした。）

問題が発生しました。おそらく運動不足が原因で自分が病弱であった，ということが書かれています。「１年に風邪をひくことが数度あったりした」と**具体的**に書いて読み手がイメージしやすくしてあります。

> However, when I was an eleventh grader, I got a chance to study in America as an exchange student.
> （しかしながら，高校２年生の時，交換留学生としてアメリカで勉強する機会を得た。）

論理が転換します。今度はアメリカに交換留学をした高校２年次の話へと進みました。「an eleventh grader」は直訳すると「11年生」ですが，「高校２年生」のことです。この方がアメリカ人にはよりわかりやすい表現なのですが，「a second-year student」としてもかまいません。

(4) 解決２

この後，**問題解決**に向かいます。

> This school required students to attend a PE class every day, and I enjoyed various kinds of sports and gymnastics.
> （この学校は生徒たちに毎日体育の授業に出ることを義務付けており，私はさまざまな種類のスポーツや体操を楽しんだ。）

トピックセンテンスのポイント(ウ)「毎日体育の授業があると」に触れています。

> I found my health improving drastically and I no longer became ill so easily.
> （私は自分の健康が大幅に増進しているのがわかり，それほどたやすく病気になることがなくなった。）

問題が解決しました。トピックセンテンスのポイントの(イ)「健康を増進することができる」が自分の体験談を通じて証明されました。これで，すべてのポイントが証明されたことになります。

(5) **評価2**

Thanks to the mandatory physical education, I was healthier.
（必須の体育のおかげで，私はより健康的だったのだ。）

　仮定法を用いることに加えて，**評価の書き方**のもう１つの手法は，ストレートに，「〜のおかげで，良かった[…できた]」と書くものです。このような文を１文添えるだけで，これまで語ったことが本当に良かったのだ，ということがよりはっきりと伝わり，色合いが増します。

　以上がモデル・エッセイＢの分析と解説でした。今一度このエッセイ全体を通して読んで，内容と論理展開，表現方法などを確認しましょう。このようなエッセイを書くことを最終目標として，異なる質問でエッセイ作成の練習を積み重ねてください。そうすれば必ず，独立型タスクのエッセイ作成技術が向上します！

Lesson 6 複合型タスクの概要

では，次に Integrated Task（複合型タスク）に挑戦しましょう！

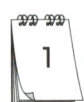

1 出題パターン

　前述したように，複合型タスクでは，①英文を読んで，②それに関する講義を聞いて，③それら両方の要点をまとめて20分で１本のエッセイを書く，という作業を，この順番で行います。

　私自身は，この一連の作業が，まさに留学生活の縮図だと思っています。私は，アメリカの大学と大学院に長期にわたって留学をした経験があります。アメリカなど，英語を母語とする国の大学などに正規留学をすると，毎日大量のリーディング・アサインメント（教科書などの指定範囲をあらかじめ読んでおく宿題）が課されます。大抵は，毎回のクラスに参加する前に，テキストの１章（約30ページ）を読んでくることが義務付けられるのです。ですから，翌日３科目のクラスがある場合には，一晩に90ページほどを読むことになります。これは，ネイティブ（英語を母語とする者）の学生たちにとってもある程度の負担となる量ですが，私たち，ノン・ネイティブ（英語を母語としない者）にとっては，死にもの狂いでこなさねばならない量です。どちらにしろ，学生たちはこのような予習をした上で講義に臨みます。宿題をしている間と講義を聞いている間の両方で，ノートを取ります。そして，テキストと講義の両方から学んだ事柄をまとめてレポートを書いたり，エッセイ形式の試験を受けたりする場合がよくあるのです。これらの学習過程を凝縮したものが，まさしく，複合型タスクだと言えます。

　それでは，このタスクの具体的な出題形式を，目で見てわかるように示してみます。実際の試験はインターネット上で行われますから，コンピューターの画面で示します。

①リーディング　　　　②リスニング　　　　③ライティング

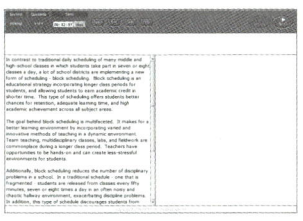

3分で230-300語の　　約2分で講義を聞く　　20分で150-225語のエッ
リーディング・パッ　　（スクリプトにする　　セイを書く（リーディン
セージを読む（メモ　⇒　と230-300語）（メモ　⇒　グ・パッセージとメモを
取り可）　　　　　　取り可）　　　　　　参照してもよい）

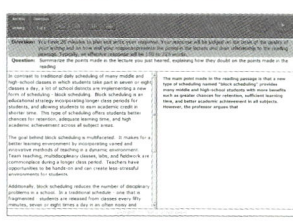

　ここでわかることは，リーディング・パッセージは①と③で，一応2度読む機会があるという点です。その時間は，①で3分と，書く時間を含めてではあるけれど③で20分です。しかしこれに対して**リスニングは②のみの一発勝負**，しかも約2分間だけです。この点には注意が必要です。日本人学習者の多くはリスニング，特にTOEFL独特の長いものを設問なしで聞いて理解し記憶にとどめることを大の苦手としていますので，それなりの戦略が必要です。この点についても，後で詳しくお話しします。
　最後の③では，おおむね次のような指示に従ってエッセイを書くことになります。

Summarize the points made in the lecture you just listened to, explaining how they cast doubt on specific points made in the reading passage.

（今聞いたばかりの講義で述べられたポイントを要約してください。その際，それらが，リーディング・パッセージに書かれている具体的なポイントにどのように疑問を投げかけているかを説明してください。）

　ここで注意すべき点は，「**受験者自身の意見はいっさい求められていない**」ということです。上記の指示文で問うていることは，あくまでも，「**リスニングで聞いた講義の論点が，どのようにリーディング・パッセージの論点と関連づけられているのかをまとめなさい**」ということです。よって，独立型タスク・エッセイのように自分の意見を含めてはいけません。

2 評価基準

　では，受験者の皆さんが書いたエッセイに対して，採点官はどのような点に特に注目して評価を下すのでしょうか。実は，ETS が公式に発表している評価基準(Scoring Rubric)というものがあり，そこには，素点 5～0 のそれぞれに値するエッセイはどんな特徴を含むのかが詳しく記されています（たとえば公式問題集の『The Official Guide to the TOEFL Test, 4th ed.』p.200～201 にも載っています）。しかし，これはすべて英文で書かれている上に，素点スコアごとのかなり詳細なものとなっています。ここでは，そこから得られる評価基準となる情報を，わかり易く 4 つの大きな項目にまとめてみます。それらは，すなわち，(1)重要情報の把握とそのまとめ方，(2)英語の正確さ，(3)リーディングの書き換え，(4)語数，です。では，それぞれの項目についてざっとお話しします。

(1) 重要情報の把握とそのまとめ方

　複合型タスクでは，多くの場合は次のような流れの設問になっています。まず，①リーディングにおいて，ある話題に関する 1 つの主張とそれを裏付ける 3 つの論点が示されます。その後の②リスニングの講義では，教授がそれに反対の主張を 1 つ述べ，その裏付けとして，リーディングの 3 つの論点それぞれに対する反論 3 つを述べる，というものです。よって，まずはこれらをすべて理解し把握できることが重要です。リスニングの 3 つの反論のうち 1 つでも抜けてしまうと，素点 5 点満点中の 3 以下に下がってしまいますので，注意が必要です。リーディングとリスニングのそれぞれの重要情報を，効率よく漏らさずにメモしましょう。

　最後に③ライティングでエッセイにまとめる際には，エッセイ全体の構成も大切です。独立型タスク・エッセイの解説で「エッセイ構成力」について詳述しました（p.210～212 を参照）が，このタスクにおいても，理路整然とした小論文を作成することが必要です。序論 1 つと結論 1 つと，その間に本論をいくつか書く，という形式を踏襲して，首尾一貫したエッセイに仕上げることをお勧めします。

　また，上述したリーディングでの 3 つの論点と，その後の講義で語られるそれらに対する反論点 3 つのそれぞれを，対比させてまとめるとよいでしょう。そうすることによって，自分が重要情報をすべて理解しており，さらにリーディングとリスニングのそれぞれの論点のつながりや対応関係も理解していることを，採点官にアピールすることができるからです。読んで聞いた重要情報を理解しメモし，それらをわかりやすく整理して，正確に，曖昧さなく，エッセイにまとめ上げる力が求められるのが，複合型タスクです。

(2) **英語の正確さ**

　評価基準に示されていることは,「内容や構成面で要件を満たしていれば,英語の間違いを多少含んでいても,それらが読み手(採点官)の内容理解の妨げとならず誤解を与えないものであれば,素点で5点満点を獲得することも可能である」ということです。たとえ必ずしも満点獲得を目指さなくとも,ある程度以上のスコアは取りたいものです。そのためには,致命的なミスは極力少なくするよう努めましょう。では,逆に,それ以外の細かなミスならたくさんしてもよいのか,となると,そうではありません。基礎的なミスがあまりにも多ければ,採点官の心証は自ずと低いものになってしまいます。やはり,エッセイ作成に与えられた20分のうちの**最後の最低2〜3分はチェックの時間としてとっておき**,内容面は去ることながら,語法・文法・スペルなどの,細かで基礎的な間違いを見つけて修正するように心がけましょう。

(3) **リーディングの書き換え**

　最後のライティングの作業は,リーディング・パッセージを再度見ながら行うことができるので,そのパッセージに書かれてある英文をまるごと書き写してしまう人がいます。しかし,これはTOEFLでは注意が必要です。**パッセージに書かれてある英文をエッセイで使用する際には,書き換え(paraphrase)を行う必要があります**。語句や構文の面で原文とは異なるけれど,同じ内容を表す表現に変えることが求められます。しかも,他の作業と合わせてそれらを20分の制限時間内で行わねばならないのです。このような力はすぐに身につくものではありませんので,日ごろから類義語辞典などを使用して,また,構文力も養成して,英文の書き換え力を身につけることが大切です。

(4) **語数**

　ETSは複合型タスク・エッセイの語数に関して目安を公表しています。基本的に150〜225語ですが,225語を超えても構いません。しかし逆に150語に満たないと減点される恐れがあるので注意しましょう。**本講義では,ある程度**(素点平均で3.0〜3.5)**以上のスコアを目指すために,200語以上書くことを目標とします**。

Lesson 7 演習問題3（複合型タスク）

1　まずはとにかく書いてみよう！

　独立型タスクの時と同様に，初めに，複合型タスクに取り組む力が現時点で自分にどれだけあるのかを測ってみましょう。本番とまったく同じ形式で設問に取り組んでもらいます。

　まずは，準備をします。次のものを用意してください。

- コンピューターなど入力できるもの
- メモ用紙
- 時計など時間を計れるもの
- 本書に添付のCDとCDプレーヤー

　準備は整いましたか？　それでは，実際に演習問題を開始します！　次の手順で取り組みます。

※以下の①～③の冒頭の指示文まではCDトラック11を流し続けて，指示文を聞き，空白時間にリーディングを行います。音声をタイマー代わりにして進めてください。

①リーディング
　CDトラック11を流すと，英文パッセージを読むように指示が流れて，ピーという音が鳴ります。この後3分間の空白がありますので，次のページにある枠内の英文を読みます。この間にメモを取ってもかまいません。3分経ったら再度ピーという音が鳴りますから，たとえ途中であってもパッセージを読むのをやめてください。本試験では，この制限時間が終わったらパッセージはコンピューター画面から消えてしまって二度と現れません。よって，このようにきちんと時間を守って練習をしておくことが大切です。

②リスニング
　次に音声で「講義の一部を聞いてください」というような内容の指示が英語で流れます。そのすぐ後で約2分間の講義を聞きます。この間にメモを取ってもかまいません。

③ライティング

次に音声で、リーディングとリスニングの内容を統合してまとめてエッセイを書くように指示が流れます。"Begin writing now."という指示がありビーという音が鳴ったら、音声をここで停止して、コンピューターなど入力できるものを使ってエッセイ作成を始めてください。**制限時間は20分ですが、この時間は自分で計ってください。**なお、エッセイを作成する20分の間に、上記の①と②で取ったメモを見てもかまいません。また、①で読んだ英文パッセージをもう一度見ながら書いてもかまいません。20分経ったら、たとえ途中であっても書くのをやめてください。本試験では、この制限時間が終わったら自動的に入力ができなくなります。よって、このようにきちんと時間を守って練習をしておくことが大切です。

では、よろしいですか？　演習問題3を開始します。CDトラック11を流して、問題に取りかかってください。

①リーディング

Most students go to high schools that are co-educational, in which boys and girls study together. However, recent findings indicate several important reasons why both genders benefit when they attend single-sex high schools.

One important factor in support of all-boys or all-girls schools is that girls perform better. They participate more in class, score better on tests, and tend to study math and science more, subjects that women traditionally avoid in schools that have both male and female students.

Secondly, both boys and girls benefit from single-gender schools because they are not distracted by the opposite sex. In co-ed schools, boys waste time and do not focus because they try to impress the girls. On the other hand, the girls tend to worry about what the boys think of them instead of what they themselves value. When students attend schools that are all boys or all girls, they can better concentrate on their studies.

In addition, since boys and girls develop at different speeds, single-sex schools are better able to meet the differing needs of the students. For example, boys develop visual abilities earlier than girls. And girls often mature, both physically and mentally, before boys. As a result, girls tend to take their studies more seriously, and are often slowed down by the lack of maturity of their male classmates in co-ed schools. Single-sex schools allow teachers to suit the pace of lessons to each gender.

(* この全訳と語注は別冊 p.43〜44 に掲載されています。)

②リスニング

③ライティング

Summarize the points made in the lecture you just listened to, explaining how they cast doubt on specific points made in the reading passage. You may refer to the reading while you are writing. Begin writing now.

　たった今聞いたばかりの講義で述べられたポイントを要約してください。その際に，それらのポイントが，リーディング・パッセージで述べられた具体的なポイントにどのように疑問を投げかけているのかを説明してください。エッセイを書いている間，リーディング・パッセージを見てもかまいません。では，書き始めてください。

2　演習問題3を終えて

　いかがでしたか？　実は，今回のこの問題は，リーディング・パッセージとリスニング用講義の両方とも，本試験のレベルよりも多少やさしめに作成してあります。そうであっても，実際に複合型タスクに取り組んでみると，想像以上に大変だと感じた人も多いことでしょう。まず，リーディング・パッセージは3分で読み終え，その間にメモを取れましたか？　次のリスニングでは一度しか聞けない講義の内容をほぼすべて理解しながら，メモを取ることができましたか？　最後のライティングでは20分で最低150語以上のエッセイを書くことができましたか？　これらの作業は決して容易ではなかったかもしれませんね。しかし，これから説明する攻略法をしっかりと理解し，練習を積み重ねれば，たとえ一見手ごわそうな複合型タスクでも，「コツがつかめてきた！」，「できそうかも！」と感じることができるようになります。千里の道も初めの一歩からです！　それでは，対策の具体的なお話を始めます。

(1) モデル・エッセイの確認

独立型タスクの時と同じように，まずは，目指すべき目標点を確認します。以下にモデル・エッセイ（模範解答）を示します。一通り読んで，どのような内容がどのような構成でまとめられているのかを，ざっと確認してみてください。

複合型タスク：モデル・エッセイ

The main point made in the reading passage is that both male and female students benefit when they go to single-gender high schools. *However, the professor argues that* students do just as well at co-educational schools.

First, the reading says that girls gain from going to girls' schools because they do better by participating more in class and achieving higher scores on tests. *On the other hand, the speaker states in his lecture that* girls going to co-ed schools perform as well as those going to all-girls' schools. *This contradicts what the passage indicates.*

Second, the passage mentions that both boys and girls can concentrate more when they learn without students of the opposite sex. *However, the lecturer claims that* there are also some good effects of having a mixed-gender classroom, *which the author of the reading might not have predicted.*

Third, the reading states that the teachers at single-gender schools can match the pace of their classes to both boys and girls. *By contrast, the lecture says that* there are better ways to accommodate students of different levels than separating them by sex. *This is another part that contradicts what the reading says.*

Therefore, the main points made by the professor in the lecture cast doubt on the points made in the reading passage.

(215 words)

(* この全訳と語注は別冊 p.46〜47に掲載されています。)

いかがですか？　リーディング・パッセージの主張1つと論点3つと，講義の主張1つと反論3つのそれぞれをうまく対比させてまとめてあることがわかりましたか？　語数的にも215語ですから，まさにちょうどよい長さだと言えます。

　ちなみに，前ページの**太字イタリック**の部分は，このエッセイの骨格にあたる部分ですが，実は**テンプレート**(暗記して使い回しが利く定型表現)です。ほぼどんな内容のリーディング・パッセージと講義が出てきても，それらが反論タイプである限りは，必ず使える非常に便利なものです。このお話も含めて，次のレッスンから，より具体的なエッセイ作成手順を解説します。

Lesson 8 ステップバイステップ・複合型タスクエッセイ作成法

　独立型タスクのエッセイ作成法を習得した時と同じように，ここからは，私と一緒にステップごとに作業をしていきましょう。そうすることによって，複合型タスクの攻略手順を，順を追って容易に理解し体得することができます。また，ライティングではパラフレーズの仕方や使用する英語表現などを身につけることもできます。メモを取るための紙と筆記用具，エッセイを入力できるパソコンなどを準備しておいてください。
　次の順番（ステップ）で作業をしていきます。

ステップ1	リーディング攻略
ステップ2	リスニング攻略
ステップ3	ライティング攻略1：EFT（テンプレート）
ステップ4	ライティング攻略2：リーディング情報
ステップ5	ライティング攻略3：リスニング情報
ステップ6	チェック

　それでは，始めます！

ステップ1　　リーディング攻略

1 リーディング・パッセージの構成

　演習問題3で使用したリーディング・パッセージ（p.251）をもう一度ざっと眺めてみてください。まず大きく見ると，次の左図のような段落構成になっていることがわかります。

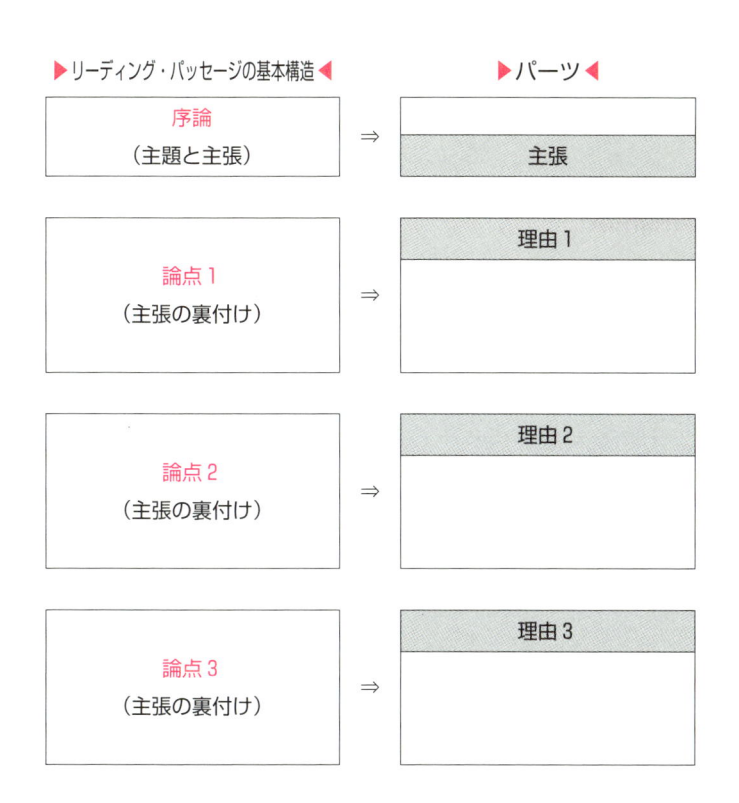

▶リーディング・パッセージの基本構造◀　　　▶パーツ◀

| 序論（主題と主張） | ⇒ | 主張 |

| 論点1（主張の裏付け） | ⇒ | 理由1 |

| 論点2（主張の裏付け） | ⇒ | 理由2 |

| 論点3（主張の裏付け） | ⇒ | 理由3 |

　複合型タスクに出てくるリーディング・パッセージは，通常，上の左図のように全4段落構成になっています。第1段落では**主題**と**主張**が述べられます。その**主張**を裏付ける情報が第2〜4段落でそれぞれ1つずつ，全部で3つ語られる，というのが大きな構造です。

　次に，上の右図を見てください。これは左図をさらに分析したものです。どこかで見たことがあるような気がしませんか？　そうです。独立型タスクのエッセイを作成する際の手法で「**3S（スリーエス）**」というものを紹介しましたが，その時に用いた図（p.221）によく似ていますよね。それと異なっている点は，こちらでは「**結論**」が省略されていること，「**まとめ**」のパーツがない点と，「**答え**」となっていたものが上の右図では「**主張**」となっている点です。しかし，使っている表現が違っても結局は同じ内容を指しています。一般に，学問的な形式のエッセイ（小論文）や論説文は大体このような構造になっているものなのです。したがって，**先ほどはエッセイを書く際に利用したこのような構造の理解を，今度はそれを逆手にとって，リーディング・パッセージで重要情報を探し出す際に用いる**のです。多くの場合は，ハイライトされた部分を中心に見ていくと，把握すべき重要情報が見つけやすいものです。これらのパー

ツを中心にとらえながらも，その他の部分で具体例や根拠などの補足情報を読み取り，大切な情報とそうでないものを区別するとよいでしょう。

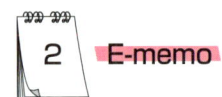

2　E-memo

さて，いよいよ実践です。まず，リーディング・パッセージを読む時間が3分間与えられていますが，その最初の5～10秒だけを，効率のよいメモ取りの準備にあてます。メモ用紙に鉛筆で下記のようなフレームを書いてください。

MT	
○×	
1	
2	
3	

　これを「E-memo」と呼ぶことにします。「English memo」の略です。これからリーディング・パッセージを読み，講義を聞く間に，論点や反論ごとに効率よくメモを取り，情報を整理するためのメモ・フレーム（枠組み）のことです。全体的に左半分がリーディング用，右半分がリスニング用のメモ欄です。ただし，一番上の欄だけが，それら両方に共通です。左上にある「MT」とは Main Theme（メイン・テーマ＝主題）のことで，この欄に，リーディングとリスニング共通の**主題**を書き入れることになります。次にある「○×」の欄は，筆者または話者の**主題**に対する**主張**が，「肯定派」であるのか「否定派」であるのかを，それぞれ，「○」か「×」で端的に書き入れる部分です。そして，リーディング・パッセージの主張を裏付ける**論点**も，講義の主張を裏付ける**反論**も，それぞれ3つずつと相場が決まっています。よって，その下の「1～3」の欄に，それぞれをメモしていくことになります。基本的に，「英単語レベ

ル」でメモを取ります。英語で読んだり聞いたりしたものを日本語でメモしてしまうと，後で英語でエッセイを書くときに訳し間違えてしまったり，時間がかかったりするので，効率的ではありませんよね。だから，英語でメモを取るという意味で，「*English* memo = *E*-memo」と呼ぶわけです。このフレームがしっかりメモで埋められれば，ライティングの時には，論点がきちんと整理された状況でエッセイ作成に集中できます。要するに，どの順序で何を書くべきかがしっかりとわかっている状態になるので，安心してライティングだけに専念できるのです。

それでは次に，実際に，各段落ごとにリーディング・パッセージを読みながら，E-memo の各欄にメモを取る，という作業を進めたいと思います。頑張ってついてきてくださいね！

3 重要情報を把握する：主題と主張

それでは，今一度，リーディング・パッセージの第1段落を読んでみましょう。**主題**が何か，そして，**主張**では筆者が肯定派なのか否定派なのかを読み取ります。

Most students go to high schools that are co-educational, in which boys and girls study together. However , recent findings indicate several important reasons why both genders benefit when they attend single-sex high schools.

ほとんどの生徒たちは，男子と女子が一緒に勉強する共学の高校に通っている。しかしながら，最近の調査結果は，男女別学の高校に通う時，なぜ男女両方ともが恩恵を被るのかについて，いくつかの重要な理由を示している。

(＊リーディング・パッセージの語注は別冊 p.44 に掲載されています。)

通常は第1段落であっても，もう少し長いものが出てくる可能性が大です。そうであっても，先述の通り，ふつうは**第1段落の最終文が筆者が主張を述べるパーツ**でしたよね。ここでは，「**However**」という**論理マーカー**に注目して，この前で現状を述べ，この後からが筆者の**主張**であることがわかりやすくなっています。However の前では high schools that are co-educational（共学の高校），後では single-sex high schools（男女別学の高校）が出てきており，それら2つが対比されていることがわかります。よって，**主題**は「（co-educational high school と対比しての）single-sex high school」であると把握してください。さらに，However の後の主張内容を見れば，benefit（恩恵を被る，利益を得る）というプラスの意味の言葉が出てきますので，筆者は**男女別学の**

高校に対して肯定派（○）であることがわかります。それでは E-memo の上 2 段に，次のようにメモしましょう。

MT		single-sex hi
○×	○ (benefit)	

「hi」は「high schools」の略です。本試験では時間との勝負です。メモは自分だけにわかればよいので，各自で工夫して簡略化しましょう。

4 重要情報を把握する：論点 1

次に第 2 段落を読み，筆者の主張を裏付ける**論点 1** を把握しましょう。先述のとおり，**第 2 段落以降では，最初の文がトピック・センテンス**であり，そこで**主張**の**理由**が語られる傾向にあるのでしたね。

One important factor in support of all-boys or all-girls schools is that girls perform better. They participate more in class, score better on tests, and tend to study math and science more, subjects that women traditionally avoid in schools that have both male and female students.

男子校や女子校を支持する 1 つの重要な要因は，（別学に通うと）女子がより良い成績をあげる，ということだ。女子たちは授業により参加し，試験での成績もより良く，男女両方の生徒がいる学校では女子が伝統的に避ける科目である数学や科学をより勉強する傾向にある。

（* リーディング・パッセージの語注は別冊 p.44 に掲載されています。）

確かに，最初の文で**理由**が集約されています。女子校に通う女子生徒たちの方が，共学に通う女子生徒たちよりも，成績がより良い (perform better) とあります。その詳述がその後に続いています。では，E-memo の**論点 1** の左欄に次のようなメモを取りましょう。

| 1 | G — perform ↑
・partici ↑
・score ↑
・study math & sci ↑ | |

「G」は「girls」の，「**partici**」は「participate」の，「**sci**」は「science」の略です。また，「↑」は「上昇，向上，頻度数や程度の高さ」などを表します。

5 重要情報を把握する：論点2

次に第3段落を読み，「男女別学の方が良い」という主張を裏付ける**論点2**を把握しましょう。第2段落と同様に，冒頭の文において，この段落の内容を集約する形で，**主張の理由**が述べられているかもしれません。

Secondly, both boys and girls benefit from single-gender schools because they are not distracted by the opposite sex. In co-ed schools, boys waste time and do not focus because they try to impress the girls. On the other hand, the girls tend to worry about what the boys think of them instead of what they themselves value. When students attend schools that are all boys or all girls, they can better concentrate on their studies.

第2に，異性によって気が散ることがないので，男子も女子も別学から恩恵を被る。共学の学校では，男子は女子の気をひこうとするので，男子は時間を浪費し（勉強に）集中しない。また一方で，女子の方は，自分たちが自ら大切だと考えることではなくて，男子たちが自分たちのことをどう思うかに気をもむ傾向にある。生徒たちが男子だけ，あるいは，女子だけの学校に通うと，生徒たちは勉強により良く集中できるのだ。

（＊リーディング・パッセージの語注は別冊 p.44 に掲載されています。）

確かに冒頭の文がトピック・センテンスのようです。「別学の方が生徒たちは気が散らない（not distracted）」とあります。しかし，この段落の最後の部分にも，これを上手く言い換えた表現があります。「勉強により良く集中できる（can better concentrate on their studies）」ですね。では，E-memo に次のようなメモを取るとよいでしょう。

2	B & G ・↑ concentrate

「B & G」は「boys and girls」の，「↑ concentrate」は「(can) better concentrate」の略です。

6 重要情報を把握する：論点3

次はリーディング・パッセージの最終段落です。他の段落と同様に，論点を把握してみてください。

In addition, since boys and girls develop at different speeds, single-sex schools are better able to meet the differing needs of the students. For example, boys develop visual abilities earlier than girls. And girls often mature, both physically and mentally, before boys. As a result, girls tend to take their studies more seriously, and are often slowed down by the lack of maturity of their male classmates in co-ed schools. Single-sex schools allow teachers to suit the pace of lessons to each gender.

その上，男子と女子は異なる速度で成長するので，別学の方が，生徒たちの異なるニーズを満たすことがよりうまくできるのだ。たとえば，男子は女子よりも早く視覚能力を発達させる。そして，女子の方が男子よりも身体的にも精神的にも早く成熟することが多い。その結果，女子の方が勉学をより真剣にとらえる傾向にあり，共学校では男子クラスメートの成熟度の欠如によって，女子はしばしば(学習進度が)遅らされることがある。別学の学校は，教師が男女それぞれに授業のペースを合わせることを可能にするのだ。

(* リーディング・パッセージの語注は別冊 p.44 に掲載されています。)

第1文は確かにトピック・センテンスであり，**主張**の**理由**をまとめて述べています。「男子生徒と女子生徒の習得速度に違いがあるため，別学の方が生徒の異なるニーズをよりうまく満たすことができる」と述べています。この後半の「学生の異なるニーズをよりうまく満たせる」とは具体的にどういうことでしょうか？　この文の直後に「For example」という論理マーカーがありますから，この後でその内容が具体的に述べられることになりますよね。

さて，ここで，全体的に気づいてほしいことがあります。上記では赤字で示した部

分です。すべて，習得の「速さ」「ペース」に関する表現ですよね。**大事な情報は，言い換えられたり，繰り返されたりします**。どうやら，「生徒の異なるニーズをよりうまく満たせる」とは，つまり，「**教師が，男子と女子の習得速度の違いに合わせることができる**」ことを意味しているようです。実はこのことは，最終文（2つめの下線部）にまとめられています。つまりこの場合，最終文は第1文をよりわかりやすく言い換えたものだ，とわかります。今回はここに注目しましょう。それでは，**E-memo** の**論点3**の左欄に次のようなメモを取ります。

3	teachers ・can suit pace of lesson to B & G	

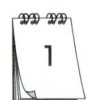

ステップ2　リスニング攻略

1　リスニング・パッセージの構成

では次にリスニングの攻略です。まずは背景知識として、リスニングで聞くパッセージの構造について理解してみましょう。皆さんが聞く講義をスクリプト(台本)にしてみると、実はリーディング・パッセージと同じくらいの長さで、下図のように、構造もそれと似たものになっているのです。

▶リスニング・パッセージの基本構造◀

```
序論
(主題と主張)
(主張＝リーディングに対する反対意見)
```

```
反論1
(主張の裏付け)
(＝リーディングの論点1への反論)
```

```
反論2
(主張の裏付け)
(＝リーディングの論点2への反論)
```

```
反論3
(主張の裏付け)
(＝リーディングの論点3への反論)
```

ただし，目でスクリプトを読むのとは違い，耳だけで講義を聞いている時は，どこからが新しい段落なのかを自分の頭の中で判断する必要があります。**論理マーカー**の中でも特に，段落分けのような大きな論理展開を示すもの，たとえば，First (of all), Second, Third, Next, Finally, Moreover, In addition などをヒントに聞き分けることになります。

　まず，講義の冒頭(第1段落にあたる部分)で，教授が**主題**に関して，リーディング・パッセージの筆者の**主張**に反対であること(ごく一部の例外を除いて，ほとんどが反対です)を把握します。次に，その裏付けとなる**反論**3つを聞き取り，メモすることになります。通常，すべて，リーディング・パッセージの論点と同じ順番で，反論のそれぞれも語られます。よって，E-memo の左欄に取ったメモを見ながら，その反論を予測しながら，順番に聞き取り，メモを取ればよいのです。こう考えると，リスニングに対する負担感もずいぶん軽減することでしょう。

2　重要情報を把握する：主題と主張

　それではここからは，①スクリプトを見ずに段落ごとに再度音声を聞き，②スクリプトを確認して重要情報を把握し，③メモを取る，という作業をしていきましょう。では，初めに，リスニングの第1段落にあたる部分を，トラック25で再生してください。その際はスクリプトを見ないで聞いてください。では聞いてください。

　では次に，その音声を文字で確認します。

25 CD

It has often been said that girls and boys should go to separate schools because they tend to do better in school when the opposite sex is not present. But most of the arguments made for this are not based on reliable research. In fact, students do just as well when boys and girls are mixed in co-educational schools.

男子も女子も，異性がいない場合，学校で成績が良くなりがちなので，別々の学校に通うべきだ，としばしば言われてきました。しかし，これに賛同する議論のほとんどは，信頼できる研究に基づいたものではありません。事実，共学の学校で男子と女子が混じっていても，生徒たちはちょうど同じくらい良い成績をあげているのです。

(* リスニング・スクリプトの語注は別冊 p.50 に掲載されています。)

リーディング・パッセージの序論と同じく，ここでも第1文では一般論的な情報が語られています。そして，その後の But という**切り返しの論理マーカー**の後が，筆者の**主張**であり，また，反対意見を述べ始めている部分です。さらには，In fact という論理マーカーは，ここでは「それどころか」，「もっと言えば」という意味で，「そこまでで述べたことを，この後でもっと具体的に述べてやるぞ」という印のような働きをします。つまり，その後がもっとも重要な部分です。そこでは，「共学で一緒に学んでいても，別学で学ぶ生徒と同じような成績である」ことが述べられていますね。よって，「男女別学で学ぶ方がよい」というリーディングの立場に対して，間違いなく否定的な主張ですので，E-memo の以下の部分に「×」と記します。

MT	single-sex hi	
○×	○（benefit）	×（do as well）

余裕のある人は，どのように×（反対している）なのかを覚えておくために，**主張**で実際に用いられた言葉を（　）内に記しておきます。ここでは，do (just) as well（同じような成績である）です。

3 重要情報を把握する：反論1

次に第2段落です。スクリプトを見ずに，トラック26を再生して聞いてみましょう。どんな**反論1**かを把握してください。では聞いてください。

26 CD

では次に，以下のスクリプトで目で確認です。自分が理解した内容に間違いがないかも確認します。

First, girls do not do better at all-girl schools. Recent studies show that there is no big difference in the performance of girls who go to school only with other girls and those who go to school with boys. Other factors are far more important — class size, teacher quality…. And even if a few more girls study math or science at a girls' school, there are still plenty of female students studying the same subjects at co-ed schools. I mean, all subjects are important, right?

第1に，女子は女子校で成績がより良くなるわけではありません。最近の研究が示しているには，女子のみの学校に通う女子たちと男子と一緒の学校に通う女子たちでは成績に大きな差はない，ということです。他の要因の方がはるかにもっと重要です。それはつまり，クラスの大きさや教師の質などのことです。そして，たとえ何人か多くの女子が女子校で数学や科学を勉強しているとしても，共学の学校で同じ科目を勉強する女子生徒もそれでもたくさんいるのです。つまりその，すべての科目が重要ですよね？

(＊リスニング・スクリプトの語注は別冊 p.50 に掲載されています。)

最初に「First」とありますから，スクリプトなしで講義全体を続けて聞いている場合でも，ここからが第2段落であり，**反論1**が始まることが容易にわかります。これに続く第1文は，「girls do **not** do better …」とあり，間違いなく，リーディングの**論点1**である「別学に通う女子生徒たちはそうでない者にくらべて成績が良い」に対する反論になっています。その理由にあたるのが第2文です。no big difference in the performance of girls …「（別学に通う女子生徒たちと共学に通う）女子生徒たちの間では，成績で大差はない」とありますから，ここに反論が集約されていると判断し，メモを取ります。その後は，その根拠が詳しく述べられていますので，それほど丁寧に聞く必要がない部分です。では，**E-memo** の**反論1**の欄に次のようなメモを書きましょう。

1	G － perform ↑ ・partici ↑ ・score ↑ ・↑ study math & sci	G － × big differ in perform

ここの「×」は no「～がない」を表しています。「***differ***」は「difference」の，「***perform***」は「performance」の略です。

267

4 重要情報を把握する：反論2

第3段落に進みます。これもスクリプトを見ないで，トラック27を再生して聞いてみましょう。どんな**反論2**かを把握してください。では聞いてください。

27 CD

では次に，以下のスクリプトを使って目で確認します。自分が聞いて理解した内容に間違いがないかも確認しましょう。

Second, even if there is some distraction caused by attending school with the opposite sex, the advantages are far more important. Girls can have a very good influence on boys. Having girls in the same school encourages boys to behave better than when there are no girls in the classroom. It also teaches boys to interact with the opposite sex. Boys who have never gone to school with girls have more problems socializing with women later in life.

第2に，たとえ，異性と一緒の学校に通うことで多少気が散ってしまうことがあるとしても，その利点の方がはるかに重要なのです。女子は男子にとてもよい影響を与えることもあります。同じ学校に女子がいることで，男子は，教室に女子がいない時よりも行儀がより良くなる傾向にあります。また，女子と一緒にいることで，男子は異性との付き合い方を学びます。女子と一緒の学校に通ったことがない男子は，のちの人生において，女性と付き合っていく上でより多くの問題を抱えるのです。

(* リスニング・スクリプトの語注は別冊 p.50 に掲載されています。)

冒頭に「Second」とありますから，スクリプトなしで聞いていても，ここから**反論2**であることが容易にわかりますね。この第1文を分析してみましょう。「**even if**」はこれも論理マーカーで，「たとえ～であっても」という意味で，2つの節をつなぐ接続詞の役目をしていますね。「譲歩」の意味です。要するに，これ（even if）に続く前半（従属節）で，リーディングの**本論2**（「共学では，異性の存在で気が散る，という弊害があること」）をある程度認めつつも，後半（主節）でそれに対する**反論2**（「共学の利点の方がはるかに重要だ」）が述べられる，という構造になっています。よって，後半こそが筆者が本当に言いたいことですので，ここに一番注目しましょう。その次の文は，それを補足しています。それよりもさらに後ろの部分は，より細かな情報となりますので，さほど重要ではありません。ただし，「also」という論理マーカーは，「もう1

つ大事なことを述べるぞ」という印ですから,その部分は注目します。
　では,E-memo の**本論2**の欄には,たとえば,次のようなメモを取りましょう。

| 2 | B & G
・↑ concentrate | advant ↑
・G → ○ influ on B
・B — learn to inter w/ G |

　「**advant ↑**」は「利点がより大事」ということを表しています。「**○ influ on B**」は「(have) a good influence on boys」の略で,「男子に良い影響を与える」ことを表しています。また,「**inter**」は「interact」の,「**w/**」は「with」の略です。自分にさえわかればよいので,情報の簡略化によるメモ取り方法を,各自で工夫してみてください。

5　重要情報を把握する：反論3

次に最終段落です。トラック28を再生して聞いてみましょう。どんな**反論3**かを聞き取ってください。では聞いてください。

では次に，以下のスクリプトで確認します。

> Third, separation by sex is not the best way to address the problem of different paces of development. If girls develop a little faster than boys, it doesn't necessarily mean that boys will fall behind. It's better if faster learners study together and the content of the class is made for their level, but it doesn't matter if they are all girls or all boys. And the same goes for slower learners. The materials and the teaching should be appropriate for the level of the student, but you don't have to separate boys and girls to do this.
>
> 第3に，性別で分けてしまうことは，成長の早さが異なるという問題に対処するための最善の策ではありません。女子が男子よりも若干早く成長するとしても，それが必ずしも，男子が(勉強に)ついていけなくなる，ということにはなりません。もし飲み込みが早い学習者たちが一緒に勉強し，授業の内容を彼らのレベルに合わせるなら，その方がより良いものです。しかし，生徒たちがすべて女子なのかすべて男子なのかということは重要ではないのです。そして，飲み込みが遅い学習者たちについても同じことが言えます。教材や指導法はその生徒のレベルにふさわしいものにすべきですが，このことを行うのに，男子と女子を分けてしまう必要はないのです。

(*リスニング・スクリプトの語注は別冊p.50に掲載されています。)

ここも冒頭で「Third」とありますから，スクリプトなしで聞いていても，**反論3**が始まることが明白にわかります。リーディング・パッセージと同じく，第2段落以降ではその第1文がトピック・センテンスであり，そこで**理由**が集約されて語られる傾向にあります。ここでは，まさしく第1文にまとめられていますね。下線部に「男女の性別で分けることが，習得速度の違いという問題に対処するための最善の策ではない」とあります。それ以降は，内容的に，それをより詳しく説明している部分です。では，下線部の情報を，E-memoの**反論3**の欄に簡略化してメモします。

| 3 | teachers
・can suit pace of lesson to B & G | separation by sex
— ✕ best way ← diff. develop pace |

「separation by sex が，different development paces（＝ different paces of development）に対処するための best way ではない」ということを表すメモです。

これで，必要な情報をすべてメモした E-memo が完成しました。下記の全体の完成例と比べてみてください。ご自分の手元にあるものは，これと同じようになっていますか？

MT	single-sex hi	
○✕	○（benefit）	✕（do as well）
1	G — perform ↑ ・partici ↑ ・score ↑ ・↑ study math & sci	G — ✕ big differ in perform
2	B & G ・↑ concentrate	advant ↑ ・G → ○ influ on B ・B — learn to inter w/ G
3	teachers ・can suit pace of lesson to B & G	separation by sex — ✕ best way ← diff. develop pace

最後に仕上げをしましょう。スクリプトは見ずにE-memoだけを見ながら，講義全体を聞きます。重要情報を簡略化して記入したこのE-memoの右欄を縦に見ていきながら，このような内容がこの順番に音声で語られていることを，目と耳でもう一度確認します。そうすることによって，今後役に立つメモ取り力の養成へもつながります。では，トラック29を再生して，確認してください。

　これで，リーディングとリスニング両方のメモ取りが完了しました。次のステップでは，いよいよライティングに取りかかります。

ステップ3　ライティング攻略1：EFT（テンプレート）

1　エッセイの構成

では，エッセイ・ライティングを始めます。本講義では，以下のような5段落構成でエッセイを作成します。

▶エッセイ基本構造◀		▶各パーツ（文の数）◀
序論	⇒	リーディング（1文） リスニング（1文）
論点1	⇒	リーディング（1文） リスニング（1〜2文） まとめ1（1文）
論点2	⇒	リーディング（1文） リスニング（1〜2文） まとめ2（1文）
論点3	⇒	リーディング（1文） リスニング（1〜2文） まとめ2（1文）
結論	⇒	結論（1文）

まず，前ページの左の図を見てください。リーディング・パッセージと同様に，**序論**→**論点1**→**論点2**→**論点3**の順番に作成していくので，リーディング・パッセージとE-memoを見ながら書くのには，非常に便利です。最後に**結論**が加わっている点だけが，リーディング・パッセージと異なっているところです。

　次に右の図を見てください。それぞれの段落をより具体的にどんな構成にして，各パーツはどれくらいの長さにすべきかの目安（センテンス数）を表しています。総じて，12〜15文で仕上げることがわかりますね。また，**結論**以外ではすべて，リーディングの重要情報を初めに書き，次にリスニングの重要情報を書く，というようになっています。「リーディング→リスニング」という順番で取り組んだわけですから，ライティングの時もこの順番で書く方が混乱がなくて済みます。上記の**論点1〜3**では，それらリーディングとリスニングの情報に加えて，**まとめ**で締めくくります。このように書くと，受験者がそれぞれの重要情報のつながり方や対応関係をしっかりと理解していて，さらに，それらをわかりやすくまとめている，ということを採点官にアピールできます。これは，高スコアにつながる重要なコツです。

　なお，リーディング・パッセージの重要情報をエッセイに書く際には，原文をそのままコピーせず，書き換えを行う必要があります。また，リスニングで聞き取った重要情報は，わかりやすいように要約をします。

2　EFTとは？

　本試験では，わずか20分で150〜225語程度の，それも理路整然としたエッセイを書かなければなりません。その上で強力な武器となるのがテンプレートです。テンプレートとは，すべて暗記しておけば，どのような設問のエッセイにでも使い回しが利く定型表現やひな形のことです。本講義では，**EFTと名付けたテンプレート**を紹介します。**EFT**とは，Essay-Frame Template（エッセイ枠組みの定型表現）の略です。次の**英語表現**が **EFT** です。

第1段落

The main point made in the reading passage is that
リーディング・パッセージで指摘されている要点は〜というものである。

However, the professor argues that
しかしながら教授は，〜と主張している。

第2段落

First, the reading says that
第1に，リーディングによると，〜ということだ。

On the other hand, the speaker states in his lecture that
その一方で，講義の中で話し手は，〜と述べている。

This contradicts what the passage indicates.
このことはパッセージが示していることと矛盾する。

第3段落

Second, the passage mentions that
第2に，パッセージは，〜と述べている。

However, the lecturer claims that
しかしながら講師は，〜と主張している。

, which the author of the reading might not have predicted.
これは，リーディングの筆者が予測していなかったかもしれない点である。

第4段落

Third, the reading passage states that
第3に，リーディングによると，〜ということである。

By contrast, the lecture says that
それとは対照的に，講義で語られているのは，〜ということだ。

This is another part that contradicts what the reading says.
これは，リーディングで述べられている内容に矛盾するもう1つの点である。

第5段落

Therefore, the main points made by the professor in the lecture cast doubt on the points made in the reading passage.
したがって，講義で教授が語る要点は，リーディング・パッセージで述べられている点に対して疑問を投げかけている。

　複合型タスクの問題は，通常，リーディング・パッセージで語る内容に対してリスニングの講義ではその反対論を展開するパターンとなっていますから，そのような反論タイプでは，このEFTは必ず使い回しが利きます。よって，これを暗記して，さらに4分ほどで全文タイプできるように練習をしてください。

　ちなみに，このEFTは全部で100語で構成されています。そうです，**ただ暗記して**

タイプ練習をしておくだけで，本試験20分の最初のわずか4分で，もう100語も稼げてしまうのです！　これは強力な武器ですよね。あと残り16分もありますので，この EFT に続けて英文を書いていけば，落ち着いてエッセイを仕上げることができますよね。

　また**最初の4分ほどで，エッセイの全体像つまりは骨組みを確定できてしまう**，という利点もあります。最終的に論理的でわかりやすい骨格のエッセイを仕上げられる，ということが最初の時点でわかり，大きな自信と安心につながりますよね。あとは落ち着いて，メモとリーディング・パッセージを見ながら，E-memo から英文を起こしていく，という作業に徹すればよいのです。

　さらには，前ページの EFT を見てみると，**結構高度な表現や構文が用いられている**ことに気づくはずです。特に第5段落は複雑な構文になっていますね。またそれだけでなく，**同じ内容を表す場合でも，あえて異なる表現を用いています**よね。たとえば，リーディングの情報からリスニングの情報へ移る際の**切り返しの言葉**にしても，***However, On the other hand, By contrast*** というふうにあえて異なるものを使用しています。また，講義の話者のことを，***speaker, lecturer, professor*** などのように異なる単語をわざと使って，表現の幅を増やしています。先述したように，英語では「同じ表現や構文を繰り返し用いることを嫌う」という傾向があるので，このように工夫したものにしてあるのです。自分の力のみで英文を書くと，ここまで多様な表現や構文はすぐには思いつかない，もしくは使えない，という人が多いと思います。その点で，暗記して4分で打てるようにしておく EFT は，とても強い味方になります。

　ちなみに，本試験のエッセイ作成の20分間は，以下の時間配分（目安）と順番で作業します。

　　　　　1．EFT をタイプする：4分
　　　　　2．内容を加えていく：14分
　　　　　3．　　チェック　　：2分
　　　　　　　　　計　　　　20分

　それでは，この EFT をコンピューターなどに入力してください。4分間でタイプしましょう。では，スタート！

　タイプし終わったら，今一度，上記の EFT と一言一句同じになっているかどうかをチェックして，間違った箇所は修正してください。皆さんが本試験を受けるまでには，この EFT はすべて暗記してすらすらタイプできるようにしておいてください。
　では次に，EFT で骨格が決まった状態で，それに続けて重要情報を書いていく，という作業に移ります。

ステップ4　ライティング攻略2：リーディング情報

1　英文書き換え法

　さて，EFT に続けて，リーディングの重要情報を英語で書いていくのですが，そこで注意すべき点がありましたよね？　そうです。**リーディング・パッセージの内容は丸写し（コピー）せずに，書き換える（paraphrase する）必要があった**のでしたね。では，一体どのように書き換えを行えばよいのでしょうか？

　英語を母語とする国の大学や大学院などに正規留学をした場合は，そこで提出するレポートや論文では，かなり高度な書き換え技術が要求されます。しかし，TOEFLの複合タスクのエッセイでは，下記の2つの手法に基づいて書き換えができれば十分だと言えます。

(1)　ふけどめ

　「ふけどめ」とはいったい何のことでしょう？　これはそれぞれ，「ふ」＝副詞，「け」＝形容詞，「ど」＝動詞，「め」＝名詞のことです。原文にある，これらの単語を変える書き換え方法を，本講義では「ふけどめ」と呼びたいと思います。1文について，これらの単語の2，3か所を変えるようにしましょう。たとえば，以下のような原文について，「ふけどめ」による書き換えの手法を考えてみましょう。

　　原文：The student received a strong recommendation letter from the professor.
　　　　　　　　　　　　　　　　↓
　書き換えが可能な単語：
　　　　名詞　　professor → teacher, lecturer, instructor
　　　　名詞　　a recommendation letter → a recommendation, a reference
　　　　動詞　　receive → get, is given, is written
　　　　形容詞　strong → very good, very positive
　　　　　　　　　　　　　　　　↓
　書き換え例：The student got a very positive recommendation from the teacher.

　　※下線部分が書き換えられた単語です。

(2)　＋−シフト

　書き換えのためのもう1つの手法が，「＋−シフト」というものです。「＋−」と

は「足したり引いたり」ということですから，すなわち，原文に新たな言葉や情報を加えたり，逆に，既にある言葉や情報を削除したりすることです。あまり大きく意味が変わらないのであれば，このような手法も使えます。

また，「シフト」とは「構文を変える」ということです。一番簡単な例で言うと，〈能動態 ⇔ 受動態〉のような書き換えの手法です。それ以外にも構文の変え方にはさまざまなものがあります。これらの例を簡単に見てみましょう。

原文：The restaurant has a nice and cozy atmosphere.
↓
書き換え例：The atmosphere of the restaurant is nice.

※ nice と cozy は意味が酷似しているので，**cozy** を削除(－)した。
※構文もシフトした(主語：restaurant → atmosphere，動詞：has → is など)

上記に示した「ふけどめ」と「＋－シフト」の手法を適宜織り交ぜて，書き換えをしてください。それでは，次で，それを実践します！

2 重要情報を書く：主張

まず，リーディング・パッセージの第1段落を見てください。E-memo でメモを取った時にも確認したように，下線部が主張です。

> Most students go to high schools that are co-educational, in which boys and girls study together. However , recent findings indicate several important reasons why both genders benefit when they attend single-sex high schools.
>
> ほとんどの生徒たちは，男子と女子が一緒に勉強する共学の高校に通っている。しかしながら，最近の調査結果は，男女別学の高校に通う時，なぜ男女両方ともが恩恵を被るのかについて，いくつかの重要な理由を示している。

(＊リーディング・パッセージの語注は別冊 p.44 に掲載されています。)

この下線部を，「ふけどめ」の手法で書き換えると，次の文ができます。
both male and female students benefit when they go to single-gender high schools.
原文の「both genders」が「both male and female students」に，「attend」が「go to」

に，そして，「single-sex」が「single-gender」に書き換えられていますね。これを EFT に続けます。

The main point made in the reading passage is that both male and female students benefit when they go to single-gender high schools.

このように入力してください。

3 重要情報を書く：論点1

次に第2段落の**論点1**を書き換えます。

One important factor in support of all-boys or all-girls schools is that girls perform better. They participate more in class, score better on tests, and tend to study math and science more, subjects that women traditionally avoid in schools that have both male and female students.

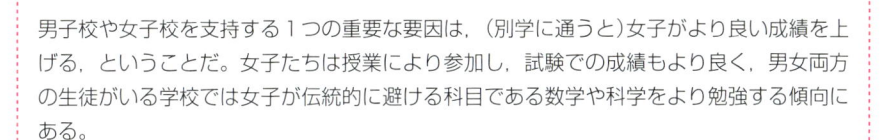

男子校や女子校を支持する1つの重要な要因は，（別学に通うと）女子がより良い成績を上げる，ということだ。女子たちは授業により参加し，試験での成績もより良く，男女両方の生徒がいる学校では女子が伝統的に避ける科目である数学や科学をより勉強する傾向にある。

(＊リーディング・パッセージの語注は別冊 p.44 に掲載されています。)

ここでは，男女別学，特に女子校に通う女子学生たちの利点が語られています。特に下線部がその利点です。これに情報を「＋－」したり，「ふけどめ」で書き換えたりすると，次の文が出来上がります。

girls gain from going to girls' schools because they do better by participating more in class and achieving higher scores on tests.

この冒頭部分の girls gain from going to girls' schools because はプラスした情報です。またこの後で，原文の「perform better」は「do better」に「ふけ**ど**め」して（動詞を変えて）あります。また，原文の第1文と第2文を，girls do better by participating … and achieving … のように工夫してつなげてあります。一種の「シフト（構文の変更）」です。最後に，原文にあった and tend to study math and science more はなくても問題がなさそうですので，「－（マイナス）」してあります。では，これを EFT に続けて次のようにタイプしてください。

First, the reading says that girls gain from going to girls' schools because they do better by participating more in class and achieving higher scores on tests.

4 　重要情報を書く：論点 2

次に第 3 段落の**論点 2** を書き換えます。

Secondly, both boys and girls benefit from single-gender schools because they are not distracted by the opposite sex. In co-ed schools, boys waste time and do not focus because they try to impress the girls. Alternatively, the girls tend to worry about what the boys think of them instead of what they themselves value. When students attend schools that are all boys or all girls, they can better concentrate on their studies.

第 2 に，異性によって気が散ることがないので，男子も女子も別学から恩恵を被る。共学の学校では，男子は女子の気をひこうとするので，男子は時間を浪費し(勉強に)集中しない。また一方で，女子の方は，自分たちが大切だと自ら考えることではなくて，男子たちが自分たちのことをどう思うかに気をもむ傾向にある。生徒たちが男子だけ，あるいは，女子だけの学校に通うと，勉強により良く集中できるのだ。

(＊リーディング・パッセージの語注は別冊 p.44 に掲載されています。)

「Secondly」に続く第 1 文はトピック・センテンスです。これは，この段落では，たまたま最終文で言い換えられています。この最終文を書き換えると，以下の文ができあがります。

　both boys and girls can concentrate more when they learn without students of the opposite sex.

ここは少しだけ高度な書き換えになっています。まず，原文（最終文）の前半にある When students attend schools that are all boys or all girls は，書き換え文では後半に持ってきました（シフト）。さらに表現も変えました。原文では「すべて男子，あるいは，すべて女子の学校に通う時」となっているものを，「異性の生徒がいない状況で学ぶ時」というように変えてありますね。

では，この書き換え文を，EFT に続けてタイプしてください。以下のようになるはずです。

　Second, the passage mentions that both boys and girls can concentrate more when they learn without students of the opposite sex.

5　重要情報を書く：論点3

最後に，第4段落の論点3を書き換えます。

In addition, since boys and girls develop at different speeds, single-sex schools are better able to meet the needs of the students. For example, boys develop visual abilities earlier than girls. And girls often mature, both physically and mentally, before boys. As a result, girls tend to take their studies more seriously, and are often slowed down by the lack of maturity of their male classmates in co-ed schools. Single-sex schools allow teachers to suit the pace of lessons to each gender.

その上，男子と女子は異なる速度で成長するので，別学の方が，生徒たちの異なるニーズを満たすことがよりうまくできるのだ。たとえば，男子は女子よりも早く視覚能力を発達させる。そして，女子の方が男子よりも肉体的にも精神的にも早く成熟することが多い。その結果，女子の方が勉学をより真剣にとらえる傾向にあり，共学校では男子クラスメートの成熟度の欠如によって，女子はしばしば（学習進度が）遅らされることがある。別学の学校は，教師が男女それぞれに授業のペースを合わせることを可能にするのだ。

（*リーディング・パッセージの語注は別冊 p.44 に掲載されています。）

E-memo にメモ取りした時の解説を思い出してください。1つ目の下線部をよりわかりやすく言い換えたものが，2つ目の下線部でしたよね。よって，後者を中心に書き換えてみます。「allow 人 to do」は「人 can do」というふうに，「シフト」することができます。この「人」にあたる「teachers」は，プラスして「the teachers of single-gender schools」にすることができます。また，動詞句の「suit A to B」を「match A to B」に変える（「ふけどめ」）ことができます。また，名詞の「lessons」は「their classes」に，「each gender」は「both boys and girls」に変更（「ふけどめ」）可能です。そうすると次のような書き換えが出来上がります。

　the teachers at single-gender schools can match the pace of their classes to both boys and girls.

これを EFT に続けてタイプしてください。次のようになりますよね。

　Third, the reading states that the teachers at single-gender schools can match the pace of their classes to both boys and girls.

これで，リーディング・パッセージの重要情報を書き換えて EFT に続けて入力する

作業がすべて終わりました。この時点では、とりあえず下記のように出来上がっているかどうかを、確認してください。

The main point made in the reading passage is that both male and female students benefit when they go to single-gender high schools. *However, the professor argues that*

First, the reading says that girls gain from going to girls' schools because they do better by participating more in class and achieving higher scores on tests. *On the other hand, the speaker states in his lecture that*
This contradicts what the passage indicates.

Second, the passage mentions that both boys and girls can concentrate more when they learn without students of the opposite sex. *However, the lecturer claims that*, which the author of the reading might not have predicted.

Third, the reading states that the teachers at single-gender schools can match the pace of their classes to both boys and girls. *By contrast, the lecture says that*
This is another part that contradicts what the reading says.

Therefore, the main points made by the professor in the lecture cast doubt on the points made in the reading passage.

ステップ5　ライティング攻略3：リスニング情報

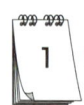

1　重要情報を書き起こす際の心得

　さて、次の大きなステップが、リスニングの重要情報をエッセイに書き起こすことです。記入済みの E-memo を参照しながら、講義の各重要情報を思い出し、英文にしていきます。その際、本試験では、コンピューターの画面左側にリーディング・パッセージの全文が表示されます（ここでは、皆さんは、別冊の p.42 にあるリーディング・パッセージを参照してください）から、そこに含まれている表現を参考にします。一部の表現をそのまま使ったり、書き換えたりします。その際に、**内容的には「リーディングとの対比」**を意識しながら、英文を書いていきます。当然ながらリーディングとリスニングには共通の語句がたくさん出てきますから、リーディング・パッセージの

語句や表現の写し間違いがないように注意しましょう。単語のスペル，名詞の単数・複数や，冠詞の有無などの点でも，リーディング・パッセージは大いに参考になります。

なお，本試験では，講義を聞いてからすぐにエッセイを書き始めるのですが，本講義では，講義を聞いてから時間が経過しているので，今一度聞き直してみましょう。E-memoのリスニング部分を参照しながら，トラック29を再生してください。

2 重要情報を書く：主張

それでは初めに，リスニングの**主張**部分（講義のスタンス）をエッセイにまとめます。E-memoの該当部分を見ます。

MT	single-sex hi	
○×	○ (benefit)	× (do as well)

「男女別学で学ぶ方がよい」というリーディングの立場に対して，講義では否定的な見解を述べているのでしたね。具体的には後者では，上記のE-memoのハイライト部分にあるように，「共学でも同じくらい成績が良い（do as well）」と述べていました。

次に，エッセイでこれまで書いたものを見ます。第1段落を見ます。

The main point made in the reading passage is that both male and female students benefit when they go to single-gender high schools. ***However, the professor argues that***

リーディングでは，「男女別学の高校に行くと得をする（benefit）」とあるのですから，講義のスタンスは「得をしない」（対比），つまり，「男女共学でも同じような成績である」ことを述べればよいことになります。よって，リスニングのこの部分の情報を次のようにまとめます。

students do just as well at co-educational schools.

これを上記のEFTの後半部分に続けてタイプしてください。次のようになります。

However, the professor argues that students do just as well at co-educational schools.

これでエッセイの第1段落は完成です！

3 重要情報を書く：反論1

次に**反論1**です。E-memoの該当部分を見ます。

1	G − perform ↑ ・partici ↑ ・score ↑ ・↑ study math & sci	G − × big differ in perform

講義の**反論1**では，「別学に通う女子生徒たちと共学に通う女子生徒たちの間では，成績に大差はない（no big difference in the performance）」ということでしたね。

これまでに書いたエッセイの第2段落を見ます。

First, the reading says that girls gain from going to girls' schools because they do better by participating more in class and achieving higher scores on tests. *On the other hand, the speaker states in his lecture that*
This contradicts what the passage indicates.

リーディングでは，「男女別学に通うと，女子生徒たちは成績が上がる（do better）」ことを述べているのですから，講義の**反論1**は，「成績が上がることはない」，つまり，「共学に通う女子生徒たちと，別学に通う女子生徒たちは，どちらも同じくらいの成績である（… perform as well as 〜）」と述べればよいことになります。よって，次のようにまとめます。

girls going to co-ed schools perform as well as those going to all-girls' schools.

これをEFTの後に続けてタイプしてください。次のようになります。

On the other hand, the speaker states in his lecture that girls going to co-ed schools perform as well as those going to all-girls' schools. *This contradicts what the passage indicates.*

これで第2段落が完成です！

4 重要情報を書く：反論2

次は**反論2**です。E-memoの該当部分を見てください。

2	B & G ・↑ concentrate	advant ↑ ・G → ○ influ on B ・B — learn to inter w/ G

　講義のこの部分では，「男女共学の利点の方がより大事であり，それは男子・女子とも良い影響が得られる（女子が男子に良い影響を与える。男子は女子との付き合い方を学べる）」ということでしたね。

　これまでに書いたエッセイの第3段落を見ます。

Second, the passage mentions that both boys and girls can concentrate more when they learn without students of the opposite sex. ***However, the lecturer claims that***

, which the author of the reading might not have predicted.

　リーディングの「別学の方が男女ともより集中できる」に対して，リスニングでは「共学には利点（良い影響）もまたある」ということを書けばよいことになります。これをまとめると次のようになります。

there are also some good effects of having a mixed-gender classroom

これをEFTに続けて書きます。次のようになります。

However, the lecturer claims that there are also some good effects of having a mixed-gender classroom, ***which the author of the reading might not have predicted.***

5 重要情報を書く：反論 3

最後に反論 3 です。E-memo の該当部分を見てください。

3	teachers · can suit pace of lesson to B & G	separation by sex －× best way ← diff. develop pace

　講義のこの部分では，「男女の性別で分けることが，習得速度の違いに対処するための最善の策ではない」という論点でしたね。
　これまでに書いたエッセイの第 4 段落を見ます。

Third, the reading states that the teachers at single-gender schools can match the pace of their classes to both boys and girls. *By contrast, the lecture says that*

This is another part that contradicts what the reading says.

　リーディングでは，「別学の学校では，教師が，男子と女子の習得速度の違いに合わせることができる」ということでしたが，リスニングでは，「男女の性別で分けることよりも，異なるレベルの生徒たちに合わせるための，より良い方法が（別に）ある」とまとめます。次のようになります。

there are better ways to accommodate students of different levels than separating them by sex.

これを EFT に続けます。次のようになるはずです。

By contrast, the lecture says that there are better ways to accommodate students of different levels than separating them by sex. *This is another part that contradicts what the reading says.*

ステップ6　　チェック

　これでエッセイが1本が完成しました！　独立型タスクのエッセイ作成時にそうしたように，最後に今一度，全体を通して読み，見直しをすることは欠かせません。p.254のモデル・エッセイと一言一句同じになっているかを，しっかり確認してください。

1　最後のチェック項目

　独立型タスクのエッセイを書き終えた時と同じように，自分が書いたエッセイを客観的に見直し，間違いを見つけて修正します。その際には，独立型タスク・エッセイでも確認した「最終チェック項目」（p.234）を参照してください。また，複合型タスク・エッセイでは，それらに加えて，リーディング・パッセージにある語句や表現の写しミスがないかどうかもチェックしてください。

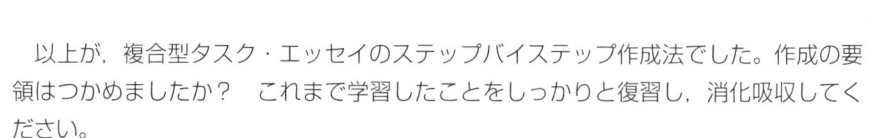

　以上が，複合型タスク・エッセイのステップバイステップ作成法でした。作成の要領はつかめましたか？　これまで学習したことをしっかりと復習し，消化吸収してください。

　これで，TOEFL iBT ライティング・セクションの攻略法に関する全講義は終わりです。この講義によって，ライティングで良いスコアを取るには「どうすればよいか」がわかったはずですので，あとはそれを繰り返し練習するのみです！　TPO（＝TOEFL Practice Online。ETSのホームページから申し込める，自宅で受験できる過去問題）などを利用して，練習と実践を重ねてください。

かなり詳しく学べる
TOEFL iBT® テスト
入門編

別冊

Contents

リーディング・セクション　……2

リスニング・セクション　……17

スピーキング・セクション　……30

ライティング・セクション　……38

巻末参考資料　……51

リーディング・セクション

演習問題パッセージ (Lesson 2&4用)

Passage 1

Vision in the Ocean

#1　Because water absorbs light, fish live in a different light environment than land species, and have developed adaptations in vision, coloration, and migration suited to life under water. Predators that use their eyes to find prey do well in the upper pelagic zone (from 0 to 100 meters deep), where a large amount of sunlight penetrates the water and makes it hard for prey to find places to hide. At these levels, organisms attempt to camouflage themselves through small size, lack of color and transparency to avoid detection.

#2　As the ocean increases in depth, the amount of available light decreases quickly. The ocean's mesopelagic zone extends from depths of 100 meters to 1,000 meters, too deep to support plant life. In these deeper mesopelagic layers, where illumination is limited to weak light, organisms tend toward red, purple or black coloration, all of which help to avoid reflection from surface light. Many fish and other marine animals also use the deep, dark waters of the mesopelagic as their daytime habitat and only enter the risky upper ocean layers to feed at night.

#3　Vision can be challenging in the mesopelagic zone for both predator and prey. Most mesopelagic predators have large eyes adapted for low-light conditions. Some deeper-water fish have evolved upward-facing tubular eyes. They produce greater sensitivity to the dim sunlight that filters down from above. This adaptation allows the predator to pick out the shapes of squid and smaller fish silhouetted against the darkness.

#4   Some sea creatures have developed eyes lined with mirrors that reflect the image to a focus at a central point, similar to how a camera focuses light. Reflector eyes are mainly found in simpler life forms such as mollusks and crustaceans, but at least two kinds of fish have evolved eyes with these components: the barreleye and the spookfish. Both fish have eyes that are split into two connected parts: a regular round lens that points upward to see prey, predators or potential mates silhouetted against the light, and a secondary lens that acts as a mirror, detecting flashes of light from deep-sea creatures below, some of which glow in the dark.

#5   While the barreleye and the spookfish belong to the same family, their eyes have different structures. The spookfish's tube-shaped eye grows out of a layer of pigment on the retina, and the reflective parts of the mirror in its eye have different angles, depending on their position within the mirror. In the eye of the barreleye, the reflective parts are flat on the mirror. This seems to suggest that the two fish evolved differently, but arrived at a similar solution to the problem of low light.

#6   Sight is almost impossible at depths below 1,000 meters. The water is pitch-black. Many species that live at this level do not have eyes, and those that do, such as the viperfish and the frill shark, tend to spend only daylight hours in the deeper waters, migrating to shallower waters to hunt once night falls.

Fresco Painting Methods

#1   Fresco, derived from the Italian word meaning "fresh," is a mural painting technique in which earth pigments are applied directly to wet plaster. Paintings of animals on the walls of limestone caves in France and Spain, made as long as 15,000 to 30,000 years ago, show the early development of wall painting. However, the earliest known examples of real fresco painting on wet plaster walls are from 1500 B.C. and are found on the Greek island of Crete. Similar frescoes can be found in Egypt and Morocco, as well as India, Sri Lanka and other parts of the world.

#2   The *buon fresco* method of mural painting involves the grinding of natural pigments, which are mixed with water and applied to wet plaster. To paint *buon fresco*, plaster is applied in layers, starting with a rough underlayer called the *arriccio*, which is put on the whole area to be painted and left to dry for several days. On the day of painting, a fine layer of plaster, known as the *intonaco*, is added only to the section that the artist will paint on that one day. *Buon fresco* murals tend to be strong, but also must be completed quickly and without mistakes. Because the pigment fuses with the plaster as it dries, if the artist wants to change part of the fresco, it must be scraped away while still wet or, if dry, chipped off and done again from the lower *arriccio* layer up.

#3   Later, a second method was developed. In *secco fresco* painting, pigments ground in water are applied to dry plaster that has been moistened with a binding medium such as tempera, glue or oil that allows the paint to stick to the surface. The *secco fresco* method gives the artist a longer working time and the ability to change the mural, but it lacks the strength and long life of *buon fresco*, since the paint often flakes off with age. From the Middle Ages onward, *secco fresco* work was often done on top of *buon fresco* paintings to make changes or add small details. *Secco fresco* was often used to add skies and blue robes since neither azurite nor lapis lazuli, the only two blue pigments then available, worked well in wet plaster.

#4 ■(A) A third method called *mezzo fresco* was developed even later, and was in wide use by the mid-16th century. It involves painting on plaster that is firm but not yet dry, allowing the pigment to penetrate the surface of the plaster. ■(B) Like *secco fresco*, this technique is less labor-intensive and allows for the correcting of mistakes. ■(C) However, it also has the long-lasting strength of *buon fresco*. In addition, it offers greater color stability — the colors do not fade over time — although some have criticized *mezzo fresco* paintings as being too pastel-colored or as looking like they were painted with chalk. ■(D)

#5 The fresco technique of painting became less popular in the 18th and 19th centuries, but enjoyed a revival in the early 20th century when artists such as Jose Clemente Orozco and Diego Rivera started the Mexican Muralism art movement, producing large wall works with social and political messages. Interest in *fresco* murals continues to grow today, following the restoration of Michelangelo's Sistine Chapel frescoes completed in the late 1990s.

演習問題用解答用紙

Passage 1　Vision in the Ocean

	Lesson 2　（1回目解答）	Lesson 4　（2回目解答）
Q1.	(A)　(B)　(C)　(D)	(A)　(B)　(C)　(D)
Q2.	(A)　(B)　(C)　(D)	(A)　(B)　(C)　(D)
Q3.	(A)　(B)　(C)　(D)	(A)　(B)　(C)　(D)
Q4.	(A)　(B)　(C)　(D)	(A)　(B)　(C)　(D)
Q5.	1　2　3　4　5　6	1　2　3　4　5　6

Passage 2　Fresco Painting Methods

	Lesson 2　（1回目解答）	Lesson 4　（2回目解答）
Q1.	(A)　(B)　(C)　(D)	(A)　(B)　(C)　(D)
Q2.	(A)　(B)　(C)　(D)	(A)　(B)　(C)　(D)
Q3.	(A)　(B)　(C)　(D)	(A)　(B)　(C)　(D)
Q4.	(A)　(B)　(C)　(D)	(A)　(B)　(C)　(D)
Q5.	*buon fresco* ● ● *secco fresco* ● ● *mezzo fresco* ●	*buon fresco* ● ● *secco fresco* ● ● *mezzo fresco* ●

MEMO

演習問題全文訳

Passage 1

Vision in the Ocean

#1　Because water absorbs light, fish live in a different light environment than land species, and have developed adaptations in vision, coloration, and migration suited to life under water. Predators that use their eyes to find prey do well in the upper pelagic zone (from 0 to 100 meters deep), where a large amount of sunlight penetrates the water and makes it hard for prey to find places to hide. At these levels, organisms attempt to camouflage themselves through small size, lack of color and transparency to avoid detection.

#2　As the ocean increases in depth, the amount of available light decreases quickly. The ocean's mesopelagic zone extends from depths of 100 meters to 1,000 meters, too deep to support plant life. In these deeper mesopelagic layers, where illumination is limited to weak light, organisms tend toward red, purple or black coloration, all of which help to avoid reflection from surface light. Many fish and other marine animals also use the deep, dark waters of the mesopelagic as their daytime habitat and only enter the risky upper ocean layers to feed at night.

#3　Vision can be challenging in the mesopelagic zone for both predator and prey. Most mesopelagic predators have large eyes adapted for low-light conditions. Some deeper-water fish have evolved upward-facing tubular eyes. They produce greater sensitivity to the dim sunlight that filters down from above. This adaptation allows the predator to pick out the shapes of squid and smaller fish silhouetted against the darkness.

#4　Some sea creatures have developed eyes lined with mirrors that reflect the image to a focus at a central point, similar to how a camera focuses light. Reflector eyes are mainly found in simpler life forms such as mollusks and crustaceans, but at least two kinds of fish have evolved eyes with these components: the barreleye and the spookfish. Both fish have eyes that are split into two connected parts: a regular round lens that points upward to see prey, predators or potential mates silhouetted against the light, and a secondary lens that acts as a mirror, detecting flashes of light from deep-sea creatures below, some of which glow in the dark.

Passage 1 全文訳

海における視覚

#1 　水が光を吸収するため,魚は陸の生物種とは異なった光の環境に生息し,水中生活に適した視覚,体色,そして移動における適応を遂げてきた。獲物を見つけるために目を使う捕食者は,上方深海水層(水深0～100メートル)では上手くやっている。この層では大量の日光が水を通り抜け,獲物が身を隠す場所を見つけるのは困難だ。これらのレベルでは,生命体は(捕食者に)発見されないよう体のサイズを小さくしたり,色素を欠乏させたり,透明になることを通して自分たちをカムフラージュしようとする。

#2 　水深が増すにつれて,利用可能な光の量は急速に減る。海の中深海水層は水深100メートルから1,000メートルまで広がっていて,植物の命を支えるには深すぎる。これらのより深い中深海の層では,明かりは微弱光に限定されており,生命体は赤,紫,または黒の体色を持つ傾向にある。これらの体色はすべて,表面光からの反射を避けるのに役立つ。また,多くの魚や他の海洋生物は,中深海の深くて暗い海域を日中の住みかとして利用し,餌を食べるために夜にだけ,危険な水深の浅い層へ入る。

#3 　中深海水層では,捕食者と獲物の両方にとって,視覚は難しいものになりうる。ほとんどの中深海の捕食者は,光の乏しい環境に適応した大きな目を持つ。ある深海魚は,上向きの管状眼を進化させた。それらは,上から下へ入ってくる薄暗い日光への,より高度な感受性を生み出す。この適応のおかげで捕食者は,暗闇を背景にしてシルエットが浮かび上がっているイカやより小さな魚の形を見分けられる。

#4 　海洋生物の中には,鏡と並んでいる目を発達させたものもいる。この鏡は像を反射し,中心点で焦点を合わせる。これはカメラが集光する方法と似ている。反射鏡付きの目は軟体動物や甲殻類などのより単純な生物形態に主に見られるが,少なくとも2種類の魚が,これらの構成部分を持つ目を進化させてきた。デメニギスとアカギンザメである。いずれの魚も,連結した2つの部分に分割された目を持つ。その2つの部分とは,光を背景にシルエットが浮かび上がって見える獲物や,捕食者や,あるいは交尾相手になりうるものを見るために上を向いた通常の丸いレンズと,反射鏡としての機能を果たし,下にいる深海生物からの閃光を感知する第2のレンズである。深海生物の中には,暗闇で光を放つものもいるのだ。

#5 While the barreleye and the spookfish belong to the same family, their eyes have different structures. The spookfish's tube-shaped eye grows out of a layer of pigment on the retina, and the reflective parts of the mirror in its eye have different angles, depending on their position within the mirror. In the eye of the barreleye, the reflective parts are flat on the mirror. This seems to suggest that the two fish evolved differently, but arrived at a similar solution to the problem of low light.

#6 Sight is almost impossible at depths below 1,000 meters. The water is pitch-black. Many species that live at this level do not have eyes, and those that do, such as the viperfish and the frill shark, tend to spend only daylight hours in the deeper waters, migrating to shallower waters to hunt once night falls.

#5　デメニギスとアカギンザメは同じ科に属しているが，目は異なる構造をしている。アカギンザメの管状眼は網膜上の色素層から生じており，その目の中にある鏡の反射する部分は，鏡の中での位置によって，異なる角度を持つ。デメニギスの目では，反射する部分は鏡の上に水平になっている。このことは，この２つの魚が異なって進化したものの，光が少ないという問題に対しては似通った解決方法に至ったことを示唆しているようだ。

#6　1,000メートルより下の深さでは，視覚はほとんど不可能だ。水中は真っ暗闇である。このレベルに生息する多くの種は目を持っておらず，目を持っている種，例えばホウライエソやラブカは日中だけより水深の深い海域で過ごし，ひとたび夜が訪れると狩りをしに水深の浅い海域へ移動する傾向にある。

Passage 1　語注

species	名	(生物の)種	adaptation	名	適応（adapt 動 適応する／させる）
coloration	名	(顔，肌などの)色	migration	名	移住，移動
predator	名	捕食者	prey	名	餌食
penetrate	動	〜を貫通する，通り抜ける	organism	名	生物，生体
camouflage	動	カムフラージュする	transparency	名	透明(性)
detection	名	発見	mesopelagic zone	名	中深海水層
layer	名	層	illumination	名	明かり，照明
reflection	名	反射（reflect 動 反射する）	habitat	名	生息地
evolve	動	進化させる	upward-facing		上向きの
tubular	形	管状の，筒形の	filter	動	(光が)入る
squid	名	イカ	silhouette 〜 against...		…を背景に〜をシルエットで描く
line 〜 with...		…に沿って〜を並べる	reflector	名	反射鏡
mollusk	名	軟体動物	crustacean	名	甲殻類
component	名	構成部分	barreleye	名	デメニギス
spookfish	名	アカギンザメ	glow	動	光を放つ，輝く
pigment	名	色素	retina	名	(目の)網膜
pitch-black	形	真っ黒な	viperfish	名	ホウライエソ
frill shark	名	ラブカ			

Passage 2

Fresco Painting Methods

#1 Fresco, derived from the Italian word meaning "fresh," is a mural painting technique in which earth pigments are applied directly to wet plaster. Paintings of animals on the walls of limestone caves in France and Spain, made as long as 15,000 to 30,000 years ago, show the early development of wall painting. However, the earliest known examples of real fresco painting on wet plaster walls are from 1500 B.C. and are found on the Greek island of Crete. Similar frescoes can be found in Egypt and Morocco, as well as India, Sri Lanka and other parts of the world.

#2 The *buon fresco* method of mural painting involves the grinding of natural pigments, which are mixed with water and applied to wet plaster. To paint *buon fresco*, plaster is applied in layers, starting with a rough underlayer called the *arriccio*, which is put on the whole area to be painted and left to dry for several days. On the day of painting, a fine layer of plaster, known as the *intonaco*, is added only to the section that the artist will paint on that one day. *Buon fresco* murals tend to be strong, but also must be completed quickly and without mistakes. Because the pigment fuses with the plaster as it dries, if the artist wants to change part of the fresco, it must be scraped away while still wet or, if dry, chipped off and done again from the lower *arriccio* layer up.

#3 Later, a second method was developed. In *secco fresco* painting, pigments ground in water are applied to dry plaster that has been moistened with a binding medium such as tempera, glue or oil that allows the paint to stick to the surface. The *secco fresco* method gives the artist a longer working time and the ability to change the mural, but it lacks the strength and long life of *buon fresco*, since the paint often flakes off with age. From the Middle Ages onward, *secco fresco* work was often done on top of *buon fresco* paintings to make changes or add small details. *Secco fresco* was often used to add skies and blue robes since neither azurite nor lapis lazuli, the only two blue pigments then available, worked well in wet plaster.

Passage 2　全文訳

フレスコ画法

#1　「新鮮な」を意味するイタリア語から派生したフレスコは，土性顔料を湿った漆喰に直接塗る，壁画の技術である。15,000年から30,000年も前に描かれた，フランスやスペインの鍾乳洞の壁にある動物の絵が，壁画の発達初期のものを示している。しかしながら，湿った漆喰の壁に描かれた本物のフレスコ画で，知られている限り最古の例は紀元前1500年のものであり，ギリシャのクレタ島にある。同種のフレスコはエジプトやモロッコ，インド，スリランカ，そして世界のその他の場所にも見られる。

#2　壁画のブオン・フレスコ画法は，天然の顔料をすり砕くことを必要とする。その顔料は水と混ぜ合わされ，湿った漆喰に塗られる。ブオン・フレスコを描くために，アリッチョとよばれる粗い下部層を皮切りに，漆喰が何層にも塗られる。アリッチョは(壁画が)描かれる場所全体につけられ，数日にわたり乾燥される。(壁画を)描く日に，イントナコとして知られる薄い漆喰の層が，画家がその一日に描く部分にだけつけ足される。ブオン・フレスコの壁画は強い傾向にあるが，素早く，そしてミスなく完成されなければならない。顔料は(漆喰が)乾くにつれ漆喰と融合するので，もし画家がフレスコの一部を変更したくなったら，まだ湿っているうちにこすり落とすか，もし乾いてしまっていたならば，削り取って下のアリッチョ層からやり直さなければならない。

#3　後に，2つ目の画法が発達した。セッコ・フレスコ画では，水の中ですり砕かれた顔料が乾いた漆喰に塗られる。その漆喰はテンペラ，膠，または油などの結合剤で湿らされている。その結合剤のおかげで塗料は表面にくっつく。セッコ・フレスコ画法のおかげで画家はより長い作業時間を得られ，また壁画を変更することもできるが，セッコ・フレスコは時の経過とともに塗料がはがれ落ちることが多いため，ブオン・フレスコの強さや耐久性はない。中世以降は，(ブオン・フレスコ画に)変更や細部を加えるために，ブオン・フレスコ画の上にセッコ・フレスコ画がなされることが多かった。セッコ・フレスコは空や青いローブを描き加えるためによく用いられた。なぜなら当時入手可能なたった2つの青色の顔料である藍銅鉱と瑠璃が，どちらも湿った漆喰では上手く機能しなかったからだ。

#4   A third method called *mezzo fresco* was developed even later, and was in wide use by the mid-16th century. It involves painting on plaster that is firm but not yet dry, allowing the pigment to penetrate the surface of the plaster. Like *secco fresco*, this technique is less labor-intensive and allows for the correcting of mistakes. However, it also has the long-lasting strength of *buon fresco*. In addition, it offers greater color stability — the colors do not fade over time — although some have criticized *mezzo fresco* paintings as being too pastel-colored or as looking like they were painted with chalk.

#5   The fresco technique of painting became less popular in the 18th and 19th centuries, but enjoyed a revival in the early 20th century when artists such as Jose Clemente Orozco and Diego Rivera started the Mexican Muralism art movement, producing large wall works with social and political messages. Interest in *fresco* murals continues to grow today, following the restoration of Michelangelo's Sistine Chapel frescoes completed in the late 1990s.

#4　メッゾ・フレスコと呼ばれる3つ目の画法がさらに後に発達し，16世紀中頃までには広く使われるようになった。メッゾ・フレスコは，堅いがまだ乾いてはいない漆喰に描くことを伴い，顔料が漆喰の表面を貫通できる。セッコ・フレスコと同じように，この技法はあまり労働力を必要とせず，またミスを修正する機会を与えてくれる。しかし，それはまたブオン・フレスコの耐久性も持ち合わせている。加えて，それは色の安定性にもより優れている。すなわち，時間が経っても色あせないのだ。色合いが淡すぎる，あるいはチョークで描かれたように見えると，メッゾ・フレスコ画を批判するものもいるが。

#5　フレスコ画法は18世紀と19世紀には人気がなくなったが，ホセ・クレメンテ・オロスコやディエゴ・リベラなどの芸術家たちがメキシコ壁画運動を始め，社会的・政治的なメッセージを持つ大きな壁画作品を生み出した20世紀初頭に（人気が）復活した。ミケランジェロのシスティナ礼拝堂フレスコ壁画の修復が1990年代後半に完成したことを受けて，フレスコ壁画への関心は今日も高まり続けている。

Passage 2　語注

derive from…		…に起源を持つ，由来する	mural	名	壁画
earth	名	土，土類	pigment	名	顔料（絵の具などの原料）
plaster	名	漆喰	limestone cave	名	鍾乳洞
Crete	名	クレタ島	grind	動	すり砕く，細かく砕く
underlayer	名	下層，下部層	fuse	動	融合する
scrape away…		…をこすり落とす	chip off…		…を削り取る
moisten	動	湿らせる，ぬらす	binding medium	名	結合剤
tempera	名	テンペラ	glue	名	膠，接着剤
flake off		はげる，はげ落ちる	onward	副	（時間的に）先へ，進んで
azurite	名	藍銅鉱，アジュライト	lapis lazuli	名	瑠璃，ラピスラズリ
labor-intensive	形	大きな労働力を必要とする	long-lasting	形	長続きする，長持ちする
stability	名	安定(性)	fade	動	（色が）次第に薄れていく，消えていく
criticize	動	批判する	pastel-colored	形	淡い色合いの，薄い繊細な色の
chalk	名	チョーク	revival	名	復活，再流行
Sistine Chapel	名	システィナ礼拝堂			

演習問題 正答

Passage 1
Q1. (C)　Q2. (B)　Q3. (C)　Q4. (A)　Q5. 1, 3, 4（順不同）

Passage 2
Q1. (B)　Q2. (C)　Q3. (D)　Q4. (B)
Q5. *buon fresco* ― 4, 5（順不同）
　　secco fresco ― 2, 7（順不同）
　　mezzo fresco ― 1

リスニング・セクション

演習問題用解答用紙

会話問題

	Lesson 2 （1回目解答）				Lesson 5 （2回目解答）			
Q1.	(A)	(B)	(C)	(D)	(A)	(B)	(C)	(D)
Q2.	(A)	(B)	(C)	(D)	(A)	(B)	(C)	(D)
Q3.	(A)	(B)	(C)	(D)	(A)	(B)	(C)	(D)
Q4.	(A)	(B)	(C)	(D)	(A)	(B)	(C)	(D)

講義問題

	Lesson 6 （1回目解答）				Lesson 9 （2回目解答）			
Q1.	(A)	(B)	(C)	(D)	(A)	(B)	(C)	(D)
Q2.	(A)	(B)	(C)	(D)	(A)	(B)	(C)	(D)
Q3.	[A]	[B]	[C]	[D]	[A]	[B]	[C]	[D]
Q4.	(A)	(B)	(C)	(D)	(A)	(B)	(C)	(D)
Q5.	(A)	(B)	(C)	(D)	(A)	(B)	(C)	(D)

演習問題スクリプト&全文訳

会話問題 スクリプト

Narrator: Listen to a conversation between a student and a professor:

Student: Hi, Professor Jenkins. You wanted to see me about my paper?

Professor: Yes, Tom. Come on in.

Student: So, let me guess. It's not long enough, right?

Professor: Well, it's pretty close to the length I assigned, so we can let that go. It's about the sources you used.

Student: Oh. I thought you told us to use five different sources. I think I have at least that many, don't I?

Professor: Yes, you have seven sources, and that's plenty. The thing is you used one online source and…

Student: … and we should only use books. Is that it?

Professor: Well, in fact, you can use journals, magazine articles… any published materials that are verified and accurate. The thing about using online sources like web pages is that they aren't always accurate. It's better to avoid them.

Student: Ah, man. So I have to take out every section of the paper that mentioned the online source and rewrite it?

会話問題　全文訳

ナレーター：　学生と教授の会話を聞きなさい：

学生：　こんにちは，ジェンキンス教授。レポートのことで私に会いたかったのですか？

教授：　そうよ，トム。入ってきなさい。

学生：　それでは（レポートの何が問題なのか）当ててみましょうか。レポートが十分な長さでないのでしょう？

教授：　うーん，私が指定した長さにとても近いので，それは無視してよいわ。（問題は）あなたが使った情報源についてなのよ。

学生：　あれ，先生は 5 つの異なる情報源を使うよう言ったのだと，私は思っていました。私（のレポート）には少なくともそれだけの数はありますよね？

教授：　ええ，あなたは 7 つの情報源を使っているから，それで十分よ。問題なのは，あなたがインターネット上の情報源を 1 つ使ったことで…

学生：　…でも本しか使うべきではない。そういうことですか？

教授：　うーん，実際は，専門誌や雑誌記事は使ってもよいのです…。事実であると確かめられていて，正確な刊行資料なら，何でも。ウェブページのような，インターネット上の情報源を使うことに関して重要なのは，それらが必ずしも正確だとは限らない，ということです。避ける方がよいですね。

学生：　なんてこった。それじゃあインターネット上の情報源に触れているレポートの部分すべてを取り除いて，書き直さないといけないのですか？

Professor: Actually, the points you make in the paper are still good. You just need to find another source to support that information. Did you notice that the online article you used mentions a book? And most of the claims made in the article are based on one study mentioned in it?

Student: Yes. I actually tried to find that book at the library, but no luck…

Professor: Well, I think that the data cited in the online article is great. If you can find that book and make sure that what the online article said about it is true… I mean that the book really has that study in it and the results are what the article says they are… well, you can substitute the book for the online source in your paper.

Student: But I've only got a week, right? Where can I find the book?

Professor: Did you check the interlibrary loan system? Another university might have the book. It usually only takes a couple of days to get it shipped here. Let's check the system now on my computer. Let's see… Oh, ok, there are three universities in the area with the book, and it isn't checked out now at any of them.

Student: Fantastic! I'll borrow it from another school as soon as I get home. Thank you so much.

Professor: No problem.

Student: That's still not going to leave me a lot of time, though.

Professor: Well, do your best and let me know how it's going. If you can't get it done, we can probably work something out.

教授：	実のところ，レポートであなたが指摘したポイントは，それでもなおよいのです。その情報をサポートするための，別の情報源を見つけてくればよいのよ。あなたが(レポートで)使ったインターネット論文が，ある本について述べていること，気がついた？　そしてその論文でなされている主張のほとんどは，そこで述べられた１つの研究に基づいている(ということに気がついた)？
学生：	はい。実際，図書館でその本を探そうとしたんですが，運がなくて…。
教授：	うーん，そのインターネット論文で引用されたデータは素晴らしいと思うわ。もしその本を見つけられて，インターネット論文がその本について言っていることが本当だと確認できたら…。つまり，その本の中で本当にその研究のことが書かれていて，その結果が(インターネット)論文の言うとおりなら…。ええと，あなたのレポートの中で，インターネットの情報源の代わりに，その本を使えますよ。
学生：	でも，たった１週間しかないですよね？　どこでその本を見つけられるのでしょうか？
教授：	図書館相互貸し出しシステムはチェックしましたか？　別の大学がその本を持っているかもしれません。通常なら，本をここに送ってもらうのに２日しかかからないわ。私のコンピューターで，今からシステムをチェックしてみましょう。どれどれ…。おお，よし，その本を所有している大学がこの地域に３つあって，どこもその本は今，貸し出されていないわ。
学生：	すごい！　家に帰ったらすぐに別の学校から借ります。どうもありがとうございます。
教授：	どういたしまして。
学生：	それでもまだ，私にはあまり時間が残されていないですが。
教授：	うーん，ベストを尽くしなさい。そしてどんな具合か，私に知らせて。もし(レポートを)終えられなければ，何とかしましょう。

会話問題 語注

paper	名	レポート，論文	assign	動	指定する，割り当てる
source	名	情報源，（情報の）出所	online	形	オンラインの
verify	動	（事実などが）正確なことを確かめる	rewrite	動	書き直す，書き換える
substitute 〜 for…		…の代わりに〜を用いる	interlibrary loan system	名	図書館相互貸し出しシステム
ship	動	送る，輸送する	check out		（図書館で本の）貸し出し手続きをする

MEMO

講義問題　スクリプト

Narrator： Listen to part of a lecture in a business class:

Professor： It's important to remember that not that long ago, most people worked with their hands doing physical labor. Office work was called "white collar" and physical labor was called "blue collar." At the beginning of the 20th century, only 18% of workers did white collar office jobs. By the year 2000, 60% of workers in the United States work in offices, um, basically at a desk every day. That's a huge shift in how humans spend their time, and so there have been a lot of different ideas over the years about how that time can be spent best ― how the office should be organized to be more efficient and pleasant to work in. Let's discuss some of these ideas.

In the year 1900, most offices still looked like factories with desks. If you look at old pictures, you'll see that the desks are all lined up in long rows in huge open rooms. Office workers all did their jobs in the same space, just like factory laborers all worked on the same assembly lines.

But in 1911, a man named Frederick Taylor noticed that this style of work resulted in a lot of wasted time and effort. Taylor thought that different people should focus on different tasks and that workers doing similar work should work together in teams. Once workers were split into groups, it seemed natural that each group should occupy a separate space, its own room. And each team needed a leader. Taylor basically invented the job of manager, and his ideas led to the office design that many of your grandparents probably experienced.

講義問題　全文訳

ナレーター：　　ビジネスのクラスにおける講義の一部を聞きなさい：

教授：　　たいていの人が自分たちの手を使って働いて，肉体労働をしていたのはさほど昔ではないことを，思い出すのは重要です。オフィスワークは「ホワイトカラー」と呼ばれ，肉体労働は「ブルーカラー」と呼ばれました。20世紀初頭には，労働者のわずか18パーセントがホワイトカラーの事務仕事をしていました。2000年までには，アメリカの60パーセントの労働者はオフィスで働くようになりました。うーん，基本的には毎日，机に向かっているのです。人が時間をどう過ごすかという点で，それは大転換でした。だからその時間をどう最適に過ごせるかに関する数多くの異なるアイデアが，何年もかけて生まれました。より効率的で働きやすいように，オフィスがどう配置されるべきかに関するアイデアが。これらのアイデアをいくつか論じましょう。

1900年，ほとんどのオフィスはまだ，机がある工場のようでした。昔の写真を見れば，だだっ広くて仕切りのない部屋に，机がすべて長い列になって並び続けていることがわかるでしょう。オフィスワーカーは全員が同じ空間で仕事をしていました。ちょうど工場労働者が全員，同じ組み立てラインで働いていたのと同じように。

しかし1911年，フレデリック・テイラーという男性が，この労働形態は多くの時間と努力を無駄にしていることに気づきました。人は皆それぞれ違う仕事に集中すべきで，似通った仕事をしている労働者はチームで一緒に働くべきだとテイラーは考えたのです。ひとたび労働者がグループに分けられると，それぞれのグループが別々の空間，すなわち独自の部屋を使用するのは自然なことのように思えました。そしてそれぞれのチームにリーダーが必要でした。テイラーは基本的には，管理職という仕事を発明したのです。そして彼のアイデアは，あなたがたの祖父母の多くがおそらくは経験したであろうオフィスのデザインを生み出しました。

There were some problems with Taylor's office plan, however. Since each job was now physically separated, workers lost their connection with the company as a whole. In other words, once people were divided from each other, their work also became divided from what the company was actually doing. And managers often did not share their knowledge of projects with their workers, so workers often felt they were doing their jobs without really knowing why.

Then in the 1960s, a different idea of the office emerged called the "action office." Robert Propst, an engineer, thought that workers should move during the work day — you know, just for health reasons — and he also thought that workers needed to have privacy sometimes. Propst felt that workers would be more productive if they were active, but could also shut out the other activity around them when they needed to. He put small walls within the office and created open areas where workers could gather to work together. Sound familiar? Uh-huh, well, it should, because that's the kind of office many of your parents are working in, and we see in most American companies today. Propst wanted to create a dynamic workspace, but he accidentally invented the cubicle, the individual desk surrounded by short walls. Same problem as before: actually, workers may feel even more separated and divided.

Why is it that these two totally different approaches to organizing an office led to similar results? Well, the answer may be in the work itself. All office work involves assignments and projects to be completed within a certain period of time. Maybe it doesn't matter where you do it or how much freedom you have while doing it. The nature of modern office work may be so consistent that it will always result in similar problems, no matter how you organize the workers or the space they are working in.

しかしながら，テイラーのオフィス方式にはいくつかの問題がありました。それぞれの仕事が今や物理的に分け隔てられてしまったので，労働者たちは会社全体とのつながりを失ってしまったのです。言い換えれば，ひとたび人々(労働者たち)が互いに分けられると，彼らの仕事も，会社が実際に行っていることから分かれてしまったのです。そして，管理職はプロジェクトの知識を労働者たちと共有しないことが多かったので，労働者たちは，なぜ自分たちが自分たちの仕事をしているのかよくわからないまま仕事をしていると感じることもしばしばでした。

それから1960年代には，「アクション・オフィス」と呼ばれるオフィスの異なるアイデアが現れました。技術者であるロバート・プロープストは，まあ，単に健康上の理由から，労働者たちは就業時間中に体を動かすべきだと考えました。そして彼はまた，労働者は時にプライバシーを持つことも必要だと考えました。労働者は活動的であればより生産的になるが，必要な時には周囲の他の活動をさえぎってもよいとプロープストは感じていました。彼はオフィスの中に小さな壁を設置し，労働者たちが寄り集まって一緒に仕事できる仕切りのないエリアを作りました。聞き覚えがありますか？　そうですよね，うん，そのはずです。なぜならそれが皆さんの親の多くが働いているオフィスの種類であり，ほとんどのアメリカの企業で今日われわれが見ているものだからです。プロープストは動的な労働スペースを創りたかったのですが，偶然にもキュービクル，すなわち低い壁に囲まれた個々の机を発明したのです。以前と同じ問題が生じました。実際，労働者はより一層分離され，分割されていると感じるかもしれません。

どうしてオフィス構成に対するこれら2つの全く異なるアプローチが，似通った結果をもたらしたのでしょう？　さて，その答えは仕事そのものの中にあるのかもしれません。すべてのオフィスワークは，ある特定の期間内に完了される業務やプロジェクトを伴います。どこでそれをするか，あるいはそれをする間にどのくらい自由がきくかなんて，もしかしたら関係ないのかもしれません。現代オフィスワークの本質は一貫して変わらないだろうから，どのように労働者たちや，あるいは彼らが働いている空間を構成しようとも，いつも似通った問題を結果的にもたらすのです。

And what about the future — the kinds of places you'll probably work? You've probably seen some new styles of offices, like at big tech companies, where workers decide how they work and who they work with. Some of these organizations are leaderless — "flat" — with gyms and even rooms to take a nap in. Will this make us happier, more efficient workers? Maybe, but it could be that the lesson to be learned from all the attempts to improve office life is that you have to find your happiness outside the office.

それでは，将来，すなわち皆さんがおそらく働くであろう類の場所についてはどうなのでしょうか？　あなたがたはおそらく，たとえば大手テクノロジー企業などで，労働者がどのように働き，また誰と一緒に働くかを労働者たちが決める新たなオフィスのスタイルを見たことがあるでしょう。これらの組織の中にはリーダーがいない，すなわち「平ら」で，ジムや昼寝をするための部屋すらもが備わっているものもあります。これは私たちをより幸せで，より効率的な労働者にするのでしょうか？　ひょっとすると(そうかもしれません)。でも，オフィスでの生活をより良いものにするあらゆる試みから学ばれる教訓は，幸せはオフィス外で見つけなければならない，ということもあり得ますね。

講義問題　語注

white collar	名	事務職，頭脳労働(者)，ホワイトカラー労働(者)(collar 名：襟)	blue collar	名	肉体労働(者)，ブルーカラー労働(者)
open	形	広々とした，障害物のない	assembly line	名	組み立てライン
Once S + V		ひとたびSがVすると	emerge	動	現れる
productive	形	生産的な，生産力のある	dynamic	形	動的な，ダイナミックな
accidentally	副	偶然に，ふとしたことから	cubicle	名	(仕切りのある)個人用小室
assignment	名	(割り当てられた)仕事	consistent	形	首尾一貫した
tech	名	technology の略語	leaderless	形	リーダーのいない
nap	名	昼寝，うたた寝	lesson	名	教訓

演習問題 正答

会話問題
Q1.（B）　Q2.（D）　Q3.（B）　Q4.（C）

講義問題
Q1.（B）　Q2.（D）　Q3.［B］，［D］　Q4.（A）　Q5.（C）

スピーキング・セクション

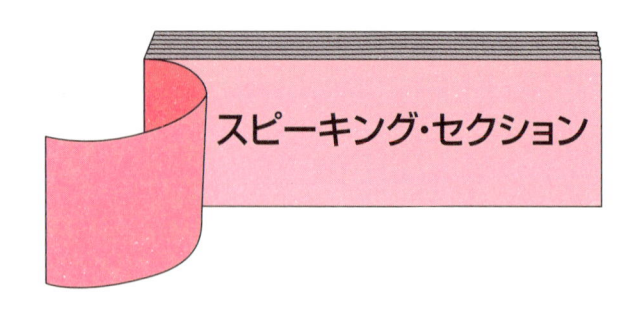

タスク1：モデル解答　全文訳　（本冊 p.162）

もし1つのボランティア活動を行えるとしたら，私はお年寄りと一緒に時間を過ごすことでしょう。

初めに，日本には一人暮らしのお年寄りがたくさんいます。それはとても気の毒なことだと思います。彼らの多くは今でも元気なのですが，話し相手は多くはいません。私の町には（老人宅の）家庭訪問を行ういくつかの組織があるので，卒業したら私はそれらの1つに加わりたいと思います。

また，お年寄りとお話しするのは面白いだろうと思います。お年寄りはたくさんの経験をしてきました。たとえば，私のひいおばあちゃんが生きている間，彼女は私に，日本が昔どうだったのかについて多くのことを話してくれました。彼女が少女だった頃，彼女の町には電話も車も電車もなかったので，もし彼女の家族が買い物をしたかったり，ニュースを聞きたかったりしたら，最寄りの大きな町まで2時間歩かなければならなかったということです。

タスク1：モデル解答　語注

elderly	形・名	お年寄り(の)，年配者(の)	energetic	形	元気な，精力的な
great-grandmother	名	ひいおばあちゃん，曽祖母			

タスク4：リーディング・パッセージ　全文訳　（本冊 p.168）

社会学の教科書からのパッセージを読んでください。

社会や組織の構成員たちは1つのレベルから別のレベルへと移行していくが，これらの集団は，その構成員たちの立場が変化したことを記念する儀式やしきたりを創り出してきた。社会学者たちはこれらを通過儀礼と呼ぶ。しかしながら，通過儀礼は単に形式的なものだけではない。参加する人々が，集団内での以前の役割から明確に分離することを実感して，新たな立場に深い愛着を抱くように，意図されている。言い換えれば，通過儀礼は単に儀式だけではない。つまりそれらは，参加者に，社会や組織内でのまったく異なる役割で求められる責務を担う覚悟をさせるような心理的効果をもたらすように意図されているのだ。

タスク4：リーディング・パッセージ　語注

sociology	名	社会学	transition	名	移行
ceremony	名	儀式，式典	ritual	名	しきたり，儀礼
mark	動	～を記念する，祝う	status	名	立場
sociologist	名	社会学者	refer to A as B		AをBと呼ぶ
rite of passage	名	通過儀礼	formality	名	形式的なもの
participate	動	参加する	be intended to *do*		～するように意図されている
separation	名	分離	previous	形	以前の
attachment	名	愛着	be designed to *do*		～するように意図されている
psychological	形	心理的	prepare(人)to *do*		(人)に～の覚悟をさせる
take on ～	動	～を担う	duty	名	責務

タスク４：リスニング・スクリプト　全文訳　（本冊 p.174）

ナレーター：では，社会学授業の講義の一部を聞いてください。

教授：
１つの例は，古代から多くの北米インディアン部族によって行われてきたビジョン・クエストです。少年が10代になると非常に暑い部屋へと連れて行かれ，そこで彼はビジョン・クエストの準備をするために数日間滞在します。少年の準備ができたとこの儀式のリーダーが判断すると，少年はクエスト（探究）を行うためにどこへ行くべきかが告げられます。これは通常，少年が他のすべての人々から離れて，原野の奥深くへと歩いていき，そこで食事や睡眠をとることなく数日間過ごすことを意味します。この間に，少年はその後の人生で自分を導いてくれるような夢や幻覚を見ることになっています。その後，彼は自分が付き合う人々の元に帰ります。彼らの目には，少年はまったく異なった人物となっています。つまり，もはや少年ではなく今や１人の（成人）男性なのです。

しかし，すべての通過儀礼が昔始まったものだとは限りません。さまざまな組織が今でも新しい通過儀礼を創り出しているのです。たとえば，過去50年の間で，多くの医学校が「白衣授与式」を導入してきました。もちろん，白衣とは，医者が患者を診察したり研究をしたりする時に身につけるものです。この衣服を与えることが今や儀式なのです。それは学生が基礎科学課程を修了した後に行われます。よって，それは学生たちがしてきた懸命な勉強のすべてを讃える祝典です。しかし，それはまた，学生として過ごしてきた時間と，医療従事者として過ごす未来とをはっきりと分けるものでもあります。白衣授与式の後では，医学生たちは自分のことを，患者に接し，医師たちの厳しい倫理に従う覚悟ができた医療専門家だと自覚することになっています。

タスク4：リスニング・スクリプト　語注

vision quest	名	ビジョン・クエスト	perform	動	行う
North American Indian	名	北米インディアン	tribe	名	部族
ancient times	名	古代	be taken to 〜		〜に連れて行かれる
quest	名	クエスト，探究	involve	動	〜を意味する，〜(すること)を伴う
the wild		原野,荒野	be supposed to *do*		〜することになっている
afterwards	副	その後	completely	副	まったく，完全に
(the) White Coat Ceremony	名	白衣授与式	white coat	名	白衣
basic science course	名	基礎科学課程，基礎科学の科目	celebration	名	(〜を讃える)祝典
divide A from B		AとBとを分ける	clinical worker	名	医療従事者
medical student	名	医学生	think of A as B		AをBだと考える
health care professional	名	医療専門家	patient	名	患者
obey	動	従う	strict	形	厳しい
ethic	名	倫理，道徳	the medical profession	名	医師たち，医者仲間

タスク4：モデル解答　全文訳　（本冊 p.183）

このタスクでは，教授とリーディングは通過儀礼について述べています。教授はそれを説明するのに2つの例を用いています。

教授が語った最初の例はビジョン・クエストでした。一部のアメリカ先住民部族の10代の少年たちは，数日間部族の他の人たちから離れた原野に行きます。その間，彼らは1人でいて，眠ったり食事をしたりはしません。彼らは幻覚を見ることに集中することになっています。部族に戻ってくると，彼らは少年ではなく男性であるとみなされ，彼らが見た幻覚をその後の自分の行動に指針を与えるために用います。

教授の次の例は白衣授与式でした。多くの医学校には，白衣が授与される，基礎課程を修了した学生のための儀式があります。その後，彼らは患者を診たり研究をしたりなど，より高度な仕事をし始めます。この儀式は，自分たちが今や医療専門家であり，医師が順守する規則を守らねばならないということを学生が理解する上で役に立つのです。

タスク4：モデル解答　語注

task	名	タスク，課題	illustrate	動	説明する
stay alone		一人でいる	focus on ~	動	~に集中する
vision	名	幻覚，ビジョン	guide one's action		自分の行動に指針を与える
from then on		その後(の)	medical school	名	医学校
higher-level	形	より高度な	see	動	(患者)を診る
medical professional	名	医療専門家	follow	動	(規則)を守る，に従う
observe	動	順守する			

タスク5：リスニング・スクリプト　全文訳　（本冊 p.193）

（会話　全文訳）
① 男：　やあ，ジュディ。うわ！　たくさんの荷物を抱えているね。
② 女：　ええ，これらは全部私の学習グループ・プロジェクトのための資料なの。メンバーが20名いて，それぞれのメンバー用に100ページ以上あるわ。
③ 男：　重そうだね。
④ 女：　重いわ。しかも，これをミーティングのために図書館までずっと運んでいかなきゃいけないの。ミーティングは20分後だけど，時間に間に合わせられるとは思えないわ。それってとても重要でもあるの。時間どおりに始める必要があるのよ。
⑤ 男：　あれー。手伝ってあげられるといいんだけど，10分後に授業があって，だから…
⑥ 女：　いいのよ。わかるわ。もっと早くこのことについて考えておくべきだったわ。
⑦ 男：　タクシーを呼んだらどうだい？　タクシーならおそらく時間どおりにここに来てくれると思うよ。
⑧ 女：　それも考えたわ。でも，20ドルかかっちゃうと思うの。とっても高いのよ！　それに，今週お金が底を突きはじめているし。
⑨ 男：　タクシーは高いよね…　でも他に何ができるかな？
⑩ 女：　グループの他のメンバーの1人に電話をして，その人が近くにいるかどうかを確かめることもできるわ。もし，彼らの1人がこのあたりにいたら，その人がこの半分を運ぶことができて，きっと時間に間に合うわ。
⑪ 男：　彼らの電話番号はわかるのかい？
⑫ 女：　彼らのうちの3人の電話番号はあるわ。でも，彼らは既にミーティングの場所で私を待ってるかもね。
⑬ 男：　ええと，助けてあげられなくて本当にごめんね。うまくいくことを願ってるよ。

タスク5：リスニング・スクリプト　語注

stuff	名	もの，持ち物	material	名	資料
It is!		(= It is heavy.) 重いわ。	all the way	副	ずっと，はるばる
I wish ～（仮定法）		～だといいのだが。	cab	名	タクシー
run low on ～		～が底を突く，～が少なくなる	make it		間に合う，たどり着く
number	名	(= telephone number)電話番号	work out		うまくいく，よい結果となる

タスク5：モデル解答　全文訳　（本冊 p.202）

問題点	女性の問題は，ミーティング用の資料があまりにも重いので，もし彼女1人でそれらを運ばなければならないなら，（ミーティングに）遅れてしまうだろう，ということです。
解決策1	1つの可能な解決策はタクシーを呼ぶことです。
解決策2	もう1つの解決策は，グループのメンバーの1人に電話をかけて，彼女が資料を運ぶのをその人が手伝えるかどうかを確かめることです。
自分の意見	個人的には，彼女はタクシーを呼ぶべきだと思います。
理由1	まず，ミーティングまで彼女には20分しかありません。メンバーのうちの誰も彼女を助けることができないということもあり得ます。よって，彼らに電話をかけることで彼女は時間を浪費するかもしれません。しかし，タクシーは彼女が電話をすれば確実にやって来ますし，彼女はミーティングへ時間に間に合って行けるでしょう。
理由2	また，おそらく他のメンバーたちは彼女がタクシーの支払いをするのを助けてくれるだろうと思います。だから，彼女は今，その費用について心配すべきではありません。彼女は20名のメンバーがいると言っていましたから，1人につき1ドルほどしかかからないでしょう。

タスク5：モデル解答　語注

see if ～		～かどうかを確かめる，調べる	personally	副	個人的には
It's possible that ～		～ということもあり得る	waste time ～ing		～して時間を浪費する
definitely	副	確実に，絶対			

MEMO

ライティング・セクション

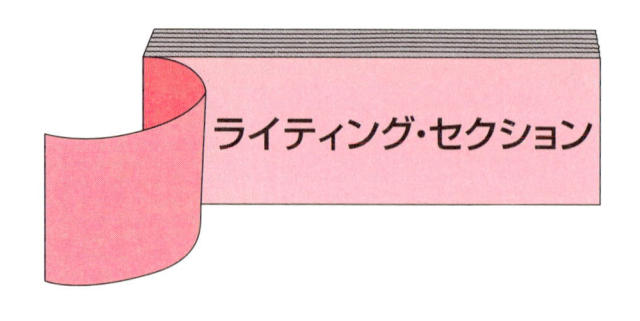

独立型タスク:演習問題1　モデル・エッセイA　全文訳　(本冊 p.216)

私が住む日本では、一部の人々は、生徒たちは毎授業日に体育の授業を受けることを義務付けられるべきだと考えている。しかしながら、私は以下の理由から、体育は毎日必須であるべきではないと思う。

初めに、体育授業は生徒の時間と体力を浪費してしまう。*たとえば*、私が日本の京都にある高校での1年次には、週に5日、100分間(2時限続けて)体育の授業があった。その長い体育授業の後は、私はしばしば非常に疲れて眠く感じてしまい、その後、学問的な授業に集中するのに苦労したものだった。学問的な学習に使うことができたであろう自分の多くの時間と体力を浪費してしまったと、私は感じていた。事実、2年次に塾へ行った時、学問により力を入れる学校に通う生徒たちに比べて、自分が不利な立場にあることに気がついた。もし私がもっと学問を重視する高校に通っていたならば、自分の時間と体力をより良く活用できていただろう。*この例が説明しているように*、体育は、生徒たちが学問的な科目を勉強するのに費やすことができる、時間と体力を生徒たちから奪い取ってしまうのだ。

その上、生徒たちはしたいならしたい時に、自分たちで運動に携わることができるのだ。*たとえば*、私は中学校ではバスケットボール部の一員だった。年間を通じて、平日の夕方はほぼ毎日最低2時間の練習があり、毎月1度は週末に試合があった。私の友人の多くは運動選手ではなかったが、ほぼ毎日、放課後はたいていサッカーや野球をしたり、町のあちこちで自転車を乗り回したりしていた。概して、私の学校の大多数の生徒は好んで活動的だったし、体育の授業がなかったとしても、たくさんの運動をしていただろう。*上記の例がはっきりと示しているのは*、必須の体育授業がなくとも生徒たちは自分たちでたくさんの運動をすることができる、ということである。

結論として、学校は生徒たちに毎授業日に体育の授業を受けることを義務付けるべきだ*という考えに私は反対である。*

独立型タスク：演習問題1　モデル・エッセイA　語注

be required to *do*		義務付けられて	following	形	以下の，下に述べる
to begin with		初めに	class-period	名	時限
in a row		続けて	exhausted	形	疲れて
concentrate	動	集中する	afterward	副	その後
cram school	名	塾	at a disadvantage		不利な立場で
compared with		〜と比べて	academically-oriented	形	学問により力を入れている
focus	名	重視，集中	make better use of		〜をより良く活用する
deprive A of B		AからBを奪い取る	on one's own		自分で
practice	名	練習	weeknight	名	平日の夕方，平日の夜
athlete	名	運動選手	in general		概して
active	形	活動的な	by choice		好んで
indicate	動	明示する，例証する	mandatory	形	必須の
entire	形	すべての			

独立型タスク:演習問題2　モデル・エッセイB　全文訳　(本冊 p.237)

私が住む日本では,多くの人々は,生徒たちは毎日体育の授業を受けることを義務付けられるべきではないと考えている。しかしながら,私は以下の理由から,体育は学校で毎日必須とされる科目であるべきだと,堅く信じている。

第1に,体育は生徒たちの精神機能を向上させる。たとえば,私が日本の東京で中学生だった頃,体育の授業が毎日あった。学問的な授業のほぼすべてが講義であり,そのような授業では先生が話すばかりで,生徒たちが活発なディスカッションに参加することはなかった。だから1日の中ごろまでには,自分の集中力が徐々に衰えるのをいつも感じていた。活発な活動を1時限行うと,いつも私は,1日の残りの間,学習に戻る心の準備ができたように感じたものだった。もし毎日体育の授業がなかったならば,学問的な学習にそれほどよく集中できなかったであろう。上記の経験が示すように,運動をすることによって,生徒たちはより集中することができるのだ。

第2に,毎日体育の授業があると,生徒たちは健康を増進することができる。たとえば,日本で私が通った高校は学業成績を重視しすぎていたので,1週間で体育の授業が2,3回しかなかった。この間,私はしばしば体が弱く感じ,病気がちだった。たとえば,1年に風邪をひくことが数度あったりした。しかしながら,高校2年生の時,交換留学生としてアメリカで勉強する機会を得た。この学校は生徒たちに毎日体育の授業に出ることを義務付けており,私はさまざまな種類のスポーツや体操を楽しんだ。私は自分の健康が大幅に増進しているのがわかり,もはや,それほどたやすく病気になることがなくなった。必須の体育のおかげで,私はより健康的だったのだ。この例がはっきりと証明していることは,学校での必須の運動によって,生徒たちは自分たちの健康を向上させることができる,ということである。

したがって上記に述べた理由により,体育は生徒が毎日受ける教育の必須科目であるべきだ,という意見に私は絶対に賛成である。

独立型タスク：演習問題2　モデル・エッセイB　語注

improve	動	向上させる，改善させる	mental function	名	精神機能
almost all		ほぼすべての	be involved in		～に参加する
active discussion		活発なディスカッション	concentration	名	集中力
vigorous	形	活発な	(be) ready to *do*		～する準備ができて
physical activity		運動	allow (人) to *do*		(人)が～するのを可能にする
for instance		たとえば	put too much emphasis on		～をあまりにも重視する
academic achievement	名	学業成績	a couple of	形	2, 3の
feel weak		体が弱く感じる	be prone to		～がちである
illness	名	病気	eleventh grader	名	高校2年生
get a chance to *do*		～する機会を得る	on exchange		交換留学(制度)で
require (人) to *do*		(人)に～することを義務付ける	gymnastics	名	体操
find O C		OがCだとわかる	drastically	副	大幅に
no longer		もはや～でない	that	副	それほど
thanks to		～のおかげで	demonstrate	動	証明する
physical exercise		運動	enable (人) to *do*		(人)が～することを可能にする
therefore	副	したがって	definitely	副	断じて
element	名	(構成)要素			

Writing

複合型タスク：演習問題3　リーディング・パッセージ　（本冊 p.251）

Most students go to high schools that are co-educational, in which boys and girls study together. However, recent findings indicate several important reasons why both genders benefit when they attend single-sex high schools.

One important factor in support of all-boys or all-girls schools is that girls perform better. They participate more in class, score better on tests, and tend to study math and science more, subjects that women traditionally avoid in schools that have both male and female students.

Secondly, both boys and girls benefit from single-gender schools because they are not distracted by the opposite sex. In co-ed schools, boys waste time and do not focus because they try to impress the girls. On the other hand, the girls tend to worry about what the boys think of them instead of what they themselves value. When students attend schools that are all boys or all girls, they can better concentrate on their studies.

In addition, since boys and girls develop at different speeds, single-sex schools are better able to meet the differing needs of the students. For example, boys develop visual abilities earlier than girls. And girls often mature, both physically and mentally, before boys. As a result, girls tend to take their studies more seriously, and are often slowed down by the lack of maturity of their male classmates in co-ed schools. Single-sex schools allow teachers to suit the pace of lessons to each gender.

複合型タスク：演習問題3　リーディング・パッセージ　全文訳　（本冊 p.251）

ほとんどの生徒たちは，男子と女子が一緒に勉強する共学の高校に通っている。しながら，最近の調査結果は，男女別学の高校に通う時，なぜ男女両方ともが恩恵を被るのかについて，いくつかの重要な理由を示している。

男子校や女子校を支持する1つの重要な要因は，（別学に通うと）女子がより良い成績をあげる，というものだ。女子たちは授業により参加し，試験での成績もより良く，男女両方の生徒がいる学校では女子が伝統的に避ける科目である数学や科学をより勉強する傾向にある。

第2に，異性によって気が散ることがないので，男子も女子も別学から恩恵を被る。共学の学校では，男子は女子の気をひこうとするので，男子は時間を浪費し（勉強に）集中しない。また一方で，女子の方は，自分たちが自ら大切だと考えることではなくて，男子たちが自分たちのことをどう思うかに気をもむ傾向にある。生徒たちが男子だけ，あるいは，女子だけの学校に通うと，生徒たちは勉強により良く集中できるのだ。

その上，男子と女子は異なる速度で成長するので，別学の方が，生徒たちの異なるニーズを満たすことがよりうまくできるのだ。たとえば，男子は女子よりも早く視覚能力を発達させる。そして，女子の方が男子よりも身体的にも精神的にも早く成熟することが多い。その結果，女子の方が勉学をより真剣にとらえる傾向にあり，共学校では男子クラスメートの成熟度の欠如によって，女子はしばしば（学習進度が）遅らされることがある。別学の学校は，教師が男女それぞれに授業のペースを合わせることを可能にするのだ。

複合型タスク：演習問題3　リーディング・パッセージ　語注

co-educational	形	(= co-ed)共学の	recent finding(s)		最近の調査結果
indicate	動	示す	gender	名	性別
benefit	動	恩恵を被る，利益を得る	single-sex	形	(男女)別学の
in support of		～を支持する	perform better		より良い成績を上げる
participate in		参加する	score	動	成績をとる，得点する
tend to *do*		～する傾向にある	traditionally	副	伝統的に
distract	動	気を散らす，気をそらす	the opposite sex	名	異性
waste	動	浪費する	focus	動	集中する
impress	動	～の気をひく，～に印象づける	on the other hand		また一方で
instead of		～ではなくて，～の代わりに	concentrate on		～に集中する
in addition	副	その上，加えて	at a ～ speed	副	～の速度で
differing	形	異なる	visual ability	名	視覚能力
mature	動	成熟する	physically	副	身体的に，肉体的に
mentally	副	精神的に	as a result		その結果
take ～ seriously		～を真剣にとらえる	lack of maturity	名	成熟度の欠如
suit	動	～に合わせる			

MEMO

複合型タスク：演習問題3　モデル・エッセイ　全文訳　（本冊 p.254）

リーディング・パッセージで指摘されている要点は，別学の高校に通う時，男子生徒も女子生徒もどちらも恩恵を被る，というものである。しかしながら教授は，生徒たちは共学の学校でもまさに同じくらい良い成績を上げている，と主張している。

第1に，リーディングによると，女子は授業により参加し，試験でより高い点数を取ることでよりうまくやっていくので，女子校に通うことで得をする，ということだ。その一方で，講義の中で話し手は，共学の学校に通う女子たちも女子校に通う女子たちと同じくらい良い成績を上げている，と述べている。このことはパッセージが示していることと矛盾する。

第2に，パッセージは，異性の生徒たちがいない状態で学ぶ時，男子も女子もどちらもより集中できる，と述べている。しかしながら講師は，男女混合の教室を持つことによる良い効果もある，と主張している。これは，リーディングの筆者が予測していなかったかもしれない点である。

第3に，リーディングによると，別学の学校の教師たちは，自分たちの授業のペースを男子と女子のどちらにも合わせることができる，ということである。それとは対照的に，講義で語られているのは，異なるレベルの生徒たちに対処するには生徒たちを性別で分けるよりもより良い方法がある，ということだ。これは，リーディングで述べられている内容に矛盾するもう1つの点である。

したがって，講義で教授が語る要点は，リーディング・パッセージで述べられている点に対して疑問を投げかけている。

複合型タスク：演習問題3　モデル・エッセイ　語注

do as well (as 〜)		〜と同じくらいよくやる（この文脈では「〜と同じくらい良い成績を上げる」）	gain	動	得をする，進歩する
achieve	動	（点数）を取る，達成する	state	動	述べる
contradict	動	矛盾する	mention	動	述べる
claim	動	主張する	effect	名	効果，影響
predict	動	予測する	match	動	合わせる
by contrast		それとは対照的に	accommodate	動	〜に対処する，〜のために便宜をはかる
separate	動	分ける	by sex		性別で

複合型タスク：演習問題 3　リスニング・スクリプト　（本冊 p.265〜270）

It has often been said that girls and boys should go to separate schools because they tend to do better in school when the opposite sex is not present. But most of the arguments made for this are not based on reliable research. In fact, students do just as well when boys and girls are mixed in co-educational schools.

First, girls do not do better at all-girl schools. Recent studies show that there is no big difference in the performance of girls who go to school only with other girls and those who go to school with boys. Other factors are far more important — class size, teacher quality…. And even if a few more girls study math or science at a girls' school, there are still plenty of female students studying the same subjects at co-ed schools. I mean, all subjects are important, right?

Second, even if there is some distraction caused by attending school with the opposite sex, the advantages are far more important. Girls can have a very good influence on boys. Having girls in the same school encourages boys to behave better than when there are no girls in the classroom. It also teaches boys to interact with the opposite sex. Boys who have never gone to school with girls have more problems socializing with women later in life.

Third, separation by sex is not the best way to address the problem of different paces of development. If girls develop a little faster than boys, it doesn't necessarily mean that boys will fall behind. It's better if faster learners study together and the content of the class is made for their level, but it doesn't matter if they are all girls or all boys. And the same goes for slower learners. The materials and the teaching should be appropriate for the level of the student, but you don't have to separate boys and girls to do this.

複合型タスク：演習問題3　リスニング・スクリプト　全文訳　（本冊 p.265〜270）

男子も女子も，異性がいない場合，学校で成績が良くなりがちなので，別々の学校に通うべきだ，としばしば言われてきました。しかし，これに賛同する議論のほとんどは，信頼できる研究に基づいたものではありません。事実，共学の学校で男子と女子が混じっていても，生徒たちはちょうど同じくらい良い成績をあげているのです。

第1に，女子は女子校で成績がより良くなるわけではありません。最近の研究が示しているには，女子のみの学校に通う女子たちと男子と一緒の学校に通う女子たちでは成績に大きな差はない，ということです。他の要因の方がはるかにもっと重要です。それはつまり，クラスの大きさや教師の質などのことです。そして，たとえ何人か多くの女子が女子校で数学や科学を勉強しているとしても，共学の学校で同じ科目を勉強する女子生徒もそれでもたくさんいるのです。つまりその，すべての科目が重要ですよね？

第2に，たとえ，異性と一緒の学校に通うことで多少気が散ってしまうことがあるとしても，その利点の方がはるかに重要なのです。女子は男子にとてもよい影響を与えることもあります。同じ学校に女子がいることで，男子は，教室に女子がいない時よりも行儀がより良くなる傾向にあります。また，女子と一緒にいることで，男子は異性との付き合い方を学びます。女子と一緒の学校に通ったことがない男子は，のちの人生において，女性と付き合っていく上でより多くの問題を抱えるのです。

第3に，性別で分けてしまうことは，成長の早さが異なるという問題に対処するための最善の策ではありません。女子が男子よりも若干早く成長するとしても，それが必ずしも，男子が（勉強に）ついていけなくなる，ということにはなりません。もし飲み込みが早い学習者たちが一緒に勉強し，授業の内容を彼らのレベルに合わせるなら，その方がより良いものです。しかし，生徒たちがすべて女子なのかすべて男子なのかということは重要ではないのです。そして，飲み込みが遅い学習者たちについても同じことが言えます。教材や指導法はその生徒のレベルにふさわしいものにすべきですが，このことを行うのに，男子と女子を分けてしまう必要はないのです。

複合型タスク：演習問題3　リスニング・スクリプト　語注

argument	名	議論	for	前	〜に賛同する，〜に賛成する
be based on		〜に基づく	reliable	形	信頼できる
performance	名	成績，業績	factor	名	要因，要素
far	副	はるかに	quality	名	質
even if		たとえ〜としても	still	副	それでも，やはり
plenty of	形	たくさんの	I mean		つまりその
subject	名	科目，教科			
distraction	名	気が散ること，注意散漫	advantage	名	利点
have a 〜 influence on		〜の影響を与える	encourage (人) to *do*		(人)に〜するように促進する，仕向ける
behave well		行儀よくふるまう	interact with		〜と付き合う，交流する
socialize with		〜と付き合う			
address	動	〜に対処する，取り組む	development pace		成長の速さ
not necessarily	副	必ずしも〜でない	mean	動	〜ということになる，〜という結果をもたらす
fall behind		(勉強に)ついていけない	faster learner	名	飲み込みが早い学習者
content	名	内容	matter	動	重要である
the same goes for 〜		〜についても同じことが言える	slower learner	名	飲み込みが遅い学習者
material	名	教材	teaching	名	指導法，教授法
appropriate	形	ふさわしい，適切な			

巻末参考資料

代表的な論理マーカー

論理マーカーとは，論理展開をわかりやすく示してくれる表現です。以下はその一例です。いずれも TOEFL iBT でよく登場しますから，必ず確認しましょう。

■ 抽象→具体

副詞(句)：	**for example, for instance, in other words, that is, that is to say**
前置詞(句)：	**such as**

■ 対比

接続詞：**but, yet, while, whereas, although, though, even though**
副詞(句)：**however, on the other hand, nevertheless, in contrast, by contrast, instead, on the contrary, meanwhile**
前置詞(句)：**in spite of, despite, rather than, unlike, instead of, contrary to, as opposed to**

■ 因果

接続詞：**because, since, for**
副詞(句)：**therefore, thus, thereby, so, so that, consequently, in consequence, accordingly**
前置詞(句)：**because of, as a result of, due to**
動詞(句)：**cause, result in, result from, lead to, trigger, bring about, give rise to, contribute to**

■ 時系列

接続詞：	before, after
副詞(句)：	first, second, third, next, then, afterward
形容詞・代名詞：	another, other

■ 同種・類似・並列・列挙

接続詞：	and
副詞(句)：	also, too, as well, in addition, besides, furthermore, moreover
前置詞(句)：	as with, as in
形容詞：	same, similar

代表的なサインワード

リスニング・セクションで，設問で問われやすい情報が登場する予兆(サイン)となる表現を，サインワードと呼びます。以下はその一例です。他にもたくさんありますが，まずはこの表にあるものを確認しましょう。

大意を語るサインワード(会話問題)：	I have one major problem with…, I have concerns about…, I'm having a tough time …ing, The thing is that…, The thing about ～ is that…
大意を語るサインワード(講義問題)：	Let's discuss…, Today I'd like to focus on…, Today I'll talk about…, We're going to discuss…, Let me introduce…
解決策を語るサインワード(会話問題)：	How about …ing?, Why don't you…?, You should…, You'd better…, You need to…, Be sure to…
今後の行動を語るサインワード(会話問題)：	I will…, I'll plan to…, I'd be happy to…, I would love to…
重要情報を語る際の強調表現：	… is important, … is the key to ～, Please remember that…, Well, …, OK, …, Now, …, Then, …, So, …

KP
KAWAI PUBLISHING